权威·前沿·原创

皮书系列为
"十二五""十三五"国家重点图书出版规划项目

陕西蓝皮书

BLUE BOOK OF
SHAANXI

陕西精准脱贫研究报告
（2018）

ANNUAL REPORT ON TARGETED MEASURES IN POVERTY
ALLEVIATION OF SHAANXI (2018)

主 编／任宗哲 白宽犁 王建康

社会科学文献出版社
SOCIAL SCIENCES ACADEMIC PRESS（CHINA）

图书在版编目（CIP）数据

陕西精准脱贫研究报告 . 2018 / 任宗哲，白宽犁，
王建康主编 . -- 北京：社会科学文献出版社，2018.4
（陕西蓝皮书）
ISBN 978 - 7 - 5201 - 2322 - 8

Ⅰ . ①陕…　Ⅱ . ①任…　②白…　③王…　Ⅲ . ①扶贫 -
工作概况 - 研究报告 - 陕西 - 2018　Ⅳ . ①F126

中国版本图书馆 CIP 数据核字（2018）第 037955 号

陕西蓝皮书
陕西精准脱贫研究报告（2018）

主　　编／任宗哲　白宽犁　王建康

出 版 人／谢寿光
项目统筹／邓泳红　吴　敏
责任编辑／宋　静

出　　版／社会科学文献出版社·皮书出版分社（010）59367127
　　　　　　地址：北京市北三环中路甲 29 号院华龙大厦　邮编：100029
　　　　　　网址：www. ssap. com. cn
发　　行／市场营销中心（010）59367081　59367018
印　　装／北京季蜂印刷有限公司

规　　格／开本：787mm × 1092mm　1/16
　　　　　　印张：17　字数：252 千字
版　　次／2018 年 4 月第 1 版　2018 年 4 月第 1 次印刷
书　　号／ISBN 978 - 7 - 5201 - 2322 - 8
定　　价／89. 00 元

皮书序列号／PSN B - 2017 - 624 - 6/6

本书如有印装质量问题，请与读者服务中心（010 - 59367028）联系

陕西蓝皮书编委会

主　　　任　任宗哲

副　主　任　刘卫民　白宽犁　杨　辽　毛　斌

委　　　员　（按姓氏笔画排列）

于宁锴　王长寿　王建康　牛　昉

李继武　吴敏霞　谷孟宾　张艳茜

郭兴全　唐　震　裴成荣

主　　　编　任宗哲　白宽犁　王建康

本书执行主编　魏　雯

主要编撰者简介

任宗哲　经济学博士，二级教授，博士生导师。陕西省社会科学院党组书记、院长，研究领域为公共管理、公共经济学。出版《中国地方政府研究》《公共服务城乡均等化供给》等多部著作。发表学术论文 100 余篇。曾荣获国家级教学成果奖二等奖、陕西省人民政府教学成果奖特等奖，陕西省政府哲学社会科学优秀成果一等奖 2 项、省部级三等奖 4 项。兼任陕西省社会科学界联合会第四届委员会副主席等。

白宽犁　陕西省社会科学院副院长，研究员。研究领域为马克思主义中国化、思想政治教育工作、宣传思想文化工作、社会治理等。在各类报刊上发表理论文章 100 余篇，编辑出版著作 20 余部，承担国家社科基金项目 1 项、其他项目 20 余项。兼任陕西省社会科学信息学会会长。

王建康　陕西省社会科学院科研处处长，研究员。第十届陕西青年五四奖章获得者、陕西省优秀共产党员、陕西省第十二次党代会代表、陕西省决策咨询委员会委员。主持完成国家社科基金项目和国家发改委、国务院扶贫办等委托课题 20 余项；主持完成 20 余项区域发展总体规划；出版著作 5 部，发表论文 40 余篇，获省部级奖励 3 项，学术观点被主流媒体引用或做专题报道近百次。

摘　要

《陕西精准脱贫研究报告（2018）》主要包括四部分内容。

第一部分为总报告，从全省宏观视角，结合当前陕西脱贫攻坚中出现的一些新情况和新问题，提出推进下一步脱贫攻坚工作的对策和建议。第二部分为综合篇，从不同领域分析、探讨陕西脱贫攻坚的成效、问题与对策，围绕陕西深度贫困地区脱贫攻坚超常规举措、陕西教育精准扶贫、陕西旅游扶贫、陕西农村股权扶贫、陕西农村妇女脱贫路径、陕西交通脱贫攻坚等专题进行研究。第三部分为区域篇，围绕陕西不同地区精准扶贫脱贫实践，开展扶贫扶志创新基层社会治理、特色旅游扶贫脱贫实践、乡村旅游扶贫、电商扶贫等主题的研究。第四部分为案例篇，选取泾阳、蓝田、子洲、西乡、陇县、扶风、神木等具有典型特征的部分市、县、村，对贫困户致贫原因、县域民宿经济、精准脱贫与灾后重建、国土资源政策项目推动脱贫攻坚、"菜单式"产业扶贫、整村推进扶贫开发等相关案例进行深入分析，提出对策建议。

Abstract

Annual Report on the Targeted Measures in Poverty Alleviation of Shaanxi (2018) mainly includes four aspects.

The first part, general report, from the perspective of the whole province, combined with the new situation and new problems emerging from the current poverty alleviation in Shaanxi province, put forward the countermeasures and suggestions to push forward the next step of poverty alleviation.

The second part, comprehensive reports, focuses on the different areas of poverty alleviation, study on the unconventional measures of poverty alleviation in deep poverty-stricken areas, education targeted poverty alleviation, tourism poverty alleviation, rural equity poverty alleviation, rural women's path to poverty alleviation, the concentration of poverty-stricken areas transport infrastructure. This part analyzes the achievements, problems and countermeasures of various anti-poverty measures in Shaanxi.

The third part, regional reports from the perspective of the central, mainly around Shaanxi part of the city, the region, study on the poverty alleviation and support innovation grassroots social governance, featured tourism poverty alleviation, rural tourism, e-commerce poverty alleviation, and make policy recommendations.

The fourth part, the case study, in a more microscopic view, select the counties with typical characteristics in northern Shaanxi, southern Shaanxi and central Shaanxi, concentrates on analysis and policy recommendations on specific approaches to alleviate poverty: the causes of poverty alleviation at the present stage, economic poverty alleviation of the home stay facility, targeted poverty alleviation and post-disaster reconstruction, the land and resources policy project promotes poverty alleviation, "Menu-style" industrial poverty alleviation, whole village promotion of poverty alleviation.

目　录

Ⅲ　区域篇

Ⅳ　案例篇

Ⅴ　附　录

皮书数据库阅读**使用指南**

CONTENTS

I General Report

II Surveys

III Regional Reports

IV Case Studies

V Appendix

总 报 告

General Report

B.1
陕西精准扶贫脱贫的成效、挑战与建议[*]

陕西省统计局课题组[**]

摘　要： 党的十九大报告明确了"坚决打赢脱贫攻坚战"的新任务、新要求，提出到 2020 年全国现行标准下农村贫困人口全部脱贫。陕西省作为国家扶贫开发的重点省份，脱贫攻坚任务艰巨。本报告以陕西为例，从经济视角研究当前陕西脱贫攻坚中出现的一些新情况和新问题，提出要紧抓国家政策利好，整合社会各方资源，促进农业供给侧结构性改革和"三变"改革，增强产业竞争力，实现稳定、可持续脱贫和发展。

关键词： 脱贫攻坚　精准扶贫　产业扶贫　陕西

---

[*] 本报告为陕西省统计局科研课题成果。

[**] 课题组组长、执笔人：胡清升，陕西省统计局高级统计师，西安财经学院兼职硕士研究生导师，现挂职于陕西省脱贫攻坚指挥部。

消除贫困、改善民生、逐步实现共同富裕是古今中外治国理政的一件大事。党的十九大报告开宗明义，吹响了"决胜全面建成小康社会"的冲锋号，提出"坚决打赢脱贫攻坚战"，确保到 2020 年我国现行标准下农村贫困人口全部脱贫，贫困县全部摘帽。陕西作为国家扶贫开发的重点省份，其贫困面大、贫困人口多、贫困程度深，脱贫攻坚任务尤为重大。本报告通过梳理陕西脱贫攻坚工作发展现状，查找问题并深入分析，提出相关建议，供参考。

一 陕西脱贫攻坚现状与成效

陕西地处中国内陆腹地，地形复杂多样，北部是沟壑纵横的陕北黄土高原，南部是陕南秦巴山地。由于地理环境限制和历史欠账原因，国家确定的 11 个集中连片特困地区涉及陕西省的有秦巴山、六盘山、吕梁山三大国家片区，共覆盖 43 个县区；陕西省有国家扶贫重点工作县 50 个（与片区县交叉重叠的为 37 个）。因此，目前全省共有 56 个国定贫困县（区），7040 个建档立卡贫困村，核定 2016 年建档立卡贫困人口 78.3 万户、228.7 万人。

（一）涓滴效应日益显现，贫困人口逐年减少

从经济增长的涓滴效应来看，改革开放以来，陕西经济持续多年的快速增长让大多数人受益并摆脱贫困。1979～2016 年，陕西人均 GDP 年均增长 9.8%，农业生产年均增长 5.2%，农村居民人均纯收入年均增长 6.0%。这是过去 38 年中陕西省农村贫困人口大幅度减少的重要基础。党的十八大以来，以习近平同志为核心的党中央，把脱贫攻坚摆到了治国理政的重要位置，广泛凝聚社会各界力量，推进实施精准扶贫方略，陕西全省农村贫困人口由 2011 年的 775 万余人减少到 2016 年末的 228.7 万人，5 年累计脱贫 547 万人，贫困人口年均减少 21.7%，贫困发生率由 2011 年的 25.04% 下降到 2016 年的 9.45%，下降了 15.59 个百分点。2017 年前三季度，全省 56 个贫困县（区）实现生产总值 3622.37 亿元，同比增长 9.6%，高出全省平

均水平 1.5 个百分点；贫困县县均固定资产投资 83.19 亿元，同比增长 21.2%，高于全省平均增速 6.6 个百分点；农村居民人均可支配收入达到 7350 元，同比增长 10.5%，高出全省平均水平 1.7 个百分点。秦巴山、六盘山、吕梁山片区县县域生产总值平均增速分别达到 10.2%、9.4%、9.9%，农村居民人均可支配收入分别达到 7308 元、6992 元、7339 元，区域性贫困问题正在被有效解决。

（二）聚焦深度贫困地区，扶贫工作推进成效明显

以全省建档数据清洗核实结果为依据，综合考虑贫困发生率、贫困人口规模、农村居民人均可支配收入等因素，陕西确定了 11 个深度贫困县（区），这些贫困县（区）共有贫困人口 66.28 万人，占全省贫困人口总规模的 29.07%，贫困发生率为 25.5%；确定深度贫困村 482 个，这些贫困村贫困发生率均在 40% 以上，每个村贫困人口规模在 200 人以上。

1. 政策措施倾斜支持有力

截至目前，陕西省委省政府先后出台支持深度贫困地区脱贫攻坚相关文件 26 个，对 11 个深度贫困（区）县每县追加投入省级财政专项扶贫资金 1000 万元；向深度贫困地区倾斜下达林业投资 5.84 亿元，倾斜安排生态护林员经费 2281 万元、指标 2281 名；将深度贫困地区创业培训补贴标准从每人每期 1800 元提高至 2000 元，将深度贫困地区贫困劳动力创办的经济实体一次性创业补贴从每人 2000 元提高至 3000 元；向深度贫困地区安排以工代赈资金 1.53 亿元，投资占比从 36.2% 提高到 51%，进一步加大了对深度贫困地区的支持力度。

2. 扶贫工作推进成效明显

2017 年以来，陕西省先后对 11 个深度贫困县（区）投入中省市财政专项扶贫资金 13.1 亿元，基础设施投资 41 亿元，启动产业建设项目 600 多个，倾斜下达林业投资 5.8 亿元。盘龙药业在深交所上市，成为全国深度贫困地区第一家上市企业。

（三）挪穷窝，改穷业，易地扶贫搬迁工作扎实推进

易地扶贫搬迁作为脱贫攻坚的"头号工程"，是助推经济社会全局发展的重要抓手，必须确保其成为一项治本性的民生工程、全局性的发展工程和关键性的生态工程。陕西在脱贫攻坚战役中，坚持把易地扶贫搬迁作为重要抓手，严格按照"陕南加力提速，陕北加快推进，关中高点起步"的要求，充分发挥移民搬迁的民生、经济、生态等综合效益，扎实推进新一轮移民脱贫搬迁。通过分类指导，有效促进人口聚集、资源集中、要素聚合，实现资金投入集约化、公共服务均衡化、搬迁效益最大化；通过精准搬迁和施策，实现人、地、房、业精准对接，集中发展特色农业、劳动密集型加工业和服务业，实现一人就业、全家脱贫。截至 2017 年 9 月底，"十三五"易地扶贫搬迁已开工 28 万余套，涉及 93.1 万人，开工率 93.6%；竣工 17.6 万套，涉及 58.2 万人，竣工率 58.5%；入住 10.9 万户 35.5 万人，入住率 35.7%。陕西坚持宜搬则搬、宜改则改，对搬迁意愿不强烈的危房户，实施危房改造 7.6 万套，已开工 6.9 万套，竣工 5.2 万套。建成社区工厂和扶贫车间 260 个，配套产业园区 190 个，实现了搬迁群众家门口就业，贫困群众住房条件实现根本改变。

（四）产业扶贫力度加大，区域特色产业加快发展

产业扶贫是精准扶贫的治本之策，也是难中之难。陕西加大扶贫和涉农资金整合力度，重点扶持农业龙头企业，为产业扶贫提供了有效的资金支持，发展了一批特色鲜明、市场广阔的适度规模优势产业。2017 年，全省产业扶贫对象 39.6 万户、124.5 万人，占全省贫困户数和贫困人口的比重均在 51% 以上。新建扶贫产业园 1136 个，新增农业产业化龙头企业 271 家、农民专业合作社 6067 家，落地实施产业扶贫项目 2950 个，建设贫困村电商服务站点 2280 个、光伏电站 4102 个、旅游扶贫重点村 1178 个，受益贫困人口 74 万人。

区域特色产业加快发展。陕西依托资源禀赋，发挥优势特色，推进产业

精准覆盖。在渭北、陕北贫困地区，打造乔化改造、矮砧栽培、山地苹果三大板块，大力推进苹果产业的"西进北扩"，苹果产量由 2012 年的 965.09 万吨提升到 2016 年的 1100.78 万吨，蝉联全国第一。在秦岭北麓，推动猕猴桃南移，形成 100 多万亩猕猴桃产业带，猕猴桃产量由 2012 年的 82.79 万吨提高到 2016 年的 131.25 万吨，面积、产量均居世界第一。在秦巴山区，狠抓茶业产业基地县建设，形成 200 多万亩茶业产业带，茶叶产量由 2012 年的 3.52 万吨提高到 2016 年的 6.21 万吨。在六盘山区、吕梁山区发展奶山羊和肉羊养殖业，带动集中连片特困地区上百万群众脱贫致富，大幅提高了贫困地区优势主导产业覆盖度。

（五）以就业促脱贫，加快步伐拔穷根

稳定就业是贫困家庭实现脱贫、防止返贫的治本之策。面对陕西确定的到 2020 年贫困家庭劳动力至少有 1 人稳定就业目标，陕西省委省政府强化扶持、拓宽渠道，推行、实施就业扶贫工程，聚焦就业岗位开发，着力促进贫困劳动力就业。2017 年出台三项政策帮助贫困劳动力就近就地实现就业。一是发展社区工厂扩大就业；二是拓展公益性岗位安置贫困劳动力就业；三是培育就业扶贫基地吸纳就业。以上三项措施能够有力地帮助贫困劳动力就近就地转移就业，增加贫困人员收入。2017 年，全省贫困劳动力实现转移就业 36.2 万人，其中，公益专岗就业 5.18 万人，各类企业吸纳 6.3 万人，就地转化为生态护林员 2.45 万人，同时，对转移就业的贫困劳动力给予社保补贴，每年新增的配套就业专项资金全部用于脱贫攻坚，全省初步形成了以公益性专岗安置为牵引，以国企吸纳，社区工厂和产业园区就近就便务工、劳务输出等为支撑的多元就业扶贫格局。安康市成功探索出的"新社区＋新工厂＋贫困户"就业扶贫新模式，被国务院扶贫办和国家发改委列为经典扶贫案例。

（六）以生态建设带动脱贫攻坚，实现绿色脱贫

陕西依托森林资源，因地制宜发展绿色富民产业，为贫困地区探索出一

条以绿色产业促生态建设、以生态建设带动脱贫攻坚的绿色发展之路。自
2016 年起，陕西省在全国率先启动选聘建档立卡贫困人口担任生态护林员
工作，为贫困人口开启了"生态脱贫通道"，包括为贫困人口争取到国家生
态护林员指标和天然林管护资金，确保每个护林员带动一个贫困家庭脱贫，
并优先安排贫困户实施退耕还林等 6 项措施。2.66 万名贫困人口就地转化
为护林员，退耕还林（草）政策受益贫困人口 33.54 万人，生态效益补偿
政策惠及贫困人口 53.34 万人。安排建档立卡贫困人口退耕还林面积
140.25 万亩，涉及贫困户 22 万余户 70 多万人，直接补助资金达 4.7 亿元。
通过生态效益补偿提高建档立卡贫困户收入。截至目前，生态效益补偿资金
累计投入 2.19 亿元，涉及贫困人口近 33 万户 104.6 万人，年人均增收 209
元。未来几年，计划退耕还林安排贫困地区任务及投入占全省 60% 以上。

（七）教育扶贫持续推进，精准资助体系全面建成

教育扶贫是彻底稳定脱贫的重要推手，是阻断贫困代际传递的重要途
径。扶贫必扶智，陕西通过提高补助标准、完善资助政策体系，已在全省范
围内建立起各学段全覆盖、无缝衔接的家庭经济困难学生精准资助体系，实
施学前一年到大学直至就业一条龙资助政策。加大了高校毕业生就业创业支
持力度，对建档立卡家庭、低保家庭、残疾毕业生和享受国家助学贷款毕业
生，发放一次性求职创业补贴。2016 年全省为 1 万余名建档立卡贫困家庭
大学新生每人一次性精准资助 5000 元，为家庭经济困难毕业生发放一次性
求职补贴 2600 余万元；2017 年对建档立卡贫困户学生实施从学前一年到大
学直至就业全程全部资助，资助贫困户学生 48.28 万人次；近五年全省累计
资助各学段学生 4319 万人次，资助总资金 343 亿元，特别是对建档立卡贫
困户学生的资助，实现了全覆盖、高标准、直通车。同时，针对未能升学的
初高中毕业生、复转军人、贫困农民等重点群体，量身定做培训方案，开展
职业技能培训，使其依靠一技之长脱贫致富。组织科技队伍对广大农民进行
培训，每年平均培训农业农村干部、农业产业化带头人和新型职业农民 1.3
万余人次。

（八）民生兜底保障不断完善，贫困地区居民收入得到提高

近年来，陕西省委省政府不断完善收入分配制度，提高农村五保、孤儿基本生活保障标准，扩大医疗救助比例，完善临时救助制度，多次提高农村低保补助及最低工资标准，实现了低保、养老等保障政策对符合条件的农村贫困人口全覆盖。贫困地区农村居民收入由 2012 年的 5138 元上涨到 2016 年的 8424 元，年均增长 13.2%。贫困地区农村居民人均可支配收入占全省农村平均水平的比重由 2012 年的 81.8% 提高到 2016 年的 89.7%，提升了 7.9 个百分点。

陕西因病致贫和因残致贫的贫困人口占到总贫困人口的 47%。在"断病源、斩病根"上，全省一手抓精准施治减存量，一手抓综合防控措施控增量。贫困残疾人医疗康复项目基本医疗保险报销范围由 9 项扩大到 20 项，贫困户新农合住院报销比例提高 5 个百分点，贫困慢性病患者提高报销比例封顶线 20% 以上，贫困人口大病保险首段起付线降低 50%，住院治疗实行先诊疗后付费，县乡取消住院押金，省市住院押金减半。2017 年，陕西省将符合条件的贫困户全部纳入农村低保等制度保障范围，将全省农村低保最低限定保障标准从 3015 元/人年提高到 3470 元/人年，为 84.85 万困难残疾人、34.52 万重度残疾人及时足额发放了两项补贴，新建农村互助幸福院 1000 个、社区日间照料中心 200 个，实现了对各类兜底对象的应兜尽兜。

（九）基础设施建设不断加强，三产融合步伐加快

陕西坚持把基础设施和公共服务建设作为打赢脱贫攻坚战的先决条件和重要抓手，强力补齐发展短板，使贫困群众脱贫致富驶入"快车道"。建立融资平台，启动村组通沥青（水泥）路、安全饮水巩固提升全覆盖、自然村通动力电"三提升"行动。不断加强基础设施建设，积极构筑沿黄河、渭河、汉江及南北交通干线、关中环线休闲农业带，创建全国休闲农业和乡村旅游示范县 10 个、示范点 18 个、中国美丽休闲乡村 15 个、中国美丽田

园 11 处。同时，通过大力发展休闲农业、电子商务和农产品加工产业，加快三产融合，目前全省休闲农业经营主体已达 1.31 万个，从业人数 17 万人，带动贫困地区 10 万户农民创业创收，拓展脱贫增收路径。全省建成运营县级电商服务中心 110 个、直营店 47 家、镇村服务站点 5000 个，共覆盖全省 80 个县（区）、1.3 万多个村，带动创业就业人数约 20 万人，其中武功县、礼泉县农产品电商进入全国 50 强县。

（十）统筹建立国企、高校、医院三大帮扶体系，创建"3 + X"帮扶模式

陕西组织 91 家省属国企和驻陕央企，打包打捆、优化组合，形成 9 个合力团覆盖除西安市以外的 9 个市，采取项目布局、技术嫁接等，带动县域经济发展，助力产业就业扶贫。截至 2017 年 10 月，已对接项目 144 个，意向投资 213 亿元，其中已开工 31 个。陕西还组织 103 所高校与 96 个有脱贫任务的县（市、区）结对，开展教育、科技等帮扶，启动扶贫项目 500 多个。陕西组织 86 家三级医院、218 家二级医院、1830 家县乡（镇）医院，分别对贫困县、镇、村三级医疗机构实现全覆盖结对帮扶。同时，充分发挥民营企业、群团组织等的作用，扎实推进"万企帮万村""脱贫攻坚青春建功行动""三秦巾帼脱贫行动"等，形成了"3 + X"全方位帮扶体系。

总体来说，陕西稳定推进脱贫攻坚的长效机制基本形成，常态化下的脱贫攻坚工作稳步健康推进。

二 陕西脱贫攻坚进程中需要关注的问题

目前，陕西国定贫困县（区）占全省县（区）总数一半以上，建档立卡贫困村占全省总数的 1/3 以上。各贫困地区贫困人口普遍都面临生产生活条件差、自然条件差、基本发展能力不足等突出问题，脱贫攻坚工作既面临着一些多年未解决的深层次矛盾和问题，也面临着不少新情况、新挑战。

（一）剩余贫困人口贫困程度深，脱贫进程滞缓

2016 年陕西完成了 62 万人的贫困人口脱贫，但脱贫攻坚并不是在做等量减法。随着脱贫攻坚的深入开展，剩余贫困人口的扶持难度也相应提高，成了难啃的"硬骨头"，势必会减缓脱贫进程。一是有劳动能力、负担轻、参与扶贫项目的贫困户已陆续脱贫，剩下的贫困人口多是无劳动能力、需要长期照顾的病人或残疾人。全省因病致贫贫困户 20 万户，占全省贫困户总规模的 25.78%；因残致贫贫困户 13.7 万户，占全省贫困户总规模的 17.48%。就宝鸡市扶风县杏林镇东坡村为例，全村因残、因病和缺劳力致贫的贫困户占到贫困总户数的 59.1%，说明一个家庭对疾病冲击的脆弱性，以及因健康问题而产生的人力资本匮乏从而引发贫困的现象仍旧十分严峻。二是全省贫困人口集中的地区相对偏远，自然资源匮乏，基础设施和社会事业相对落后，道路交通、物流集散、文化建设等需要更大的投入，贫困深度大。

（二）产业扶贫"小、散、短"，"3+X"帮扶体系有待完善

产业扶贫项目多以短期、零散的小规模种养殖业为主，具有带动性和稳定性的中长期产业扶贫项目偏少，持续性强和规模适度的中长期区域主导产业缺乏。同时，"新型经营主体+农户"的产业带动模式仍处于起步阶段，多数仍是劳务用工、参股分红，带动能力不强，与贫困户的利益连接纽带没有有效建立起来，没有明确的利益联结机制。贫困户的参与程度低，不利于贫困群众稳定增收。返贫风险较大。

此外，产业扶贫中，国企、高校、医院三大帮扶体系仍有待完善。帮扶责任主体间合力不够，多是"各自为政"，统筹协调能力较弱。部分行业、部门和单位对扶贫开发的思想认识、重视程度和工作力度不同，实际效果差异性也较大，存在不平衡状况。部分帮扶单位帮扶方法单一，重治标、轻治本，导致脱贫村（户）自我造血功能不强。返贫压力较大。

（三）农产品加工业规模小，产业扶贫带动乏力

农产品加工业连接工农，沟通城乡，行业覆盖面宽，产业关联度高，拉动农民就业增收能力强。近年来，陕西农产品加工业稳步发展，是陕西省最具活力的产业之一，为"三农"和经济社会发展做出了重要贡献。由于起步较晚，与农产品加工业发达地区及全国平均水平相比，陕西省农产品加工业总体发展水平还偏低，而且全省农产品加工业与农业生产规模也不协调、不匹配。2016年，陕西省规模以上农产品加工企业有1469家，占全省规上工业企业数量的25.3%，仅占全国规上农产品加工企业数量的1.37%；实现总产值3312.9亿元，占工业总产值的15.2%；农产品加工业产值与第一产业总产值的比为1.11:1，远低于全国的2.2:1。与追赶超越的标兵安徽省相比，陕西省农产品加工企业数量占规上工业企业的比重低于安徽5.8个百分点，占全国农产品加工企业的比重也低于安徽4.4个百分点；农产品加工业产值仅为安徽的35.5%，占工业总产值的比重低于安徽6.3个百分点；产值与第一产业比也低于安徽（2.0:1）。此外，陕西省农产品加工业特别是农业生产和农产品初加工的主要生产形式是以农户、农村专业合作社组织和农村小企业作坊为主，集中表现为加工设施和工艺落后、产出效益低、规模小、竞争力不强，因此对产业扶贫的带动力量不足。

（四）低收入人群依然存在，且收入日趋下降

受多重因素影响，近年来，国内经济下行压力加大，陕西经济增长明显趋缓，贫困地区由于经济发展滞后，产业科技水平较低，竞争力持续下降，以收入差距不断扩大为主的影响因素严重阻碍了经济增长的"涓滴"通道，农村低收入户人均可支配收入呈下降趋势。

根据住户调查五等分分组资料，高收入户与低收入户人均可支配收入比值由2013年的6.2倍扩大至2015年的6.5倍；2016年，高收入户与低收入户人均可支配收入比值达到9.9倍。经济增长步入新常态的情况下，贫困人口就业和增收难度增大，一些农民因丧失工作重新陷入贫困。低收入户人均

可支配收入由 2013 年的 2400.3 元逐步提升到 2015 年的 2903.3 元，但 2016 年下降至 2122.4 元，年均下降 4%，较全省农民人均可支配收入年均增速低 13.8 个百分点。低收入户的收入水平占全省平均水平的比重也由 2013 年的 33.8%下降至 2016 年的 22.6%，较全国平均占比水平低 18.4 个百分点。农村低收入人群收入水平亟待提升。

（五）"扶"与"被扶"缺乏有效呼应，贫困户信心不足

当前，陕西各级党委、政府和各部门及社会各界已经将扶贫工作列入重中之重，采取各种措施大力推进，但部分贫困户并没有跟上脱贫攻坚的步伐，没有产生相应的脱贫动力，形成政府抓扶贫"一头热"、被帮扶对象没信心"一头凉"的局面。一是部分贫困户"等、靠、要"思想依然存在，主观上"不愿"脱贫。多数贫困人口文化素质不高，思想保守，思维观念停留在自给自足的自然经济时期，主观上没有发展动力，安于现状，再加上国家诸多扶贫政策的实施及社会各界捐款捐物，使部分贫困户产生了严重的依赖心理。二是部分贫困户缺乏稳定脱贫手段，心有余而力不足，"不会"脱贫。受自然条件限制和农畜产品市场价格波动大等因素影响，部分贫困户主动发展产业的积极性不高，只注重脱贫项目的短期效应，对不能当年见效的项目认为脱贫作用不大，进而脱贫信心不足。

（六）困难群众仍处弱势，农村社保水平尚待进一步提升

长期的城乡二元结构严重阻碍了"三农"的发展，让农村困难群众处于更加弱势的地位，引起了农民和市民之间权利的差别，重点体现在医疗卫生、住房、社会福利、就业、教育等各个方面。近年来，陕西农村社会保障制度救助在扶持贫困户上取得了显著成绩，但农村社会保障制度在资金量上明显异于城市。农村贫困人口所享受的社会保障制度，无论是在种类上，还是在资金项目上，都远远赶不上城市居民，导致农村因病致贫、因疾致贫比例远远高于城市居民。

三 对陕西脱贫攻坚的几点建议

脱贫攻坚是陕西"十三五"期间的一项重大任务，也是陕西省同步够格建成小康社会的"短板"和"硬骨头"。找准方位才能把握航向，主动作为才能克难前行。党的十九大提出的乡村振兴战略、区域协调发展、革命老区振兴战略等，给陕西省农村发展带来了极大的机遇，我们要积极对接国家战略需求，将国家政策用足用活，强力推进陕西省脱贫攻坚工作深入高效开展。针对当前陕西省脱贫攻坚面临状况，本报告提出以下几点建议。

（一）立足当前，着眼长远，全力构建大扶贫格局

解决温饱，不是扶贫的目的，只是扶贫的最起码要求，立足发展，走上共同富裕才是扶贫的根本目标。精准扶贫符合当前对"高质量发展"要求，2018~2020年将是实现"全脱贫"关键攻坚期，较之传统扶贫模式，精准扶贫更加注重新型产业培育、体制机制改革和区域生态建设等，有利于产业转型升级，符合对"高质量发展"要求。因此，全省上下务必进一步提高政治站位，坚持以脱贫攻坚工作统揽经济社会发展全局，将贫困地区的经济开发纳入经济发展的长远规划，把解决温饱和区域经济的长远发展结合起来，把近期开发同增强农业后劲紧密联系起来，统筹谋划，注重长短结合抓规划，坚持以短养长、科学规划、合理布局、系统推进，全力构建大扶贫格局，夯实脱贫根基，实现精准扶贫脱贫。

（二）抓好产业扶贫，建立健全稳定脱贫的长效机制

对于贫困群众，短期内可以兜底，但长远看负担过重，必须通过产业发展切实提高贫困地区和贫困人口的自我发展能力。产业扶贫具有很强的造血功能，可以从根本上解决贫困人群的生存发展问题，使这部分人群具备增加经济收入的可持续性"造血"功能。在推进产业扶贫过程中，不仅要着眼

于摆脱当前的贫困，还要着眼于可持续的稳定脱贫；不仅要着眼于这一两年内见成效，还要着眼于在更长时间内见成效。

结合省情，要充分发挥陕西省各地的自然条件和区位优势，以特色种植业、设施农业、特色林业、加工业、传统手工业、休闲农业、乡村旅游等为主要内容，重点选择市场相对稳定、获益期相对稳定的特色产业，大力推进"一县一业""一村一品"产业发展，带动贫困人口增收致富。例如，陕南地区可以以生态农业和绿色农业为重点，着力建成一批茶业、食用菌、中药材等山区特色产业优势产区、产业带；关中地区要充分发挥农业和农村基础设施较好的优势，引导贫困户因地制宜发展设施农业、特色种养业、特产加工业、休闲农业，提升农业附加值，加快脱贫致富步伐；陕北地区发展现代特色果业、林业、养殖业，大力发展旅游业、光伏产业等，着力提高贫困地区优势主导产业覆盖度。同时，全省要以大力发展农村电子商务为抓手，借用"互联网＋电子商务"模式，以需求为导向，通过三产融合倒逼农村发展、农民转型、农业增收。

（三）加快农业供给侧结构性改革，助推脱贫攻坚

要抓住农业供给侧结构性改革这一有利契机，在调结构、提品质、促融合、补短板等方面，着力改进扶贫工作。一是改进农业扶贫项目生产结构，对需求高的产品增加产量，对需求低的产品逐步调减产量，进而提高扶贫项目的有效性和市场针对性。二是提高扶贫项目农产品的质量安全水平，适应城乡居民食品结构升级的需要，大力推进扶贫项目标准化生产、品牌化营销。三是延伸产业链条，提高附加价值。目前陕西省产业扶贫项目多为农产品初加工项目，处于产业结构中的初级形态，后期应重点进行产业链的开发与建设，通过技术创新的思路促使其向产业的中高级形态递进，实现经济效益的提高。四是加大贫困地区农产品品牌建设和推广，构建"生产－加工－包装－运输－销售"的现代农业产业模式，延伸贫困山区农业产业链条。五是促进农村一、二、三产业融合发展，统筹考虑脱贫项目，把农业生产与农产品加工流通、农业休闲旅游扶贫、电商扶贫和光伏扶贫融合起来，

培育壮大农村新产业、新业态和新模式，积极推进"农业生产 + 电商培训 + 现代物流 + 金融服务"农村经济网络建设。

（四）持续改善基础设施建设，巩固发展需要

贫困与交通、医疗、教育等基础设施的落后相伴相生。因此，精准扶贫一定要统筹各类资源，优先解决贫困地区道路不畅通、农田水利设施老化、电力质量不高、信息化落后等突出问题。同时，基础设施建设是一个长期的过程，贫困县和贫困村的摘帽退出只是满足了基础设施建设的基本条件，后期的巩固性发展需要持续改善基础设施。应对基础设施养护予以经常性的资金支持，要把改善基础设施作为重点，搞好水、电、路、通信等基础设施建设，确保农业农村投入力度不减小、总量有增加、重点建设任务不打折扣。加快推进高标准农田建设、水利工程建设，引导社会资本参与重大水利工程等建设运营。

（五）不断加强全方位帮扶体系建设，推动社会扶贫向纵深发展

目前，陕西统筹建立的由国有企业、高教和医疗卫生系统形成的"3 + X"帮扶体系，助力脱贫攻坚已初有成效，也减轻了政府扶贫压力。后期，要进一步加强"3 + X"全方位帮扶体系建设，积极引入社会团体、民间组织、企事业单位、慈善机构及非政府组织等广泛参与扶贫工作，构建一个以政府为主导、多方主体协同参与、优化资源配置、提高贫困户实际参与率的全社会扶贫机制，使各扶贫主体、扶贫对象互相协作、发挥优势，增强扶贫力量，有效调动扶贫群体参与扶贫工作的积极性和主动性，推动社会扶贫向纵深化发展。

一要精准安排帮扶单位，选优配强帮扶干部，坚持按需对接，在优化帮扶体系上狠下功夫，形成"上下协调、多级联动、合力推动"的工作机制。二要充分发挥帮扶单位优势，统筹规划，采取切实有力措施，制订完善、操作性强的"一村一策"帮扶工作方案，抓好组织实施，确保取得实实在在成效。三要做好帮扶项目顶层设计，用高科技手段带动产业发展，着力打造

有亮点、有特色的重点项目，培育困难村"造血"能力，增强发展动力、活力和潜力，持续促进农民增收致富。

（六）大力发展农产品加工业，助力脱贫攻坚

发展农产品加工业是破解农产品卖难滞销、促进农民增收的重要途径。农产品加工业是一个大产业，一头连着农业、农村和农民，另一头连着工业、城市和市民，沟通城乡，是为耕者谋利、食者造福的产业。通过发展加工业，可以延长农产品保质期，实现错峰销售、均衡上市，促进减损增收、提价增收和就业增收，最大限度地释放农业内部的增收潜力；通过发展加工业，尤其是发展高效农业并给予优惠，还有助于吸引资本回乡、人才返乡、科技下乡，激发农村发展活力，拓宽农民就业增收渠道，打造脱贫致富新支柱。同时，政府要做好服务，引入有基础、有营销渠道的企业或企业家作为核心，依托其技术优势、市场优势，带动乡村资源的整合和开发，帮扶百姓脱贫；依托新型经营主体带动，让搬迁群众融进产业链，促其增收。积极培养龙头企业及新型经营主体，动员社会力量，形成各界齐心协力共同推动扶贫脱贫良好机制。

（七）深化"三变"改革，激发群众内生动力

在农村开展资源变资产、资金变股金、农民变股东"三变"改革，是新形势下深化农村改革的有益探索和实践，是同步实现全面小康的一个重要举措。深化"三变"改革，要把最后的落脚点放在贫困群众的增收上。在"三变"改革中，既要发挥市场的决定性作用，又要发挥政府作用。农业产业化、规模化经营要以市场为导向，实行市场化运作；同时政府要加强农村基础设施建设，利用好融资平台引导产业发展，为贫困居民提供就业指导、技能培训等公共服务。要稳步推进农村土地流转，通过政府招商引资等积极发展劳动密集型企业，以吸纳大量农村劳动力转移，从而在短期内激发和调动群众参与扶贫。要积极总结完善"三变"改革经验，丰富股份类型，吸引更多生产要素入股，引进社会资本，形成规模效应、集聚效应；

激活农村各类要素资源，拓宽农民增收渠道，推进脱贫攻坚工作持续提升；积极引导广大农户以土地承包经营权、自有资金投资入股到经营主体，主动参与"三变"改革，特别是贫困户，要帮助他们成为股民。通过"党支部＋合作社＋贫困户"模式，以"资源变资产、资金变股金、农民变股东"为载体，实现土地集约、资本集中、利益共享，促进生产发展，带动群众增收致富。

（八）加大农村社会保障力度，缩小城乡社保差距

随着扶贫力度的加大，扶贫难度逐渐增大，剩余贫困人口多为深度贫困的老弱病残人员，今后几年，因病致贫、因残致贫的贫困人口比例还会逐渐增大。这类贫困人口多数丧失劳动能力，需要的是医疗救助、社会保障、教育扶持。因此，应当加大医疗扶贫、教育扶贫的力度，加大农村社会保障力度。农村社会保障体系是我国整个社会保障体系的重要组成部分。加快健全农村社会保障体系，不仅是破除城乡二元结构、缩小城乡差距的关键举措，也是适应农村经济社会发展、统筹城乡发展的现实需要。

一是建议进一步加大公共财政对农村社会保障的资金扶持力度，构建公平统一的社会保障体系，逐年减小农村群众在社会权利等各个方面和城镇居民的差异，让农村群众可以享受到和城市居民一样的优质资源和社会福利保障，让城乡居民在收益方面的差别能够逐年缩小。二是建议进一步打破扶贫政策效应逐步递减规律，让贫困地区公共服务更加均等化，让贫困人口的医疗、教育、卫生等公共服务水平得到切实提高。针对农村因病致贫比例较大的情况，鼓励商业保险机构积极开展农村居民商业补充医疗保险业务，让商业健康保险与基本医保衔接互补，减轻群众医疗负担，提高医疗保障水平。

参考文献

习近平：《摆脱贫困》，福建人民出版社，2016。

蒋永穆、周宇晗：《习近平扶贫思想述论》，《理论学刊》2015 年第 11 期。

吕恒宇、高布权：《延安农村精准扶贫面临的困境及应对》，《农村经济与科技》2017 年第 17 期。

麻进仓、王蔚：《精准推进产业扶贫 全面决胜脱贫攻坚》，《西部大开发》2017 年第 7 期。

刘北桦、詹玲：《农业产业扶贫应解决好的几个问题》，《中国农业资源与区划》2016 年第 3 期。

许应春：《对完善我国农村社会保障制度的再思考》，《甘肃农业》2006 年第 3 期。

牛唯懿：《中国农村贫困原因及对策分析》，《农技服务》2016 年第 3 期。

王雨林：《中国农村贫困与反贫困问题研究》，浙江大学出版社，2008。

共济：《全国连片特困地区区域发展与扶贫攻坚规划研究》，人民出版社，2013。

刘安仕：《打好"十三五"扶贫开发攻坚战的两点建议》，载《云南省老科技工作者协会"十三五"规划建言献策论文选编》，2015。

综 合 篇

Surveys

B.2

陕西深度贫困地区脱贫攻坚
超常规举措研究[*]

陕西省社会科学院课题组[**]

摘　要：　采取超常规举措推进深度贫困地区脱贫攻坚，是贯彻党中央、
　　　　　国务院决策部署的重大政治任务，也是陕西省决胜脱贫攻坚、
　　　　　同步全面小康、实现追赶超越目标的关键所在。本研究针对
　　　　　陕西省 11 个深度贫困县（区）、482 个深度贫困村和深度贫
　　　　　困群体脱贫攻坚面临的突出制约问题，结合深度贫困地区脱
　　　　　贫攻坚目标，提出了攻克深度贫困堡垒的超常规举措和政策

---

[*]　本文系陕西省社会科学院 2017 年重大课题"陕西深度贫困地区脱贫攻坚的超常规举措研究"
　　（立项号为 17SXZD09）的研究成果。

[**]　课题组组长：罗丞，博士，陕西省社会科学院农村发展研究所副所长，研究员。课题执笔
　　人：罗丞；张敏，博士，陕西省社会科学院农村发展研究所助理研究员；江小容，博士，陕
　　西省社会科学院农村发展研究所助理研究员；马建飞，硕士，陕西省社会科学院农村发展研
　　究所助理研究员。

保障。

关键词： 陕西　深度贫困地区　超常规　举措

深度贫困地区是陕西全省脱贫攻坚工作的重中之重、难中之难、坚中之坚。加大力度、采取超常规举措推进深度贫困地区脱贫攻坚，是贯彻党中央、国务院决策部署的重大政治任务，也是陕西省决胜脱贫攻坚、同步全面小康、实现追赶超越目标的重大举措。陕西省深度贫困人口主要分布在陕南3市11个深度贫困县，覆盖黄河沿岸土石山区、渭北旱塬区和陕南秦巴山区482个深度贫困村。自2017年10月以来，课题组成员深入陕西省深度贫困的镇安、商南、汉滨、略阳等县（区），与当地政府、企业及农户访谈交流，针对深度贫困县、深度贫困村和深度贫困群体面临的突出问题，结合深度贫困地区脱贫攻坚的目标，提出了从项目实施、主体带动、区域协作、基层党建、志智双扶和兜底保障等方面，采取超常规举措攻克深度贫困堡垒的建议。

一　深度贫困地区脱贫攻坚面临的突出问题

陕西深度贫困的11个县、482个村，分布在黄河沿岸土石山区、渭北旱塬区和陕南秦巴山区。深度贫困地区自然环境复杂，基础设施条件差，自我发展能力弱，缺少主导产业和龙头企业的带动，正面临"三低两缺"的突出问题。

（一）资源可利用率低，发展环境差

调研发现，陕西省深度贫困村所在区域，自然环境比较复杂，农业立地条件差，均存在不同程度的水资源和土地资源匮乏问题。

黄河沿岸土石山区深度贫困村水资源状况令人担忧。地表水源严重不

足，以高氟水和苦咸水居多；地下水超采严重、水位深，大多数地区埋深在300米以上；降雨集中在7月、8月、9月三个月，因区域内土质疏松，水土流失较为严重，极易诱发洪涝、泥石流等突发性自然灾害，危及贫困村群众的生命财产安全。资源开采造成的问题也较为突出，加重了自然条件恶化的态势，造成生态环境脆弱，对贫困户的生存发展构成极大威胁，容易使贫困人口陷入无助无望的困境。

渭北旱塬区常年气候干燥，降雨集中，雨量偏少且蒸发量大，造成冬旱、春旱、伏旱易发，被称为关中的"旱腰带"。虽然区内台塬平地多，但因干旱少雨，地表径流水量小，土壤盐碱化严重，含氟量大，地下水位高，生产生活用水存在困难，农业发展受到限制。区域内煤矿采集沉陷区多，农业恢复难度大。

陕南秦巴山区山大谷深，海拔差大，自然条件多样，地貌结构复杂，占总面积50%以上的区域都属于地质灾害易发区，部分地区甚至经常性地遭受连续自然灾害。全区森林资源丰富，但可耕地资源少，土壤条件差，农业的产业化、规模化发展面临困境，产业扶贫政策很难在实际工作中得到有效落实。

（二）基础设施覆盖率低，发展基础差

深度贫困村自然环境复杂，农业基础设施普遍较差，突出表现在农村道路、安全饮水、农田水利、通信和卫生等方面设施，难以得到有效修缮，难以覆盖大多数贫困户。

沿黄土石山区水源地建设不足，引黄工程建设滞后，生产用水基础设施不完善，贫困地区农户安全饮水和卫生健康问题突出。深度贫困县、深度贫困村道路交通网络不完善，县域公路等级不高，交通通达能力较差。部分深度贫困县农田水利设施老化，燃气管道未延伸到乡（镇）一级，天然气使用率低。深度贫困村电网、通信等服务设施建设滞后，互联网普及率低。

渭北旱塬区虽有发展农业生产的优势条件，但农田水利设施整体较为薄弱。突出表现在中小型抽水站设备老化严重，农业灌溉沟渠年久失修，相关配套严重不足，无法完全满足种植业、养殖业等发展的用水需求。区域内农

村公路网络化程度低，没有实现境域内互通互联。个别深度贫困村农业生产道路缺乏，给产业扶贫工作的有效落实造成很大困难。

陕南秦巴山区由于自然环境复杂，基础设施建设成本高，道路、通信等设施至今仍比较落后。通村公路建设欠账较多，加重了当地的财政负担，增加了财政支农、扶贫的压力。已建成的农村公路等级偏低，投资需求大，限制了贫困村的发展，天然的生态旅游发展优势难以得到充分发挥。个别深度贫困地区的自然村，整村都没有满足供电（安全饮水）需求，影响了居民的正常生活，阻碍了当地产业的发展。

（三）脱贫致富能力低，发展意识差

一些深度贫困县的领导干部思想不解放，思路不开阔，缺乏产业发展的意识，缺少带领群众脱贫致富的信心、决心。深度贫困地区脱贫攻坚任务艰巨，但在各级政府和部门加大扶贫力度的同时，一批干部却在扶贫领域频频出现问题，严重损害了群众的利益。一些领导干部认识不到自身存在的思维短板，在扶志、扶智过程中缺乏有效的工作方式和方法，没有深入基层与贫困户进行有效沟通，导致扶贫工作中许多问题处理不及时，影响了贫困群体的"获得感"，也影响了扶贫工作的成效。

个别深度贫困村的村两委干部能力有限，难以承担起脱贫攻坚的重任。有的村两委书记、村主任本人就是贫困户，有的村甚至选不出能带领群众脱贫的两委。原因是多方面的，深度贫困村青壮年劳动力缺失，村干部队伍出现老龄化，领导班子后继乏人。在职村干部自身文化层次低，服务地方经济能力有限，基层工作压力大，经济待遇低，社会保障不到位。在多重复杂因素的影响下，部分村干部对脱贫攻坚工作丧失责任心、信心和决心。

深度贫困的群众，也因内在和外在的复杂因素不思进取，存在"等、靠、要"的思想。大部分深度贫困群体受教育程度低，思想观念落后，现代市场思维不够，自我发展能力较差。个别贫困户无劳动能力，或丧失劳动能力，缺乏致富的信心、决心和技能。一些深度贫困家庭致贫原因复杂，存在贫困代际传递现象，不利于深度贫困地区脱贫致富、长期稳定发展。

（四）缺主导产业，产业扶贫实施难

深度贫困县特色主导产业发展滞缓，缺乏一个叫得响、支撑作用明显的支柱产业，给产业扶贫工作造成很大压力。

黄河沿岸土石山区产业结构不合理问题突出。资源富集县能源产业独大，但石油、煤炭等方面的企业多为央企，在现行的资源开发体制和财税政策下，农民所分享的收益有限。这些地区县域经济过度依赖能源产业，对农业发展的重视与支持不足，农业产业层次低，产业链条短。红枣产业等传统优势产业，对农民增收曾起着重要的作用，但近年来抵御灾害能力减弱，过度规模化种植带来的一系列问题正在显现，产业发展前景堪忧，产业结构亟待调整升级。移民搬迁过程中的产业布局，也存在滞后的问题，导致后续产业发展滞缓。

渭北旱塬区平地多，具有较好的农业发展条件，是传统优势农区，农业是农民增收的主要支柱产业。但是受市场需求变化和产销错位等的影响，苹果、酥梨等农产品价格下跌，产销矛盾显现，传统优势产业对农民增收的作用正在减弱，农业产业结构亟待优化升级。部分市县财力困难，中省财政项目的市县财政扶贫资金预算、配套有限，甚至出现比上年下降的现象。中省扶贫资金的数量与贫困村数量及贫困人口规模等也出现不相匹配的现象，产业扶贫工作比预想中更困难。

陕南秦巴山区具有发展农业较好的水热条件，拥有粮油、茶叶、中药材、魔芋、林果、食用菌等多品种优势产业。但陕南地区山大谷深，水土资源不匹配，农业立地条件差，产业化发展水平低。目前，这些地区的农业仍以传统种养业为主，农产品就地加工转化不足，富硒食品等特色产品开发力度不够。陕南具有发展乡村旅游、休闲农业的天然条件，但其发展受到严格的生态限制，受到基础设施条件、人力资源禀赋和产业资金等的多重制约，产业发展不充分。

（五）缺龙头企业带动，贫困户脱贫增收难

深度贫困县底子薄、欠账大，财政状况较差，采取的扶贫模式主要以

"一家一户、点对点脱贫"为主,抓企业、建龙头、引工商资本的工作开展得并不理想。

截至2016年末,陕西省重点龙头企业总数达到2680家。在开展产业扶贫、精准脱贫工作中,全省龙头企业充分发挥带动作用,以合同订单、合作、按利润返还、按股分红、吸收农民就业、技术培训等利益联结方式,探索出"公司+合作社+贫困户+电子商务""企业+专业合作社+茶农+贫困户""公司+基地+贫困户"等模式,有力地促进了陕西省脱贫攻坚工作的开展。

但深度贫困县龙头企业的发展并不理想。深度贫困县尚未与各部委、各中央企业、全国工商联等建立起紧密的联系,没有在当地培育龙头企业。或者有龙头企业,但对资本市场的利用不够,市场竞争力不强,对当地经济和贫困户的带动作用不明显,产业发展优势难以形成,扶贫投资效益难以放大,难以辐射到每一个贫困户。

二 深度贫困地区脱贫攻坚的超常规举措

(一)项目超常规实施,集中力量破解深度贫困地区短板制约

1.优先推进交通基础设施项目建设

按照中央"新增脱贫攻坚项目主要用于深度贫困地区"的要求,在全省深度贫困地区加大交通、安全饮水等基础设施项目布局倾斜,优先安排实施贫困村道路硬化、饮水安全巩固提升工程等涉农项目。加快推进深度贫困村村级公路提档升级,对能够带动山区20户以上、平原50户以上贫困户脱贫增收的道路,按通沥青(水泥)硬化路标准建设。开通深度贫困地区项目招标、审批、验收等环节绿色通道,简化流程,鼓励整合涉农资金集中用于基础设施建设。允许地方政府按照省下达年度计划先行筹资建设、竣工验收核准后给予补助的方式落实农村公路项目建设,力促脱贫项目早开工、早落地。

2. 重点支持深度贫困地区公共文化服务体系建设项目

加大对深度贫困村公共文化基础设施建设的财政倾斜，推动深度贫困村综合文化服务中心建设，打通基层群众文化活动"最后一公里"。深入推进深度贫困地区公共文化机构和设施免费开放，提高深度贫困地区图书馆、文化馆、文化站等公共文化设施免费开放补助标准。支持深度贫困地区挖掘保护、开发利用当地文化遗产和资源，发展地方特色文化产业。

3. 加快建立深度贫困县投融资平台，统一开展项目投融资、建设和运营

充分发挥财政资金作用，支持深度贫困县搭建投融资平台，开展易地扶贫搬迁、基础设施建设、特色产业扶贫等重大扶贫开发项目的投融资业务。重点将基础设施和公共文化服务建设与新型城镇化、扶贫开发、产业发展、文化旅游、美丽乡村建设等项目捆绑打包，列入重大建设融资项目。探索把PPP模式引进深度贫困村农村公路和公共服务设施建设，撬动更多社会资本参与农村基础设施改善。鼓励企业、社会组织、个人通过结对帮扶、包村包项目等形式支持农村基础设施和公共文化服务建设。

（二）主体超常规带动，深入挖掘深度贫困地区发展新动力

1. 以"三权"促"三变"巩固壮大集体经济

在深度贫困地区进一步完成农村集体资源清理核实，摸清家底，厘清和明晰农村资源资产权属；支持村级集体经济组织领办土地股份合作社，鼓励和引导集体经济组织成员以土地承包经营权折股入社，采取村集体成员认可的经营方式，发展生态农业、特色农业和品牌农业；在产业发展类似、区域位置接近的深度贫困地区，探索建立以不同层级（组、村、乡镇）的村集体经济组织为入股单位的集体股权制度，实现共享发展；加速推进"三变"改革，鼓励村集体经济组织以集体土地、林地、水面、闲置房屋等资源要素，通过一定形式入股家庭农场、专业合作社、龙头企业等经营主体，获取股份或进行抵押贷款，增加集体经济收入。

2. 强化合作社对贫困户的带动作用

因地制宜地编制深度贫困村产业发展规划，充分利用扶贫资金建设专业

合作社，带动当地产业发展，促进有劳动能力的贫困户深度参与产业链，提高自我发展能力。加强合作社规范化建设，改善合作社在工商登记、出资设置、内部运作、财务管理、盈余分配等方面软硬件条件，提升合作社发展能力和水平。在深度贫困村全面推广扶贫互助合作社模式，创新组建农业生产、建筑工程、电子商务、红白理事会、物业管理等各类服务队，推动扶贫互助合作社由从事小额信贷业务向农业生产、农民生活、农村管理等领域全覆盖，引导贫困户通过资金入股、土地流转、进入扶贫合作社打工等方式实现多渠道增收。

3. 全力推进农民工返乡创业就业

引导和鼓励深度贫困地区返乡农民工和企业家创办劳动密集型企业、中小微企业、民营企业等经济实体，大力发展当地特色优势产业，开发休闲农业、电子商务等农村新业态，带动深度贫困地区一、二、三产业深度融合发展。对在深度贫困村进行创业的返乡人士，在财税政策支持、金融扶持、简化市场准入、用地用电保障等方面进行全方位支持，并根据创业者项目需要，免费进行技能专项培训，对在深度贫困地区脱贫攻坚中做出突出贡献的返乡人士，在省级层面给予表彰和奖励。

（三）区域超常规协作，加快形成深度贫困地区大扶贫格局

1. 建立重点企业与深度贫困村结对帮扶机制

立足深度贫困地区资源禀赋，坚持问题导向，列出深度贫困县（村）的优势资源清单和问题清单，在省级层面统一搭建产业、人才、技术、资金等资源对接平台，通过优化投资环境、落实优惠政策，鼓励和引导省内外、境外有实力的企业结合自身行业特点或发展优势，选择清单项目落户深度贫困地区。对口支援和定点帮扶单位在深度贫困地区的，要对其建立考核监督制度，考核结果要纳入帮扶单位的效能考核和综合考核中，并在一定范围进行通报，压实帮扶责任。

2. 深化苏陕扶贫协作和对口帮扶工作

主动加强与江苏省各方面的沟通交流和务实合作，选派深度贫困地区基

层干部和致富带头人到江苏参加培训学习，组织引导江苏省企业到深度贫困地区结对帮扶、江苏省人才到陕挂职第一书记，确定重点帮扶项目，加强产业合作，加大劳务对接和人才支持力度。尽快出台允许深度贫困地区增减挂钩节余指标在苏陕扶贫协作和对口支援地区内流转的政策，大幅提升深度贫困地区土地资本价值。

3. 创新汉江生态经济带协商合作机制

打破行政区划界限和壁垒，建立汉江生态经济带省际协商合作机制，加大陕鄂豫三省共同推进汉江生态经济带建设的统筹协调力度增强统筹工作的系统性、整体性和可持续性。鼓励和引导陕南深度贫困地区主动参与汉江生态经济带建设，以脱贫攻坚统揽经济社会发展全局，科学制订汉江生态经济带保护开发总体规划以及生态保护、脱贫攻坚、循环产业发展、重大基础设施建设等专项规划，将生态资源优势转化为经济发展优势，打造新的经济增长极。进一步加强汉江生态建设联防联治，切实保护和利用好汉江流域水资源，强化沿江生态保护和修复等重点任务，严格控制和治理环境污染，探索建立生态补偿机制，全面推进生态文明建设。

（四）志智超常规扶持，激发贫困户的内生动力

1. 分类实施正负向激励制度

第一类是对有主动脱贫意愿和脱贫行为的贫困户，建立"星级激励"评价体系（最高评为5星，最低评为1星），按照等级进行表彰奖励；第二类是对满足于现有扶贫政策红利的贫困户，加强思想教育和心理干预，提升这类贫困户的志气和信心；第三类是对具有严重"等、靠、要"思想的贫困户，在保障其脱贫标准的基础上，在一定程度上减少其政策收益，并加强对其的思想教育和引导。

2. 广泛开展新民风道德评议活动

借鉴安康新民风建设经验，在深度贫困地区开展新民风道德评议活动，加强深度贫困群体的思想教育和心理干预，积极培育"有文化、有素养，讲道德、守规矩，重品行、知廉耻"的新型农民，提升贫困户的志气和信

心。建议以村为单位，由群众推选"新乡贤"，组成道德评议委员会，主持本村的"道德评议"工作，道德评议委员会的委员可从老党员、老干部、道德模范、人大代表、政协委员等群体中推选产生。综合运用各种治理手段整治陈规陋习和不良风气，以新民风建设助推城乡群众整体素质稳步提升。校正政策导向，建立惩戒机制，对无事生非、无端造谣的人员，严格按照政策标准，坚决不开口子，确保政策的公平性和严肃性。

3. 推动德治、法治、自治"三治融合"

以德治建设为核心，完善乡约民规，提升村民的道德修养和文明素质，从源头上预防农村社会矛盾的产生；加强法治保障，通过短信、宣传标语、设置法律咨询点等方式开展普法宣传，运用法治思维和手段化解农村社会矛盾；大力推进"乡（村）贤"自治治理模式，通过乡（村）贤参事会、村民议事会、乡风评议会等组织，帮助"村两委"共同管理村务，讲解宣传扶贫政策，定期对贫困户进行走访慰问，了解贫困户的诉求，调解贫困户之间、贫困户与非贫困户之间的矛盾。

（五）队伍超常规建设，培育深度贫困村脱贫奔康领路人

1. 深化党建引领，强化脱贫攻坚组织保障

进一步强化深度贫困地区农村基层党组织领导核心地位，发挥党组织战斗堡垒作用和党员先锋模范作用。开展"贫困村党组织建设集中攻坚行动"，加快剖析深度贫困村党组织存在的问题，针对突出问题整顿软弱涣散村党组织；根据深度贫困村实际需求，调整充实第一书记和驻村工作队，对成绩突出、群众公认的第一书记和驻村干部，按照国家规定予以表彰、提拔使用，对于不能胜任的及时召回。

2. 着力选优配强深度贫困村党组织带头人队伍

动员农村致富带头人、外出务工经商人员、返乡创业人员、大学毕业生、复员退伍军人等，回村参选村党组织带头人。建立村级后备干部人才库，率先为每个深度贫困村培养 2～3 名后备干部，组织后备干部到省直部门和省内外发达地区挂职学习、跟班工作，为深度贫困村脱贫攻坚提供人才

支撑和力量保障。实施深度贫困村党组织带头人培训工程，由省委或市委组织部牵头举办脱贫攻坚专题培训班，围绕党性锻炼、党建引领扶贫、产业发展、乡村治理等内容，对村党组织带头人、年轻后备干部开展培训，提高基层干部队伍的整体素质。

3. 以管理创新激发基层工作活力

落实"三项机制"，让勇于创新、敢于突破的基层干部撸起袖子、迈开步子加油干，对在脱贫攻坚工作中表现突出的基层干部优先提拔使用，成绩特别突出的基层干部可破格提拔使用。加大基层经费投入力度，大幅提高深度贫困村基层干部报酬标准和村级组织办公经费，改善工作条件，充分调动深度贫困地区基层干部的积极性。

三 加快推进深度贫困地区脱贫攻坚的政策保障

（一）强化责任担当，加强检查督查

坚持结果导向和问题导向，以中央考核为标尺，完善陕西省的考核评估体制，充分运用"三项机制"，对深度贫困地区脱贫攻坚工作实行最严格的考核评估。强化深度贫困县和所在市党委、政府的责任担当，确保中央和省委脱贫攻坚各项部署落地落实，坚持把脱贫攻坚作为头等大事和第一民生工程，坚持以脱贫攻坚统揽经济社会发展全局。

建立年度脱贫攻坚报告制度和督查制度，开展常态化督导和明察暗访，发现问题立即进行整改，对搞形式主义、不严不实、弄虚作假的严肃问责。加强扶贫资金管理使用，强化扶贫资金审计监督，对扶贫领域虚报冒领、截留私分、贪污挪用、强占掠夺、挥霍浪费等违法违规问题，坚决从严惩处，对相关责任人严格实施责任追究，加大通报曝光力度。

（二）精准聚焦贫困满意度，兼顾"精准"与"公平"

在考查满意度时应当聚焦在贫困户身上，最大限度地减少扰动因素，使这一指标真正具备可比性，成为不具争议的"金指标"。在制定和实施产业发展、基础设施建设和搬迁安置等政策时，务必要理解政策制定的初衷，避免将"精准"简单理解为"某户某村"，还原政策的普惠性，适当兼顾非贫困户特别是边缘户的利益，从而最大限度地发挥政策的辐射效应。

（三）建立多重保障体系，多措并举攻克因病因残致贫返贫难题

对于因病因残致贫返贫的深度贫困人群，建立多重医疗保障体系，完善新农合、基本医疗、大病保险、医疗救助健康扶贫体系，全面实施贫困人口在县域内定点医疗机构住院先诊疗后付费，各类医保、救助"一站式"即时结算，积极发展商业健康保险和慈善救助。借力城乡居民基本医疗保险合二为一的东风，充分整合各县贫困人口重特大疾病专项基金，构建符合陕西省农村实际的慢性病种和医药费报销比例，斩断"贫病"恶性循环。医保部门应积极跟踪国家相关政策，及时更新慢性病病种目录。

加大深度贫困残疾人的康复服务保障力度，根据不同类别残疾人的实际需求，将康复项目纳入合疗、医保保障范围。不断提高深度贫困残疾人家庭的增收能力，在生态护林员等政府公益岗位中，优先安排建档立卡户中的困难残疾人及其亲属，努力扩大残疾人家庭享受产业扶持、股权量化、资产收益等政策的受益面，全力破解因病致贫、因病返贫难题。

（四）健全移民安置长效机制，稳妥持续推进易地扶贫搬迁

保持政策连续性和稳定性，根据自然条件、群众意愿，渐进提高扶贫搬迁的要求和标准。在具体执行上不搞一刀切，按照"老人老办法、新人新办法"的思路，新要求和新标准出台之前已启动实施的项目按旧要求和旧标准执行。

将移民安置点建设和危房改造有机结合，对于没有搬迁意愿且无生态和灾害之忧的贫困户，采用危房改造并提高标准的办法改善其生活条件。在用商品房安置贫困户上，借鉴廉租房的管理模式和办法，对自筹能力有限的贫困户，不赋予其安置房完全产权，但可以长期无偿使用，根据出资额赋予一

定份额的安置房产权，脱贫致富后通过补交剩余钱款获得更多份额的产权，直至获得全部产权份额。采用正向激励引导群众腾退复垦宅基地。对腾退复垦期限不予强制规定，对主动腾退复垦的群众给予奖励，在搬迁补助中适当增加集中安置户宅基地腾退复垦补助份额，让腾退复垦群众获得实惠，形成示范带动效应。

B.3
陕西教育精准扶贫进展、问题与对策建议

陕西省决策咨询委员会课题组*

摘　要： 为深入了解和掌握陕西省推进教育扶贫中存在的问题，本课题组对陕西省连片贫困地区贫困家庭进行了实地调研和访谈，共获取 3 市 5 县 1067 户有效样本。根据实地调研数据及与相关人员的座谈，针对陕西省推进教育扶贫仍存在的几个主要问题，课题组提出如下政策建议：提高农村地区幼儿园覆盖率；提升农村基础教育的软硬件建设水平；加大对高中、职业学校贫困学生的资助力度；结合生态移民工程统筹规划教育扶贫；利用"互联网＋"扩大贫困生高等教育补贴的范围，提高精准度；改革创新"雨露计划"实施方式；加大资助的宣传力度，确保各类政策精准投放等。

关键词： 陕西　教育扶贫　"雨露计划"

在党中央发出打赢脱贫攻坚战的动员令后，陕西省迅速行动，举全省之力强势推进。2014 年陕西省委省政府印发《关于创新机制扎实推进全省农村扶贫开发工作的实施意见》，明确将教育扶贫纳入陕西省实施扶贫开发的十项重点工作予以具体安排；2015 年省委省政府印发《关于贯彻落实〈中共中央国务院关于打赢脱贫攻坚战的决定〉的实施意见》，进一步部署了加大教育支持力度，着力加强教育脱贫。

---

* 课题组顾问：邓理、张光强；课题组组长：石英；课题组副组长：余劲、曹蓉；课题组成员：王文略、陈晓楠、王欣亮。

一 陕西教育扶贫进展

在陕西省委省政府统一安排下,陕西省围绕教育扶贫中的薄弱环节,采取了一系列行之有效的措施,率先在全国开创性地实施"雨露计划"、"营养餐工程"、"贫困大学生"资助计划等措施,取得了良好效果,教育扶贫工作始终走在全国前列。

1. 逐步实现高中义务教育

义务教育是根据宪法规定,适龄儿童和青少年都必须接受,国家、社会、家庭必须予以保证的国民教育,其实质是国家依照法律规定对适龄儿童和青少年实施的一定年限强迫教育的制度。义务教育又称为强迫教育或免费义务教育,其具有强制性、公益性、普及性的基本特点。根据联合国教科文组织的有关统计资料,到20世纪70年代末80年代初,已有近60个国家实施了义务教育法。

我国义务教育法规定的义务教育年限为九年(小学六年,初中三年;部分省市为小学五年,初中四年),我国部分省市已探索实施高中义务教育,即在高中阶段同样免除学杂费,陕西省已于2016年9月起全面实施高中阶段的义务教育。

2. 在"两免一补"基础上提高贫困家庭资助标准

"两免一补"是中国政府对农村义务教育阶段贫困家庭学生上学实施的一项资助政策。主要内容是对农村义务教育阶段贫困家庭学生"免杂费、免书本费、逐步补助寄宿生生活费"。这项政策从2001年开始实施,其中,中央财政负责提供免费教科书,地方财政负责免杂费和补助寄宿生生活费。

2005年,中央和地方财政安排"两免一补"资金70多亿元,共资助中西部贫困家庭学生3400万人。2006年又从西部地区开始全部免除农村义务教育阶段学生的学杂费,享受免学杂费政策的学生达到4880万人。2007年,全国农村义务教育阶段家庭经济困难学生均享受到"两免一补"政策。

陕西省为与全国"两免一补"政策相呼应,进一步提高贫困地区教育发展的整体水平，结合陕西省实际情况，陕西省教育厅于 2016 年 4 月出台了《陕西省教育扶贫实施方案》，该方案提出，要逐步提高学前教育财政补助标准，学前一年达到每生每年 1300 元标准，免除保教费和补助公用经费；按照每生每年 750 元标准，对贫困家庭幼儿、孤儿和残疾儿童接受学前教育进行资助；对中班和小班按照每生每年 400 元标准补助公用经费；将义务教育全面纳入公共财政保障机制，到 2017 年全面落实城乡义务教育"两免一补"政策。

3. 持续实施"雨露计划"为扶贫"造血"

"雨露计划"以贫困劳动力培训转移为主要目的，以农村贫困户中青年劳动力为培训对象，通过政府补贴对其进行就业技能培训，帮助其就业，以达到增收脱贫的目的。陕西省从 2003 年开始，在全国首创并实施"雨露计划"培训，为"造血"扶贫探路。据统计，自 2003 年开始，陕西省"雨露计划"累计投入财政扶贫资金 8 亿多元，培训和输出贫困家庭劳动力外出务工就业 45 万多人，其中统一安置就业率达到 98% 以上，稳定就业率达到 85%。

"雨露计划"一般为 3 个月至一年的短期培训，对培训学员学费、生活费、交通费进行补助。培训的专业根据市场需求，按照国家职业标准和不同行业要求进行选择，由省级、市级、县级扶贫部门合作实施。目前，陕西省"雨露计划"培训基地已达 49 个，先后有宝鸡、咸阳、渭南、延安、榆林、汉中、安康、商洛等 8 市 17 个县（区）被列入国家试点。"雨露计划"的有效实施不仅使农村贫困家庭中青年能够继续接受教育，也为贫困家庭获得发展能力、稳定脱贫创造了条件。

4. 资助农村贫困大学生，助力实现大学梦

农村贫困大学生助学项目，是为了解决贫困家庭大学生入学难而实施的项目，陕西省农村贫困大学生助学项目从 2011 年开始试点并实施，到 2014 年共安排财政扶贫资金 49736.1 万元，资助农村贫困家庭大学生 6.63 万人，每名贫困大学生资助 12000 元（大一至大四分别为 5000 元、3000 元、2000 元、2000 元），每年资助学生 1.5 万人左右。

5. 教育扶贫在陕西省精准扶贫总体战略中发挥了重要的基础性作用

自教育扶贫工作开展以来，陕西省已资助各级各类学校贫困家庭学生177.16万名，对80.49万名普通高中学生、32.23万名中职学生免除了学费。安排贫困县国家定向招生计划1630人、省级计划1385人。为64个贫困县招聘"特岗计划"教师3000名。支持改善贫困地区义务教育薄弱学校基本办学条件，支持贫困县45所高中实施改扩建。在陕西省教育扶贫、移民搬迁扶贫、产业就业扶贫、健康卫生扶贫、生态扶贫、兜底保障扶贫六大精准扶贫举措不断推进过程中，教育在促进扶贫、防止返贫方面的基础性、根本性、可持续性作用越来越凸显，有力地促进了陕西省脱贫攻坚整体工作全面顺利开展。

二 陕西省教育扶贫存在的主要问题

为深入了解和掌握陕西省推进教育扶贫中存在的问题，本课题组于2016年4~7月，赴汉中市留坝县、略阳县、西乡县，商洛市镇安县，安康市汉阴县进行实地调研，通过分层抽样法在每个市选取3个县，每个县选取2~5个村，每个村再随机抽取20~50户农户对陕西省连片贫困地区贫困家庭进行了实地调研和访谈，共获取3市5县1076户有效样本。

从调研数据看，因学致贫仍是农户致贫的重要类型。根据对调研数据的分析，在贫困户的贫困类型中，因学致贫的有267户，占24.81%（子女学费加生活费年支出大于5000元的家庭）；因病致贫的有107户，占9.94%；饮水困难的有73户，占6.78%。交通落后的有272户，占25.28%。因建造新房致贫的有313户，占29.09%，因婚致贫的有41户，占3.81%，因灾致贫的有3户，占0.28%。由此可以看出，陕西省连片贫困地区的致贫因素中，因学致贫仅次于建造新房和交通落后，成为第三大贫困类型。同时，教育支出成为贫困农户家庭的一项重要开支，有教育支出的家庭平均教育费用及生活费分别为2498元、4344元。

表 1   陕西贫困地区贫困类型分布

单位：户，%

贫困类型	户数（总户数是 1076 户）	占比
因学致贫	267	24.81
因病致贫	107	9.94
饮水困难	73	6.78
交通落后	272	25.28
建造新房	313	29.09
因婚致贫	41	3.81
因灾致贫	3	0.28

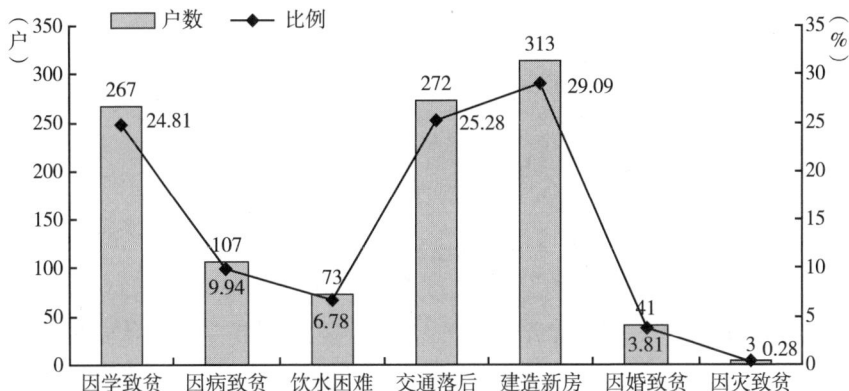

图 1   陕西贫困地区贫困类型分布比例

根据调研数据，由于贫困辍学的比例仍有 7% 之高，主要辍学阶段为初中、高中阶段。相较以前而言，大多数农村家长明白教育是家庭脱贫的重要途径，也是关乎子女前途和命运的大事，绝大多数家长虽生活艰辛，但仍坚持对子女教育的支持。调研数据显示，65% 以上的家长认为教育对家庭脱贫非常重要，而由于农村家庭贫困的现实，36% 的家长认为子女教育使家庭陷入贫困，教育支出占家庭总支出 50% 以上的家庭占 16%。虽然如此，90%以上的家长表示愿意借款、贷款支持子女上学，60% 以上的家长表示愿意外出打工挣钱支持子女教育。调研样本中，有 18% 的家庭为子女上学而向亲朋好友借款，平均借款金额为16397元，7%的农户为支持子女教育向金融机构贷款，平均贷款金额为27666元。一个家庭同时有两个孩子上学的家庭占36%之多，可见教育对农村贫困家庭的负担之重。

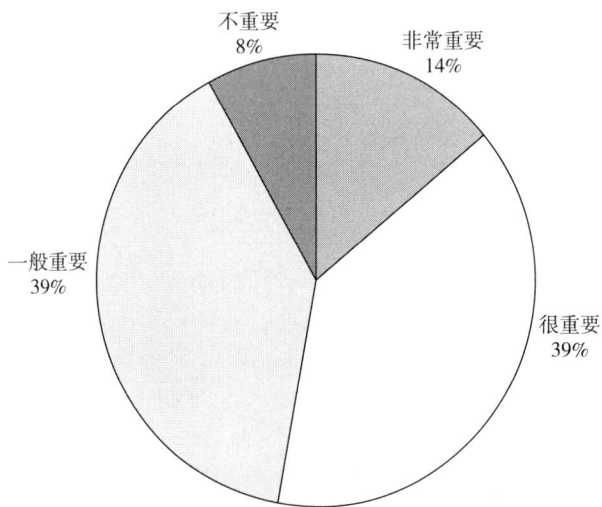

图2　贫困地区家长对子女教育态度

表2为调研样本中农村贫困家庭子女不同教育阶段学费、伙食费等相关情况。

表2　调研样本中农村贫困家庭子女不同教育阶段情况

文化程度	幼儿园	小学	初中	高中/中专	大专、本科及以上	全部
占比(%)	12.62	40.29	19.90	15.53	11.65	100
学杂费平均值(元)	1168	689	730	3540	6615	2498
伙食费平均值(元)	1377	1823	4357	3473	8265	4344
租房费平均值(元)	0	2100	0	2171	2100	2092
租房比例(%)	0	8.40	0	28	12.5	8
交通费平均值(元)	300	207	400	492	777	564
家长陪读比例(%)	21	29	22	31	0	23
距离学校平均值(千米)	1.1	3.7	3.3	38	261	31

由此看来，贫困农户已经意识到教育是改变命运、摆脱贫困的重要途径，但由于自身经济条件的限制，仍有不少家庭无法支付子女求学费用，或因子女上学而陷入更深的贫困，对贫困地区的教育扶贫仍任重道远。

根据实地调研数据及与当地农户、教育机构工作人员的访谈，以及与陕西省教育厅、扶贫办相关人员的座谈，目前，陕西省推进教育扶贫仍存在以下几个主要问题。

1. 贫困地区幼儿园数量少、质量低、收费高

目前陕西省公办幼儿园数量仍显不足，不到全省幼儿园总数的50%。虽然陕西省通过各项举措增加、改建公办幼儿园，力争公办幼儿园数量达到幼儿园总数的50%以上，但由于幼儿园审批、用地等方面涉及部门较多，程序繁杂，审批程序及进度非常缓慢甚至无法审批，公立幼儿园的设立困难重重。同时，政府投入大量资金兴建公办幼儿园，一所幼儿园建立约需500万元，而后期的运营成本往往一年需要300余万元，政府后期投资有限，导致公立幼儿园数量较少，质量较低。私立幼儿园多为个人或企业投资成立，由于高昂的投资成本，只能靠收高学费来弥补，加之为吸引生源，要投资设置高于公立幼儿园的软硬件条件，以及后期完全靠自己承担的运营成本，私立幼儿园的收费较公立幼儿园高很多。从目前普遍的收费情况看，公立幼儿园的学费为3000元/年左右，而私立幼儿园的学费近万元/年，约为公立幼儿园学费的3倍，对贫困家庭而言是很大一部分开支。根据调研数据，幼儿园学费平均为1168元，伙食费平均为1377元，对于贫困农村地区幼儿来说，如果附近没有公立幼儿园，孩子的学前教育将成为家庭的一个重要负担，许多家庭只有放弃孩子的学前教育。

2. 贫困地区教育资源缺乏，分布与结构不合理

由于撤乡并镇、移民搬迁工程的实施，农村贫困地区人口越来越少，随之而来的是中小学的合并、学校质量的下降。但仍有部分极贫农户居住在山大沟深的生态恶劣地区，无法搬迁到安置点，这部分农户子女对就近上学仍有需求。根据调研数据，偏远地区贫困农户子女上学不同阶段距离学校的平均距离分别为幼儿园1.1公里、小学3.7公里、初中3.3公里、高中/中专

38 公里，中小学儿童上学极其不便。而由于农村小学学生数量减少，学校只能削减投入，几个年级合并上课的现象屡见不鲜，导致贫困地区小学的质量不断下降，而贫困家庭又无力承担让子女到镇或县小学上学的交通、住宿及其他费用，贫困家庭面临两难选择。虽然陕西省在贫困地区全面实施了"两免一补"，但小学、初中学生仍须支付学习必需的杂费，部分距离学校较远的学生需要支付住宿费和伙食费。样本农户中小学学生的学杂费平均值为 689 元/年，伙食费平均值为 1823 元/年，交通费平均值为 207 元/年。初中学生的学杂费平均值为 730 元/年，住校学生的伙食费平均值为 4357 元/年，交通费平均值为 400 元/年。

另外，城市的小学、初中的现代化的教学配套以及各种电子资源的配备，是农村地区尤其是偏远贫困地区中小学无法达到的，师资配备更是悬殊。城市的中小学尤其是名校，博士、外教的师资配置已成为常态，而相反由于乡村中小学待遇低、条件差、生活不方便，绝大部分教师不愿在乡村任教，留在乡村中小学任教的多为家住附近、年龄偏大、知识结构老化的教师，教育质量自然不高。年轻、高层次的教师也只是将农村中小学视为职业的跳板，只要有合适时机，便会向城市流动，上述种种原因导致偏远地区的教育始终无法和城市教育相比。

贫困地区部分家庭为了让子女能够获得更好教育，想方设法让子女到城市上学，使原本贫困的家庭更加贫困。从政府的角度来看，由于学生数量不断减少，只能对学校进行合并，虽然持续加大对贫困地区中小学的投入力度，但在短期内仍无法和城市学校的软硬件配置相比，最终导致政府投入了大量的资金建设贫困地区中小学而学生数量却不断减少的尴尬局面。从城市中小学的角度而言，大批农村居民通过劳动力转移涌入城市，由此造成对城市中小学资源的挤占，形成了城市中小学班大、人多的困境，在一定程度上降低了教学质量。

3. 高中、职业学校贫困生资助力度仍不足

陕西省出台的教育扶贫实施方案提出将于 2016 年秋季开始，免除全省城乡高中学生学费，但农村贫困地区高中学生都需要到城市上学，交通费、

住宿费、生活费等费用仍很高，给贫困家庭带来巨大负担。根据调研数据，高中学生学杂费平均值为 3540 元/年，伙食费平均值为 3473 元/年，交通费平均值为 492 元/年，有近 30% 的高中学生在学校附近租住房屋，家长进行陪读，平均租房费用为 2171 元/年。贫困地区学生由于农村教育水平不高，多数学生在学业上相较城市学生处于劣势，所以在小学升初中、初中升高中的考试中往往落榜，尤其是在高中阶段，贫困家庭往往需要支付借读费或选择收费高昂的高价民办高中，一年每生的花费基本在 2 万元左右，使本就贫困的农村家庭无力承担，而很多农村家庭为了让孩子能够继续接受教育，又不愿选择传统观念认为没有前途的职业学校，只得依靠借贷就读于高价民办高中。

还有一部分学生初中或高中毕业后升学失败，又支付不起民办高中和民办大学费用，选择就读职业学校，但职业学校资助力度仍显不足。目前，陕西省对贫困家庭的中等职业学校和高等职业学校在校生，除享受国家教育资助政策外，陕西省对每人再一次性给予 3000 元扶贫助学补助，而学生每年的基本花费在 5000 元以上，这对于贫困家庭来说仍无力承担。

4. 家长陪读导致贫困加剧

由于贫困地区教育资源的缺失和不公，为接受更好的教育需要到乡镇甚至市区就学，以至于出现了初高中生家长在城市陪读上学的现象，并且这种现象在我国现实情况下越来越普遍。从整体样本看，调研农户中各个阶段学生就学时，家长陪读的比例为 23%，在不同阶段，幼儿园、小学、初中、高中家庭陪读的比例分别为 20%、29%、22%、31%，高中学生家庭陪读的比例最高。

家长陪读逐渐改变了一个家庭的生产和生活结构，给贫困家庭带来了巨大影响。在家长陪读过程中，至少会有一个成年劳动力放弃自己原有的就业而全身心地投入孩子的生活和学习中，对一个家庭来说无疑是一个沉重的负担，同时陪读过程中会产生较高的交通费、伙食费、租房费用，在学校附近租房的费用平均为 2092 元/年。一般家庭女性通常选择在学校附近陪读，但农村家庭的特殊性使男性无法单独完成农业生产和生活，农业收入骤减，甚至一部分农户放弃熟练的农业生产到县城打工，由于年龄大、缺乏技能等因素，外出务工收入很低，使家庭由于子女上学陪读而陷入贫困。

5. 高等教育对贫困生补贴范围小，缺乏精准性

从目前我国高等教育的费用看，一般大学本科的学费在 5000 元左右，生活费和住宿费合计约为 10000 元，这对贫困家庭来说是不小的开支，根据调研数据，大专、本科及以上学生的平均学杂费为 6615 元/年，伙食费平均为 8265 元/年，还有少数学生在外租房，平均租房费用为 2100 元/年，调研数据与我国高等教育收费的普遍情况基本相符。而目前大学的奖学金、贫困补助等名额仍较少，即使有些贫困生一年能拿到 1000~2000 元的贫困补助，剩余费用对一个贫困家庭来说仍是一笔不小的开支。如果一个贫困家庭有两个以上孩子上大学，整个家庭将会陷入贫困。从调研数据看，调研样本中人均纯收入低于 1.5 美元/天的标准（3558 元/年）的家庭仍占 20% 左右，这部分家庭连正常的生活都很难维持，对子女教育费用的承担更是困难，无法支付子女的教育费用，部分家庭只能选择借贷甚至让子女辍学。

另外，贫困大学生资助仍不精准。大学生在评定奖学金尤其是助学金时，多以家庭实际生活条件为标准，但学校无法获得学生真实的家庭情况，只能通过学生在学校的实际表现评定，很有可能造成真正贫困的农村学生无法享受到助学金。陕西省近年来实行贫困大学生资助政策，对建档立卡贫困户的高中毕业后考入本省的大学生进行每生 12000 元的资助，直接由扶贫办发放至贫困家庭，减轻了贫困家庭大学生的上学负担，但考入外省的学生则无法享受此项政策。

6. "雨露计划"补贴力度较小，参与度不高

"雨露计划"是以提高素质、增强就业和创业能力为目标，对农户进行技能培训，帮助贫困地区青壮年农民解决就业、创业中遇到的实际困难，最终促进贫困地区经济发展的计划。在调研过程中发现，大多数成年人文化水平低，自身的约束和固有的生活习惯使他们接受新鲜事物的能力和热情不足。在整体调研人口中，户主的文化程度分布分别为：文盲占 14.14%，小学占 38.11%，初中占 38.67%，高中、大学及以上文化程度分别占 8.05% 和

0.75%。全部人口的文化程度分布分别为：文盲占22.65%，小学占31.58%，初中占34.89%，高中、大学及以上文化程度分别占9.51%和1.37%。

表3　陕西贫困地区调研样本户主及全部人口文化程度分布

单位：户，%

文化程度分布	文盲		小学		初中		高中		大学及以上	
	户数	比例	户数	比例	户数	比例	户数	比例	户数	比例
户主	148	14.14	402	38.11	410	38.67	85	8.05	8	0.75
全部调研人口	240	22.65	335	31.58	370	34.89	101	9.51	15	1.37

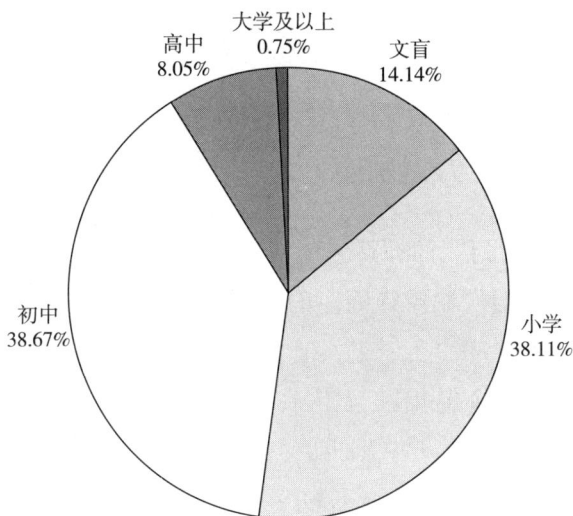

图3　陕西贫困地区调研样本户主文化程度分布

　　由于受传统观念的影响，认为子女考大学才有面子和出路，贫困户子女多选择读大学，如果没有考取大学，由于家庭贫困，很快就选择外出打工，贫困家庭子女对参加"雨露计划"的意愿并不强。同时，从短期来看，现在工厂招工对于工人学历和技能要求较低，一些劳动密集型企业基本无学历和技能要求，对于贫困家庭的子女，即使不参加培训，也可以找到工作，所以不愿花费时间和金钱读书和培训。

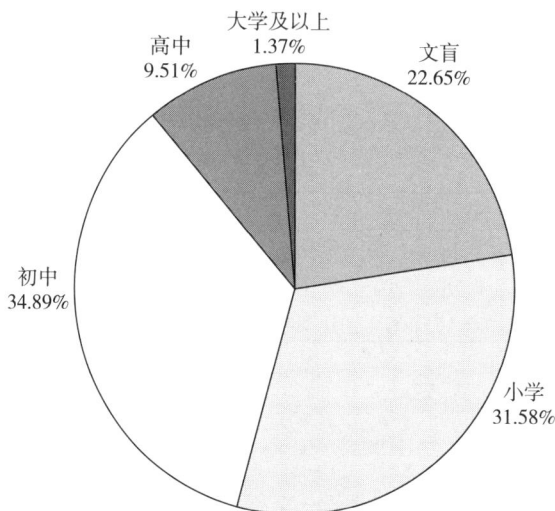

图4 陕西贫困地区调研样本人口文化程度分布

同时，"雨露计划"的补贴力度不足，难以吸引贫困地区农户积极参与，导致贫困农户对"雨露计划"的参与积极性不高。虽然"雨露计划"学费全免，每年还有3000元补助，但学生在校学习一年的基本开支在5000元左右，与外出打工挣钱相比，贫困农户参加培训的意愿不高。同时，领取培训补贴的程序烦琐，要开各级证明，偏远地区贫困农户领取补贴需要花费交通费及其他费用，补贴领取极不方便。而且，"雨露计划"的宣传力度仍不够，很多偏远地区的贫困农户从未听说过此培训计划。

7.各种资助政策宣传不到位

近年来，从国家、省至县各级政府部门实施了各种各样的贫困生资助计划，但很多资助政策没有足够的宣传，仅有的宣传也是通过报纸或网站公布，而农村贫困家庭家长学历较低，信息闭塞，较少接触报纸、网络等媒体，获取资助信息的渠道有限，对各种资助计划知之甚少，即使获得资助信息，也不知道办理地点和办理方式，信息的闭塞和宣传不到位甚至给骗子假借助学金发放名义行骗的可乘之机。大学阶段的奖学金、助学金资助和申请信息基本通过录取通知书同时发放，对于其他类型的特殊资助信息贫困家庭知道的很少，使需要资助的贫困学生往往无法获得信息或不知如何申请而得不到应有的资助。

三 推进陕西省教育精准扶贫的对策建议

1. 提高农村地区幼儿园覆盖率

顶层设计，多方协调，在幼儿园建设用地、审批等方面特事特办，缩短公办幼儿园审批、建设时间，尽快在人口较为密集的连片贫困地区，建成高标准幼儿园，保证贫困地区农村子女能够就近入园，达到公办幼儿园数量占比50%以上、每一个镇有一所公办幼儿园的标准。加大贫困地区幼儿园的投资力度，改善软硬件条件，降低收费标准，使贫困地区幼儿能够享受到同等质量的学前教育。结合陕西省移民搬迁工程，落实较大社区的幼儿园建设，尽快在较为集中的移民安置点建立高标准幼儿园，使移民搬迁农户子女就近入园。同时，适当延长幼儿园放学时间，使家长能够安心生产和工作，获得更多收入，减轻贫困。

整合资源，鼓励和吸引社会资本兴办幼儿园，提升农村地区幼儿园软硬件设施水平，政府应对符合标准和资质的民办幼儿园进行一定程度的补助，使其降低收费标准，接近公办幼儿园的收费，使贫困家庭有更多的入园选择。优先在贫困地区实施幼儿园阶段的义务教育，将贫困地区的义务教育延长至15年，保证贫困家庭子女能够从幼儿园到高中阶段接受免费教育，使教育投入不再成为贫困家庭的经济负担。

2. 提升农村基础教育的软硬件建设水平

对乡村教师进行再培训，提升其知识水平和层次，逐步实现农村基础教育水平与城市基础教育水平的均衡，实现教育公平。强制师范院校免学费毕业生到偏远农村地区服务2~3年，提升乡村学校教师的层次。鼓励社会各界力量如外国志愿者、青年志愿者通过到偏远农村地区任教及各种途径到贫困地区进行教育扶贫，政府应对这一部分志愿者群体给予更多关注和支持，并吸纳和鼓励更多的志愿者参与贫困地区的教育扶贫。集中资源，加大投入，提高农村学校的硬件配置水平，如增加电脑、多媒体等现代化设备，实现教育现代化和信息化，使贫困地区学生能够享受到城市学生一样的教育设施，逐步缩小城乡教育水平的差距。提高贫困农村地区工资水平和补贴，稳定农村贫困地区教师队伍和质量。建立科学的人才流动模式和教师流动机制，利用行政手段，促进优秀教师向薄弱和贫困地区学校流动，实行轮岗制、淘汰制，以及优秀教师共享制等配套政策和措施，以实现城乡校际之间的师资水平真正趋于平衡。选择整体水平配置方式，将更多的教育资源、师资力量分配给贫困农村中小学，缩小它们与城市中小学的差距，促进其均衡发展。

3. 加大对高中、职业学校贫困学生的资助力度

虽然陕西省政府将于 2016 年秋季起免除全省城乡高中学生学杂费，但贫困家庭子女到城市就学仍须承担交通费、住宿费、生活费等费用，建议政府对建档立卡户高中学生免住宿费，补助交通费和生活费，减轻家庭经济负担，使其能够顺利完成学业。逐步在有住宿要求初高中学校修建学生宿舍，为贫困家庭子女提供免费或低价的宿舍。通过宣传教育，提升家长的思想意识，培养学生的自理能力，尽量减少家长陪读的现象。

建议对中等职业学校和高等职业技术学校的贫困学生加大资助力度，资助金额要与其在校的基本花费相当。同时，可由企业定向资助培训，如通过企业资助中等职业学校和高等职业学校贫困学生全部费用，而学生在毕业后承诺到企业服务一定年限的方式，帮助贫困学生完成学业。

4. 结合生态移民工程统筹规划

结合陕西省正在实施的移民搬迁工程，严格按照移民工程规划方案在符合一定规模的移民点建立配套的幼儿园、中小学，使移民子女能够就近入园入学。移民后农户多外出打工，安置点房屋常年空置现象严重，造成资源的严重浪费，而农村贫困家庭又需要在城市租房陪读，建议将移民空置房与农村贫困家庭陪读租住房资源互补，降低租房费用，实现安置房的有效利用。同时，留存一定数量的移民安置房以较低的价格分配给乡村教师，作为吸引教师到乡村教学的一个条件。

5.利用"互联网+"扩大贫困生高等教育补贴的范围,提高精准度

利用"互联网+"及大数据平台,建议全国建立精准扶贫建档立卡贫困户数据的共享机制,各省扶贫办、高等院校能够共享贫困户信息,高等院校在贫困生补助发放时可根据建档立卡数据平台进行评定,只要是考入本校的学生为国家建档立卡贫困户子女,优先进行助学金资助,进行贫困学生的全程跟踪补助,提高高等教育贫困生补贴的精准度,确保将贫困补助精准发放到每一个贫困学生手中。同时,地方政府继续落实对贫困大学生的补助政策,对建档立卡户分级分类,按贫困程度对贫困大学生进行补助发放。逐步扩大高校对贫困大学生的补贴范围,保证每一个贫困大学生能够顺利完成学业。

同时,积极动员和鼓励社会力量参与高等院校学生的资助工作,如吸引企业设立奖学金,支持和鼓励特困生完成学业。

6.改革创新"雨露计划"实施方式

对"雨露计划"的实施进一步进行严厉监管,彻底消除套取"雨露计划"补贴资金的问题,使补贴资金切实使用到贫困农户的技能培训上。整合县域一级职业院校,提升"雨露计划"培训点的水平和层次,对培训单位的资质、办学水平进行跟踪评估,以技术实践培训为导向,增强培训效果。

深入学校家庭,结合学生和家庭的具体情况进行"一对一"式宣传,让贫困家庭参与"雨露计划"。同时,树立"雨露计划"脱贫典型,要使贫困家庭树立长期脱贫发展的观念。加大"雨露计划"培训的补贴力度,简化补贴申请的手续,对符合补贴要求的学生,将补贴直接打入个人卡中。

依托当地优势产业,如"一村一品""一乡一业"的实施,结合"雨露计划",设计有针对性的培训内容,达到授之以渔的目的,提升贫困农村可持续发展的能力,实现长期脱贫的目标。加大"雨露计划"的补贴力度,延长培训时间,可将补贴提高至每月1000元,培训时间增加到半年或更长,使其熟练掌握培训技能,切实提升其就业能力,增加家庭收入。

7. 加大资助的宣传力度，各类政策精准投放

建议从高中阶段开始由教育厅、扶贫办联合将一系列针对贫困学生的资助政策、申请条件和方法由学校向在校生进行普及，让每一个学生知道各项资助政策及申请的方式。同时，对资助信息进行精准投放，确保每一个农村贫困家庭都能获得子女就学能够享受的资助政策。加大各类媒体如电视、报纸对贫困家庭学生资助的政策、申请条件和方式的宣传力度，使各项资助政策落到实处，真正帮助到贫困家庭子女就学，使其顺利完成学业。

B.4
陕西旅游扶贫的实践
举措与对策建议研究

陕西省旅游发展委员会课题组

摘　要： 陕西旅游扶贫通过加强组织领导、不断完善政策配套、加大力度支持贫困地区项目建设、吸引社会力量持续推动"万企万村"帮扶、加大旅游扶贫技能培训力度、开展贫困地区旅游宣传等政策举措，惠及贫困人口7.56万人。针对陕西省旅游扶贫存在的问题，课题组提出加快旅游产业发展，进一步细化配套政策，持续推动"六个一批"工作，继续推动"万企万村"帮扶工作，进一步加大宣传推介力度等对策建议。

关键词： 陕西　旅游扶贫　乡村旅游

一　引言

2017年7月10日，国务院总理李克强到宝鸡西部山区调研，对陕西"旅游＋扶贫＋生态＋产业"的做法给予肯定。中共中央政治局常委栗战书2016年2月在宁陕调研时提出了"要以全域旅游引领县域经济发展，在旅游产业发展带动脱贫攻坚方面创出全国示范样板"的要求。陕西省旅游发展委员会认真贯彻落实中央领导同志的重要指示和国家旅游局、陕西省委省政府扶贫工作具体要求，始终把旅游扶贫作为一项重要的政治任务和全省旅游工作的重中之重进行安排部署，在国家旅游局的领导下，围绕贯彻落实

《陕西省"十三五"旅游扶贫行动计划》，针对贫困地区的实际积极探索旅游扶贫路径，按照"规划引领、政策保障、项目支持、多方协作"的思路，充分发挥旅游业的综合带动作用，通过实施"六个一批"和"八大行动任务"举措，有效带动贫困人口脱贫增收。2017年全省预计接待游客5.2亿人次，同比增长16.41%，旅游总收入4813.59亿元，同比增长26.23%（其中，乡村旅游预计接待游客2.02亿人次，旅游收入275.6亿元，从业人员达到24万人），惠及贫困人口预计达到7.56万人。

二 陕西旅游扶贫的重要举措

（一）高度重视，加强组织领导

将旅游扶贫作为"零号工程"，多次召开党组会议，传达学习上级有关脱贫攻坚的指示、文件和领导批示，研究旅游扶贫工作。

1. 建立健全工作机制

成立了全省旅游扶贫工作领导小组，设立了办公室，制定印发了《陕西省旅游扶贫考核办法》，明确各市旅游行业主管部门和省委机关处室的任务，落实责任，为推动旅游扶贫奠定了坚实的基础。召开了全省旅游扶贫工作现场会、半年工作推进会，对旅游扶贫工作进行布置安排，及时总结在旅游扶贫方面形成的全域旅游带动、景区带村、能人带户、"企业＋农户"、"合作社＋农户"等典型经验，并向全省推广。将旅游扶贫成效纳入全域旅游示范区创建的考核指标，制定考核办法，扎实推进扶贫工作。

2. 加强调查研究

将旅游扶贫模式研究列为课题内容，积极探索总结有针对性的产业发展路径。省委主要领导带队，深入留坝、宁陕等地开展旅游扶贫调研，进一步明确了"旅游示范县建设带动脱贫一批、旅游景区带动脱贫一批、文化旅游名镇建设带动脱贫一批、试点村发展乡村旅游直接脱贫一批、汉唐帝陵旅游带发展脱贫一批、旅游土特产生产销售脱贫一批"的旅游扶贫工作思路，形成了"以全域旅游发展为引领 创新秦巴山区旅游脱贫模式"的宁陕模式、"让贫困人口都能吃上旅游饭"——留坝旅游扶贫的"量身定制"模式等成果。

3. 积极做好协调配合工作

认真落实国家旅游局、省扶贫办、产业扶贫领导小组（农业厅）以及省发改委等牵头部门的指示要求，围绕产业扶贫做好各项协调配合工作。加强苏陕协作，积极与江苏省旅游局沟通协调，商定旅游战略合作协议，推动两省在旅游宣传推介、旅游培训、旅游咨询、投诉受理共享等方面合作，提高陕西旅游的影响力。指导各市县旅游部门结合实际，加强对旅游扶贫工作的组织领导，形成了上下一盘棋的良好局面，有力地推动了工作落实。

（二）着眼全局，不断完善政策配套

认真落实"省负总责"的要求，着力从政策层面加强对全省旅游扶贫工作的领导。

1. 出台旅游扶贫行动计划

将旅游扶贫工作纳入全省旅游工作进行统一部署，联合省发改委、省扶贫办等11个部门共同制定下发了《陕西省"十三五"旅游扶贫行动计划》，围绕发挥旅游业综合带动作用，通过支持贫困地区发展旅游业，指导各地结合实际通过"八大行动任务"抓好1178个旅游扶贫重点村开发建设，带动贫困人口脱贫。着眼深度贫困地区旅游业发展实际，出台《深度贫困地区旅游扶贫行动计划》，支持11个深度贫困县旅游业发展，每年为每个县安排项目1~2个。指导各市结合地区实际，围绕落实行动计划出台配套政策，把旅游扶贫引向深入。

2. 系统化推进工作落实

制定下发全省旅游系统落实《陕西省"十三五"旅游扶贫行动计划》的工作方案，细化年度工作任务，系统化推进工作落实。召开全省旅游产业大会，对示范省创建工作进行部署，将旅游扶贫成效纳入考核指标，制定考核办法，推动全域旅游示范区、第三批省级旅游示范县、魅力旅游名县创建，通过发展旅游业带动县域经济发展，促进脱贫攻坚，使更多的贫困人口受益。2017年11月下旬组织对全域旅游示范省创建工作进行专题督导，组织第三批省级旅游示范县进行汇报交流，推进创建工作。

3.积极引导新业态发展

出台《关于加快乡村旅游转型升级的意见》，明确提出实施乡村旅游扶贫工程，打造一批景区依托型、田园风景型、古镇村落型、传统民俗型乡村旅游扶贫示范村。积极指导西安等地积极抓好旅游扶贫重点村规划编制，着力提高乡村旅游扶贫的系统性。

（三）加大投入，支持贫困地区项目建设

按照"把景区打造成扶贫基地、把旅游项目变成扶贫开发区、把乡村旅游点建成精准扶贫点、把农产品变成旅游商品"的思路，发挥好财政资金引导撬动作用，形成旅游扶贫合力。

1.加大资金投入

支持贫困地区尤其是三大片区完善旅游设施道路、星级厕所、停车场、旅游标识等旅游基础服务设施建设和旅游景区开发建设，提升旅游业发展水平，2017年共投入4800万元，支持56个贫困县71个旅游基础设施项目建设。2017年全社会投入旅游产业的资金达到1135.7亿元，仅乡村旅游就撬动资金投入50亿元。各级各部门加大基础设施配套建设力度，推动贫困地区旅游业发展，西安市级财政每年拿出1000万元，区县财政每年配套500万元，对有特色的乡村旅游发展项目和基础设施建设进行资金扶持。省农发行大力支持全省旅游精准扶贫，全年审批涉旅扶贫贷款6.96亿元，实际发放4.36亿元，重点支持大水川、白河桥儿沟、澄城尧头窑、凤县红色革命纪念馆等项目建设。

2.支持贫困地区开展A级景区创建

靖边龙洲丹霞地貌景区、靖边统万城、米脂杨家沟、横山波罗古堡、清涧太极湾、府谷莲花碛等重点旅游项目加快建设；华阳、紫柏山、青木川、熊猫谷等创建A级景区工作加快推进，全年成功创建4A级景区9个，56个

贫困县 A 级旅游景区达到 131 个，南郑黎坪、留坝紫柏山、汉滨瀛湖、陇县关山牧场、铜川照金香山、延川梁家河等景区景点成为热门景区，形成了建一处景点、引一批企业、活一方经济、富一地群众的良好局面。游客的大量进入，不仅带动了周边区域经济发展，而且将都市文明以及环保、和谐、共享等理念带到贫困地区，收到了良好的社会效益和生态效益。

3. 加大乡村旅游点建设

发挥乡村旅游带动作用，支持贫困地区创建旅游特色名镇和乡村旅游示范村，鼓励和引导贫困人口参与乡村旅游开发，全年创建旅游特色名镇 12 个、乡村旅游示范村 29 个。留坝县营盘村通过发展乡村民宿、家庭旅馆等旅游服务，2017 年接待游客 3 万余人，旅游综合收入 150 万元，带动脱贫 117 人；朱家岭苗民新村通过苗文化挖掘与展示，全年接待游客 10 万人次，旅游综合收入 423 万元，带动脱贫 23 人。岚皋"三彩阁"农家乐为贫困户提供就业岗位近 190 余个，与 50 余户贫困户签订产销协议，带动贫困户增收脱贫。

（四）吸引社会力量，持续开展"万企万村帮扶"行动

发挥涉旅企业作用，持续开展旅游"万企万村帮扶"行动。

1. 广泛动员

联合陕西省旅游协会等五大协会，向全省涉旅企业发出倡议，动员全省涉旅企业，采取提供工作岗位、签订土特产收购合同、输送游客等形式，对旅游扶贫重点村进行结对帮扶。铜川市旅游局组织全市景区、旅行社、宾馆和旅游扶贫重点村召开座谈会，使 29 家企业与 32 个村结成帮扶对子。大水川景区结合景区开发，通过移民搬迁、基础设施建设、安置就业、发展乡村旅游等方式，带动陈仓区香泉镇、坪头镇 6800 多名贫困人口脱贫。南宫山景区带动宏大、花里、龙安、桂花、天池等 5 个乡村旅游发展，使 150 余户 1000 余人直接从事旅游业，受益群众 1.2 万人。旬阳柯美智"四季田园休闲新村"先后安置贫困户就业 170 余人次，带动 20 余户贫困户脱贫。石泉子午道乡村旅游专业合作社入社公司 3 家，社员 46 人（其中贫困人口 22

人），采取"合作社＋公司＋贫困户"合作脱贫模式，带动 80 余户贫困户脱贫，"万企万村帮扶"活动成效显著。

2. 跟踪服务

积极与帮扶企业建立联系，做好政策宣传和服务保障工作。2017 年在政务网设立专栏，并通过微信等渠道，集中展示、广泛宣传旅游扶贫重点村资源，为企业开展结对帮扶提供便利。持续推动苏陕扶贫协作，出台《关于支持苏陕合作项目带动贫困人口脱贫的意见》，指导各地加强与江苏省各市县的沟通，推动涉旅项目落地，目前已开工建设的项目共 19 个。

3. 政策激励

对于旅游扶贫成效好的单位和个人，优先安排项目支持，优先推荐先进评选，在 A 级景区、旅游特色名镇、乡村旅游示范村评定等方面予以倾斜，激发企业参与帮扶的积极性。

（五）着眼技能提升，加大旅游扶贫培训力度

把扶志、扶智和提升技能作为扶贫的长久之策，围绕全域旅游、乡村旅游、旅游管理、电子商务等开展培训，不断提升贫困地区旅游管理人员和乡村旅游从业人员素质。

1. 送教上门

投入 150 万元支持汉中、安康、商洛开展扶贫培训，指导当地结合旅游业实际，采取分片组织、集中授课等方式，组织基层旅游管理人员和旅游从业者，围绕旅游管理、民歌、农家乐经营等内容开展培训，全年累计培训超过 2 万人次。在留坝、永寿、宜川分别组织"两联一包"旅游扶贫和全域旅游专题培训，围绕促进旅游业发展带动贫困人口增收进行授课交流，累计培训超过 500 人。联合全国乡村旅游知名电商平台——村游网，在安康、宝鸡、汉中等 11 市，围绕民宿发展方向、典型案例等内容，开展民宿公益培训，累计培训超过 2000 人次。

2. "走出去"学习

组织 80 名旅游扶贫重点村村干部参加国家旅游局举办的乡村旅游扶贫

培训班，采取课堂教学、案例教学、现场教学等方式，从乡村旅游开发建设、乡村旅游经营管理、乡村旅游宣传营销等方面进行专业培训，为旅游扶贫重点村培养致富带头人。组织 10 名深度贫困地区一线干部参加国家旅游局"双创"培训，组织 9 名旅游扶贫重点村村干部参加国家旅游局扶贫培训，帮助其进一步拓宽思路，增长其知识才干。

3. 支持基层开展培训工作

指导各级围绕旅游扶贫开展培训，帮助协调培训专家，西安市实施"乡村旅游素质提升培训工程"，培训贫困村农家乐经营人员 3000 多人次。延安市组织实施"一村一店""旅游淘宝村""扶贫重点村＋特色馆"模式，召开乡村旅游与旅游带动脱贫工作推进会，对群众进行电商知识培训，提高了一线从业人员的业务技能，为持续推动旅游扶贫奠定了坚实的人才基础。

（六）发挥渠道优势，开展贫困地区旅游宣传

发挥旅游部门宣传推介的优势，加强对贫困地区旅游产品的宣传，使更多的人了解乡村旅游、走进乡村旅游，为贫困群众增收提供机会。

1. 运用好传统资源

将扶贫宣传纳入中国旅游日、春季大营销等大型宣传促销活动中，积极组织片区旅游景区、旅游企业进行旅游促销宣传；依托农高会、村游网等平台，加大对陕西省扶贫片区的乡村旅游线路、示范村、特色农庄的宣传力度，提高了贫困县区乡村旅游的知名度。

2. 积极开辟新途径

结合沿黄观光路开通，建设黄河旅游带专题网站，集中推介沿黄旅游资源，吸引社会各界旅游观光、投资兴业。编印《深度贫困地区旅游扶贫宣传推介手册》，集中宣传展示 11 个深度贫困县特色资源和招商项目，吸引社会各界到深度贫困地区旅游观光、投资兴业。探索"互联网＋乡村旅游＋脱贫"模式，整合安康、合阳、宁强、长安、商南、神木、柞水、麟游等地农家乐、客栈、旅游村镇、旅游景区、农副土特产等资源，推动全域

旅游电子商务平台项目建设。

3. 加大旅游扶贫典型宣传力度

通过在新华网设立旅游扶贫专栏等形式，发挥报纸、网络、电台等媒体的宣传优势，通过大力宣传旅游扶贫典型事迹，在全社会营造了关心、支持旅游扶贫的良好氛围。杨凌农高会期间围绕"旅游让农民更富裕"主题举办陕西乡村旅游展，集中展示旅游扶贫成果；举办"陕西旅游扶贫高峰论坛"，邀请全域旅游带动扶贫典型留坝县、乡村旅游带动扶贫典型榆林赤牛坬、景区带村扶贫典型宝鸡大水川、能人带户扶贫典型铜川丁明超、"企业＋农户"扶贫典型安康王三翠、"合作社＋农户"扶贫典型汉中巴山荞园、"电商＋农产品"企业村游网以及通过旅游实现脱贫的黄柏源村民刘亮，与现场群众面对面分享旅游扶贫经验，达到了教会贫困户干、领着贫困户干、帮着贫困户干的目的。

三　陕西旅游扶贫存在的问题与下一步对策建议

一年来，在各级各部门的支持配合下，全省旅游扶贫取得了一些成绩，但仍存在一定问题，主要表现在如下方面。一是一些市县对发挥旅游扶贫作用还不够重视，在整合资金安排项目等方面力度小。二是贫困地区公共基础设施相对薄弱，影响和制约了旅游业发展，需要各级各部门共同解决。三是旅游专业人才相对缺乏，贫困地区在景区运营、产品开发等方面缺乏人才，旅游扶贫重点村带头人缺乏旅游专业技能，影响了工作推进。四是贫困地区旅游产品影响力、知名度还不够高，许多好的产品还没有形成市场竞争力。

2018年，全省旅游扶贫工作总体思路是：围绕推动《陕西省"十三五"旅游扶贫行动计划》落实，一手抓政策完善，增强针对性、精准性；一手抓结对帮扶，行业出亮点、出示范经验。着眼帮助贫困人口实现就业率和收入双提高、产业和生态双促进、物质和精神双脱贫，充分发挥旅游业综合带动作用，增强贫困地区和人口发展的内生动力，以加大景区开发力度和乡村旅游升级为抓手，不断创新旅游扶贫方式，贡献旅游扶贫力量。

（一）加快旅游产业发展

认真贯彻全省旅游发展大会精神，以全域旅游示范省创建为抓手，指导贫困地区加快旅游产业发展，为贫困人口提供更多的机会和致富途径。针对贫困地区公共基础设施薄弱的问题，进一步加强与相关部门的协作和联动，共同抓好旅游产品打造，让旅游业发展惠及更多贫困人口。2018 年力争全省接待境内外游客达到 6 亿人次，同比增长 15% 左右，旅游总收入达到 5800 亿元，同比增长 20% 左右。

（二）进一步细化配套政策

围绕旅游扶贫效益最大化，研究制定推动工作落实的政策措施。安排旅游基础设施项目时，进一步向贫困地区倾斜，脱贫攻坚期内，每年为每个深度贫困县安排 1~2 个项目，同时，指导贫困地区积极开展贫困人口的产权制度改革，让资源变资产、资金变股金、农民变股东。加大人才培训工作力度，从 2018 年开始，对贫困地区旅游扶贫培训的范围从陕南三市扩大到全省。

（三）持续推动"六个一批"

发挥好市县主体作用，指导各地结合实际，通过项目开发、景区建设、开办农家乐以及销售土特产等方式，支持贫困人口直接或间接从事旅游产业，带动贫困人口脱贫。加强旅游扶贫模式研究，指导各地科学建立利益分配机制，使旅游业发展成果惠及更多贫困人口。

（四）推动"万企万村帮扶"工作

支持、鼓励涉旅企业与旅游扶贫重点村开展帮扶，并积极为企业开展帮扶提供帮助。发挥财政资金撬动作用，凡是财政资金支持的项目，必须有旅游扶贫的内容，凡是未承担起旅游扶贫社会责任的企业，一律不参加各类评比和表彰。

（五）进一步加大宣传推介力度

通过媒体以及各类宣传推介活动，加大贫困地区旅游投资项目的宣传力度，加大对贫困地区旅游产品的宣传力度，吸引更多的企业和游客到贫困地区投资兴业、旅游观光，促进贫困地区旅游产品销售，带动贫困人口增收。加强与江苏省旅游局协调合作，加大旅游宣传工作力度，吸引江苏企业和游客来陕投资旅游。加大对旅游扶贫先进典型的宣传力度，在全社会营造关心、支持旅游扶贫的良好氛围。依托杨凌农高会等大型活动，持续开展旅游扶贫宣传推介，提高贫困地区旅游产品知名度和影响力。

B.5
陕西农村股权扶贫研究

赖作莲*

摘　要：　股权扶贫是精准扶贫机制的重大创新，是实现"十三五"扶
贫目标、坚决打赢脱贫攻坚战的重要手段。股权扶贫模式的
形成有其深厚的基础和条件，陕西多地积极探索股权扶贫，
并取得了一定的成效。本文通过对已有股权扶贫模式典型案
例的梳理，分析当前股权扶贫所面临的问题与困难，并运用
相关理论探讨推动股权扶贫良性发展的对策。

关键词：　股权扶贫　陕西　折股量化

　　股权扶贫是我国扶贫开发进入啃硬骨头、攻坚拔寨的冲刺期采取的一项
重要精准扶贫、精准脱贫的措施，是精准扶贫机制的重大创新。《中共中央
关于制定国民经济和社会发展第十三个五年规划的建议》提出，"对在贫困
地区开发水电、矿产资源占用集体土地的，试行给原住居民集体股权方式进
行补偿，探索对贫困人口实行资产收益扶持制度"。

　　当前，股权扶贫模式已在许多贫困地区实施和推广，并取得了较明显的
成效。然而股权扶贫作为一种新型的扶贫模式，其实践尚处于探索阶段，需
要对其实践进行持续的跟踪与评价和深入的理论研究。本文试图通过对典型
案例的梳理，分析当前股权扶贫所面临的问题与困难，并运用相关理论探讨
推动股权扶贫良性发展的对策。

---

　　* 赖作莲，博士，陕西省社会科学院农村发展研究所副研究员。

一 股权扶贫的含义与内在要求

（一）股权扶贫的含义

股权扶贫，就是将扶贫资金量化折股，投入企业、合作社等经济组织，贫困户按量化获得股权份额，按股分红，获取股权收益，实现脱贫致富。

股权扶贫的实质与资产收益扶贫是一致的。2015 年 11 月《中共中央国务院关于打赢脱贫攻坚战的决定》明确要求，"探索资产收益扶贫，在不改变用途的情况下，财政专项扶贫资金和其他涉农资金投入设施农业、养殖、光伏、水电、乡村旅游等项目形成资产，具备条件的可折股量化给贫困村和贫困户，尤其是丧失劳动能力的贫困户"。此后，各地纷纷开展了资产收益扶贫的探索和实践。在实践中，各地折股量化给贫困户的资产，不仅包括财政扶贫资金和其他涉农资金的范围，而且结合"三变"改革，进一步将集体资产、承包土地等资源、资产，也通过折股量化的方式，让贫困户获得股权收益。

由于股权量化和贫困户获得股权是资产收益扶贫的核心环节和实现机制，也由于对于普通群众而言，股权扶贫更直观、更具体，因此，涉及折股量化的资产收益扶贫方式，在基层和一些报刊媒体也往往被称为股权扶贫。本文采用股权扶贫的提法，意在将着眼点放在股权量化这一运作手段和机制上。

（二）股权扶贫的内在要求

1. 折股量化实现资源资金资本化

折股量化是实现财政资金、集体资产、土地承包经营权、扶贫贷款资金等资源、资金惠及贫困户的制度安排和运作机制。通过折股量化，赋予贫困户股权，从而让贫困户能直接从资产增值中获取收益。折股量化改变了财政补助资金直接无偿投入企业、集团，导致补助资金总体上主要惠及企业，而对一般农户、贫困户带动较有限的做法，从而使补助资金不仅惠及企业、集团的大机构，而且惠及一般农户及贫困户；折股量化改变了土地承包经营权出租、流转，农户、贫困户只能获得有限流转收入的做法，从而使农户、贫困户与企业、集团等实体的联结更紧密，获得更多资产增值带来的收益。

2. 发展产业实现资产保值增值

资产增值是农户、贫困户获得分红收益的前提。财政扶贫资金、集体资产、土地承包经营权、贫困户扶贫贷款资金等资源、资金以股份形式入股企业或合作社，而企业或合作社是否给予农户、贫困户分红，分红份额是多少，归根结底取决于企业、合作社的经营效益、资产增值情况。因此，农业企业、合作社搞好生产经营，促进资产保值、增值是股权扶贫的核心环节。

3. 分红受益实现贫困户共享资产收益

实现贫困户受益增收脱贫是股权扶贫模式的最终目的。股权扶贫不能止于贫困户名义上的股东身份和股权证，必须让贫困户获得实实在在的收益。必须建立有保障的分红机制。针对扶贫资金入股的企业一般是涉农企业，具有高风险、收益不稳定等特点，必须提前建立风险防范机制，以在出现企业经营不善或倒闭时，保障农户、贫困户的基本权益。

二 股权扶贫的依据与条件

（一）共享发展理念

党的十八届五中全会通过的《中共中央关于制定国民经济和社会发展第十三个五年规划的建议》首次从战略高度提出了共享发展理念。建议指出，共享是中国特色社会主义的本质要求。必须坚持发展为了人民、发展依靠人民、发展成果由人民共享，做出更有效的制度安排，使全体人民在共建共享发展中有更多获得感，增强发展动力，增进人民团结，朝着共同富裕方向稳步前进。坚持共享发展，要着力增进人民福祉，按照人人参与、人人尽力、人人享有的要求，实现全体人民共同迈入全面小康社会。

共享发展不仅内在地要求消除贫困，而且对扶贫模式、扶贫机制赋予了新的内容和要求。十八届五中全会指出，实施脱贫攻坚工程，实施精准扶贫、精准脱贫，分类扶持贫困家庭，探索对贫困人口实行资产收益扶持制度。依照人人参与、人人享有的共享发展要求，贫困户的脱贫也必须通过参与发展、共享发展的方式来实现。然而贫困户受自身发展能力弱、自我资金积累少等不利条件的限制，事实上很难在市场经济的大环境中有效参与生产发展。通过赋予贫困户一定的股权，以股权为纽带，实现贫困户在龙头企业、合作社等的带领下，能较好地克服自身条件的限制，而有效地参与发展、共享发展。

（二）资产与穷人

1991年美国学者谢若登在《资产与穷人——一项新的美国福利政策》一书中指出，美国以补助贫困家庭收入为基础的政策，并没有帮助穷人摆脱贫困，主张应重视家庭资产积累，使穷人持久地参与社会和经济发展，才能有利于穷人脱贫。

我国自20世纪80年代中期实施开发式扶贫以来，主要采用区域性瞄准策略，以直接补贴的转移性支付帮助贫困地区发展经济，促进贫困人口脱贫。这种方式取得了很大的成就，促进了贫困地区基础设施建设，促进了贫困家庭收入提高，中国贫困人口大规模减少，减贫成绩斐然。但随着贫困人口数量的大幅下降，所剩的贫困人口或因病、因残或缺少劳动能力，自我发展能力弱，难以再通过这种方式脱贫。要使这些贫困人口脱贫，必须让他们参与经济发展，通过经济发展带动其脱贫致富。

"十三五"规划建议提出，探索对贫困人口实行资产收益扶持制度。2015年11月《中共中央国务院关于打赢脱贫攻坚战的决定》进一步明确要求，"探索资产收益扶贫，在不改变用途的情况下，财政专项扶贫资金和其他涉农资金投入设施农业、养殖、光伏、水电、乡村旅游等项目形成资产，具备条件的可折股量化给贫困村和贫困户，尤其是丧失劳动能力的贫困户"。

（三）股份制、股份合作制的优势

股份制是现代企业的一种组织形式，是适应社会化大生产和市场经济发展需求，发展起来的企业经营组织制度，有利于所有权和经营权的分离，有利于提高企业和资本的运作效率。股份制的意义十分重大，马克思认为，股份制是"时代的曙光"，其意义不亚于蒸汽机的问世。由于股份制在集资、追求效率和分散风险等方面的独特功能，其在实现资产保值增值上具有显著的优势。因此，当前全球范围内较成功的企业运行机制都是采用股份制的形式。

股份合作制是按照合作制原则，吸收股份制形式，兼有劳动联合和资本联合的一种企业经营组织形式。农业部《关于推行和完善乡镇股份制合作制的通知》规定："股份合作企业是指两个以上劳动者或投资者，按照章程或协议，以资金、实物、技术、土地使用权等作为股份，自愿组织起来，依法从事各种生产服务活动，……的企业法人或经济实体。"可见，入股资本不局限于资金，还包括技术、土地等。股份合作制实现了劳动合作和资本合作的有机结合。股份合作制企业内部成员，既是企业的劳动者，又是企业的出资者；成员间合作既是资金的合作，又是劳动的合作。合作资金一般不能自由退出，能保证股份合作制企业经营的相对稳定性。在收入分配方式上，股份合作制企业实行按资分配和按劳分配相结合的方式。企业内成员的收入既有按劳分配的部分，又有按入资额分配的部分。

（四）股份制、股份合作制在我国的实践与发展

我国股份制的发端是改革开放后出现的以资金、技术、设备等投资入股的形式。在1987年党的十三大明确了股份制和社会主义可以兼容后，我国开始了较普遍的股份制试点。1992年邓小平同志南方讲话发表后，股份制试点进入一个新的高潮。党的十五大提出国有企业也可以搞股份制，由此掀起了股份制改革热潮。十六届三中全会提出，使股份制成为公有制的主要实现形式。到2006年，我国股份制企业数量占公司制企业总数的比重就已达到64.2%。

我国股份合作制伴随改革的不断深入逐步萌芽、成长、壮大。改革开放初期，浙江、江苏等东南沿海地区就出现了股份合作的萌芽，1985 年一号文件中首次出现了"股份式合作"的提法。此后，股份式合作的企业形式逐渐在浙江、安徽、山东、福建、河南、广东等省份推开。进入 20 世纪 90 年代，农业部等相关部委发布了一系列鼓励和促进股份合作制发展的政策文件，包括 1992 年发布的《关于推行和完善乡镇股份合作制的通知》、1994 年发布的《乡镇企业产权制度改革意见》等。股份合作制已成为我国重要的经济组织制度。

经过改革开放以来近 40 年的发展，在我国，股份制、股份合作制已经深入人心，已成为被广泛接受和实施的制度。进一步推进和完善农村股份合作制已成为当前的重要任务。十八届三中全会通过的《中共中央关于全面深化改革若干重大问题的决定》提出了"保障村民集体经济组织成员权利，积极发展村民股份合作"；2015 年 5 月，我国开始在 29 个县（市、区）进行农民股份合作、赋予农民集体资产股份权能改革试点。2016 年 4 月 25 日，习近平总书记在安徽小岗村深化农村改革工作座谈会上指出，深化农村改革需要多要素联动，着力推进农村集体资产确权到户和股份合作制改革；2016 年 12 月 26 日中共中央国务院出台的《关于稳步推进农村集体产权制度改革的意见》指出，着力推进经营性资产确权到户和股份合作制改革。

三　陕西股权扶贫的运行及案例

（一）股权扶贫的相关政策文件

自 2015 年"十三五"规划建议提出"探索对贫困人口实行资产收益扶持制度"后，有关鼓励探索资产收益扶贫的政策文件密集出台。

2015 年，党中央、国务院出台了《关于打赢脱贫攻坚战的决定》，要求"创新扶贫资源使用方式"，"在不改变用途的情况下，财政专项扶贫资金和其他涉农资金投入农业、养殖、光伏、水电、乡村旅游等项目形成的资产，具备条件的可折股量化给贫困村和贫困户"。2016年4月，国务院办公厅印发《关于支持贫困县开展统筹整合使用财政涉农资金试点的意见》中，允许将财政专项扶贫资金、现代农业生产发展资金等近20项补助资金进行整合使用。2016年，《全国"十三五"以工代赈工作方案》要求，积极探索"以工代赈资产变股权、贫困户变股民"的资产收益扶贫新模式，使贫困户从以工代赈"佣金"单一来源收益向"佣金、股金"等多元收益转变。2016年，国务院办公厅印发《贫困地区水电矿产资源开发资产收益扶贫改革试点方案》，要求将水电、矿产资源开发项目占用集体土地的土地补偿费作为资产入股试点项目，形成集体股权。农村集体经济组织为股权持有者，其成员为集体股权受益主体，建档立卡贫困户为优先受益对象。2017年，财政部、农业部、国务院扶贫办联合印发了《关于做好财政支农资金支持资产收益扶贫工作的通知》（财农〔2017〕52号），研究部署进一步做好资产收益扶贫工作。系列政策文件为推动股权扶贫实施提供了重要政策支持。

（二）股权扶贫的基本运行方式

陕西各地在推进股权扶贫方面的基本做法大体类似，即对财政扶贫资金及其他支农资金、集体资产、土地承包经营权及贫困户扶贫贷款权益等各种资源或资产折股量化，入股企业、农民专业合作社、家庭农场等经济实体；贫困人口根据股权量化而分配得到的股权份额，按股分红获得收益。

（三）股权扶贫的主要做法及案例

陕西各地在具体实践中因地制宜地探索出各具特色的做法和模式。本文从折股量化资源资产的类型、贫困户入股的方式和贫困户股权份额划定等几方面，探讨现有股权扶贫的主要做法。

1. 从折股量化资源资产的类型看

在实践中，陕西各地进行折股量化的资源资产不局限于财政扶贫资金及其他涉农资金，结合"三变"改革，进一步将集体资产、土地承包经营权及贫困户扶贫贷款权益等资源资产也纳入股权量化的范围，形成了财政资金折股量化扶贫、土地承包经营权折股量化扶贫、扶贫贷款资金（权益）折股量化扶贫、集体资产折股量化扶贫等多种股权扶贫形式。

榆林市横山区高圪垯村、贾墹村以财政资金折股量化入股，将榆林市农业局和横山区政府的财政扶贫资金入股合作社，作为贫困户股份。安康市平利县将财政支农资金和扶贫专项资金，以及扶贫贷款资金入股。按照"财政出资、股权量化、按股分红、收益保底"的原则，把财政支农资金和扶贫专项资金，量化为贫困户持有的股金，投放到效益好的农业经营主体形成股权，贫困户按股分享收益。平利县磨沟村将61户贫困户每户3000元总计18.3万元产业扶持资金作为股金，入股宏远梅花鹿产业发展有限公司，贫困户从公司分红。目前平利全县共整合财政配股资金1094万元，作为股金入股15家企业，这些企业每年向1094名贫困对象发放配股分红76.58万元，人均增收700元。另外，还将贷款资金入股，根据企业、合作社等市场经营主体带动贫困户的人数，按贫困户每人1万元的标准，向企业发放无息贷款，并将这些扶贫贷款资金也作为贫困人口股金入股。

榆林市榆阳区赵家峁村最先将土地、资金入股，此后入股的资源范围进一步扩大到人口、劳龄和房产。2014年赵家峁村成立榆阳区红雨农业发展有限公司和榆阳区金润园农业专业合作社，农民以每亩土地每年100元的价格入股，同时吸纳现金入股。在土地、资金股份合作取得成效的基础上，将更多的经营性资产以及土地、林木、旧房屋等资源性资产纳入入股范围。渭南市合阳县沟北村将各类资源型资产、集体预留机动地、经营性资产、公益性资产等入股。西安高陵区耿镇街道办周家村将耕地、滩涂地等集体土地、财政资金、个人自有资金等资源资产入股。

总体来看，由于财政扶贫资金用途明确，资金来源有保障，因而，以财政扶贫专项资金、财政支农等财政资金入股的做法，是股权扶贫的主要形式和做法。配合以土地承包经营权、集体资产等折股量化入股的地区，主要是探索推行"三变"改革的地区。虽然根据折股量化资源资产类型的差异，可以区分出多种股权扶贫形式；但是对于贫困户，往往享有多种资源资产折股量化而来的股权。如榆阳区赵家峁村的一些贫困户可同时享有土地股、人口股、劳龄股、资金股、旧房产股等五种全部股权。

2. 从贫困户入股企业或合作社的方式看

贫困户所能分配和享受到的财政资金、集体资产等资源资产，如何入股企业、合作社等经济组织？较普遍的做法是成立村集体股份经济合作社，农户、贫困户所能分配和享受到的财政资金、集体资产等资源资产都入股村集体股份经济合作社，农户、贫困户获得股权证。入股的资源资产或者由集体股份合作社自主经营，或者集体股份合作社再与企业合作经营，但农户、贫困户都凭股权证从合作社分红。例如，榆阳区赵家峁村成立赵家峁村股份经济合作社，全村 630 位村民成为股民，获得"股权证"，从股份合作社分红。渭南市合阳县沟北村的做法也类似，村集体成立的村集体股份经济合作社，340 户 1253 名农民获得"股权证"，村民凭股权证从股份合作社分红。

以陕西省供销合作总社（供销集团）为中介，推动扶贫资金入股企业、专业合作社，形成的"政府（扶贫办）＋供销社（供销集团）＋企业（合作社）＋农户（贫困户）"的股权扶贫模式也颇具典型意义。具体实施办法为：将财政扶贫资金切块到县，由县政府委托陕西供销集团进行投资，但资金所有权属于贫困户；作为产业投资，由县级政府代表全县贫困户行使出资者所有权。县政府在本辖区推选龙头企业，集团对推荐企业进行考察认定，双方签订增资扩股协议，投资企业的比例不低于原企业的 35%，并下派高层管理人员；承担产业精准扶贫的企业和专业合作社每年按照供销集团投资额的 5% 给供销集团分红，集团将分红全额拨付当地县政府，由县政府将分红分配给本县贫困户。

3. 从对贫困户股权份额的设置看

贫困人口增收脱贫是资产收益扶贫的根本目的。如何让财政支农资金能更大程度地惠及贫困户？西安高陵区耿镇街道办周家村设置扶贫股。周家村整合所有集体经营性资产和政府财政资金及项目共计 657 万元，从中抽出 2 万元，专门设置公益性扶贫股，折股量化给村里现有的 3 户 10 名贫困人口，占总股本比重为 0.3%。剩下的 655 万元统一作为人口股，折股量化给每一位股民（包括贫困户）。扶贫股实行动态管理，人变股不变，谁贫困谁享受，贫困户脱贫后自动退出扶贫股,待所有贫困户都脱贫后,取消扶贫股设置。

渭南市合阳县沟北村也设置了扶贫股。沟北村集体股份经济合作社总股本由集体资源性资产、经营性净资产、个人入股的土地等资产组成。总收益提取27%作为公积金用于产业发展壮大,10%作为公益金用于社区公共服务开支。剩下的收益按100%量化分配,其中股权设置为人头股、资源股、资金股、土地股、扶贫股等,扶贫股也实行动态管理。

四 股权扶贫的成效

(一)增加了贫困人口收入,促进了脱贫

各地股权扶贫的实践显示,股权扶贫显著地增加了贫困人口的收入,促进了脱贫。榆阳区赵家峁村贫困人口从81.7%下降到2.4%,可支配收入从6650元上涨到11200元;村集体经济从负债2万多元到固定资产逾千万元。安康市平利县磨沟村贫困户人均3000元产业扶持资金入股后,每年分红800元,6年后每户将获得4800元的入股红利。以陕西省供销总社(供销集团)为中介实施的财政资金股权扶贫模式,入股企业和专业合作社,2016年共上交精准扶贫投资分红款2954万元,仅此一项,贫困户户均增收1568元,人均增收475元。

(二)提高了财政支农资金的使用效率,激活了农村资源

股权扶贫模式使企业、合作社等经济组织参与财政扶贫资金的使用,企业、合作社等经济组织凭借更强的经济实力、经营能力和抗风险能力,提高了扶贫资金的使用效率。通过将折股量化扩大到集体资源资产和其他社会资金,财政支农资金发挥杠杆作用,撬动了更多的资源资产支持扶贫,拓宽了脱贫攻坚的投入渠道。贫困农户、农户和集体以土地、林地、水面、房屋及机械设备等资源资产折价入股,较有效地提高了闲置或效率较低的资源的使用效率,实现了资源变资产。

同时，财政支农资金由无偿补助到有偿投入的转变，也使利用财政资金的企业、合作社等经济组织必须加强经济核算，提高经营效益，从而促进支农资金使用效率的提高。此外，对支农资金的股权量化，农户、贫困户获得股权，也扩大了财政支农资金的受益范围，在一定程度上促进了社会公平。

（三）缓解了企业、合作社的资金压力

企业、合作社等农业经济组织普遍面临融资难问题。财政扶贫资金及其他支农资金以股本形式注入企业、合作社，降低了企业、合作社融资成本，缓解了企业、合作社的资金压力，有助于企业扩大生产规模、增加研发投入、提高应对市场风险能力，增强了企业发展能力。

例如，安康市平利县长安农业综合开发有限公司通过扶贫资金入股的方式获得了80万元资金，公司按约定年底保底分红和盈利分红需要支出5.6万元，而如果按普通信贷，向银行贷款80万元，需要每年承担的贷款利息10余万元。扶贫资金入股，不仅降低了企业资金使用成本，而且也免去了诸多借贷程序，化解了龙头企业融资难题，实现了一举多得。

（四）增强了贫困人口的自我发展能力

股权扶贫将过去直接发给贫困户的补助资金，作为股金入股合作社、企业，使贫困户实现了从只获得暂时的一次性的补贴到获得固定的长期的收益的转变。无恒产者无恒心。通过股权收益让贫困户获得持续的收入，有助于激发其内在脱贫致富的动力。股权扶贫将扶贫、扶志较好地衔接起来。同时，股权扶贫中，贫困户将资金资源入股合作社、企业，还拥有在合作社、企业优先就业的权力，也有助于其学习和提高生产技能，从而增强其发展产业的技术能力。

（五）改善了社会风气，促进了社会和谐

通过股权纽带，把贫困农户与企业、合作社、家庭农场等经营主体

连接起来，改善了贫困户生产、生存、发展空间狭小的困境，改变了贫困户无助困境。股权量化，贫困户按所持股比获得股份收益，实现了共享发展所要求的人人参与、人人尽力、人人享有的目标要求，有利于促进社会和谐发展。

五　推进股权扶贫面临的问题与困难

（一）对股权扶贫的认识和接受问题

股权扶贫、农村股份合作是一个新生事物，股权对农民、贫困人口带来的收益是期权、愿景，但普通群众更倾向于获得现期的收益，因而部分贫困群众不愿意将扶贫资金入股，对土地承包经营权折价入股也存在怀疑的态度。对于参与股权扶贫的企业、合作社，由于以前的项目资金、产业扶持资金是无偿使用的，而股权扶贫的财政资金附带有给贫困群众分红让利的责任，因而部分企业、合作社积极性不高。

（二）企业经营风险和道德风险问题

股权扶贫的最终目的是使贫困户获得收益，而贫困户能顺利得到分红收益，既取决于企业、合作社的经营成功，有较好的效益，又取决于企业、合作社履行约定。然而在股权扶贫中，贫困户入股的企业大多是涉农企业，涉农企业本身具有风险高、收益不稳定的弱劣。企业经营不善，将不仅难以兑付分红约定，还存在贫困户参股本金的收回难问题；同时，还存在由于缺乏对企业的有效监管和分红机制，企业财务运行不透明，账目不公开，"贫困户"作为股东也无法了解企业的经营及财务状况。一旦企业不按约定分红，贫困户的利益也无法得到保证。

（三）资金整合难问题

股权扶贫需要把财政扶贫资金、财政支农资金等资金统一折股量化，但是资金条块分割管理，资金来源涉及多个部门、多个层级，并且各项资金都有具体特定的用途。要将不同渠道的资金整合起来，再进行量化，涉及部门利益分配的重新调整，资金整合的难度较大。

（四）股权量化缺乏规范性问题

股权扶贫涉及财政资金、土地承包经营权、集体资产等多种资源资产的折股量化，对各种资源资产的量化权重缺乏规范，随意性还较大。如果对贫困户及普通农户所拥有及所能享有的资产股权量化份额过低，将不利于贫困户脱贫和农户增收；如果量化份额过高，分红数额过高，又不利于合作社、企业的资产积累和持续发展。

六 对促进股权扶贫的若干思考

（一）不遗余力地推动产业发展

产业发展是资产增值收益的源泉。股权扶贫能否取得成效，归根结底取决于产业发展的成功与否。要千方百计、不遗余力地推动产业发展，为股权扶贫奠定坚实的基础。一是要选对产业，要选择有区域优势、市场前景广阔的企业，切忌不考虑当地实际情况盲目跟风的做法。二是要引入有一定实力、具有较强带动力的龙头企业、合作社参与、带动产业发展。

（二）加大风险防控，降低风险

一是加强股权扶贫运行的监管，建立对参与的企业、合作社的管理、监督、审计的有效机制，以保障贫困户如约获得股权分红。在农业项目申报、企业融资贷款等方面，建立对不履行分红义务的企业、合作社的惩处机制。二是建立股权内部流转机制，允许参与股权合作的成员在内部流转股权，化解风险。三是购买保险分摊风险，参与股份合作的企业、合作社，通过购买商业保险，一旦企业、合作社经营不善甚至破产，由保险公司进行补偿。

（三）与"三变"结合，吸引更多资金资源参与股权扶贫

各地的实践表明，财政扶贫资金、财政支农资金的折股量化配合"三变"，能吸引更多的资源资金参与股权扶贫。一是充分发挥财政资金的杠杆作用。除补贴类、救济类、应急类财政资金外，在不改变资金用途和使用性质的前提下，将财政投入资金作为村集体和村民的股金，投入企业、合作社等经济组织，在股金分配上给予贫困户倾斜。对于财政扶贫专项资金则作为贫困户专属资金折股量化，也投入企业、合作社等经济组织，村集体、农民、贫困户按股比分享收益。二是推进农村资源变股权，激活农村沉睡的资源资产。在清产核资的基础上，对农村经营性资产进行折股量化，将土地承包经营权、集体资产等农村资源转变为企业、合作社及其他经济组织的股权，盘活农村闲置及低效资源。

（四）改变观念，增强股权意识

股权是各方利益联结的纽带。通过股权联结，能扩大农业生产规模，转变农业发展方式，提高经营效率。一是要通过手机信息、电视、报纸、宣传册等多种宣传渠道，让农民、贫困户了解通过股份合作改变小规模农业生产的意义和作用，转变农民、贫困户的狭隘、短期意识和行为，使农民、贫困户接受并认可股权量化。二是坚持共享发展，强化参与扶贫各方有偿使用财政补助资金的意识，增强企业、合作社等经济组织的股份合作意识。

（五）不断探索总结折股量化的可行的经验做法

股权扶贫的运行和推进涉及清产核资、成员身份界定、折股量化等多个环节，每一个环节都与村民、贫困户利益息息相关，要不断探索总结可行的做法，促进股权扶贫不断向规范化、合理化发展。

参考文献

汪三贵、梁晓敏：《我国资产收益扶贫的实践与机制创新》，《农业经济问题》2017年第9期。

《全省首个农村股份经济合作社在榆阳区诞生》，《陕西日报》2017年3月18日。

余倍：《资产收益扶持制度：精准扶贫新探索》，《红旗文稿》2016年第2期。

〔美〕迈克尔·谢若登：《资产与穷人——一项新的美国福利政策》，商务印书馆，2005。

鲁明志：《榆阳区赵家峁村探索"确权确股不确地"土地经营模式》，《陕西日报》2017年4月7日。

于昕：《折股量化财政补助资金 提升扶贫精准度和效果——以贵州省部分地区为例》，《财政监督》2016年第19期。

张成：《由鱼到渔的质变——陕西省供销合作社产业精准扶贫纪实》，http://www.chinacoop.gov.cn/HTML/2016/10/17/110231.html。

王荔：《股权扶贫不能只靠企业"良心"发现》，http://cpc.people.com.cn/pinglun/n1/2016/0831/c241220-28680645.html。

张翅：《贫困户变股东，股权扶贫"一个都不落"》，《半月谈》2017年5月11日，http://www.banyuetan.org/chcontent/sz/szgc/2017511/226817.shtml。

B.6
陕西农村妇女脱贫路径调查研究

魏红梅*

摘　要： 陕西贫困妇女文化程度较低，困守乡村，落后的性别文化造就了精神贫困的年轻妇女，她们的平等感与幸福感脆弱且抗风险能力差，三大困难的重压叠加使她们陷入多重深度贫困，迷惘无助，期盼外界引导发展。精准扶贫为妇女脱贫带来福音，但同时也存在一些误区：基层党组织作用发挥不力，基层妇女组织机构健全但被边缘化；精准扶贫政策忽视妇女在家庭内部的弱势，缺乏针对贫困妇女的专项政策和性别敏感的扶贫干部；扶贫目标精准，效益欠佳等。要拓展陕西贫困地区农村妇女的脱贫路径，需要多方面形成合力。本文提出如下建议。顶层设计：提高妇女组织的地位，推动社会性别主流化。文化导航：以先进的性别文化教育为妇女发展导航。向妇女倾斜：精准扶贫政策优先帮扶妇女；借力乡村"女能人"，建立多种妇女互助组织，释放妇女创业能力。加强妇女培训：培训绑定项目，提高贫困妇女发展技能。打好教育基础：政策助力女童完成高中高等教育。

关键词： 陕西　农村妇女　脱贫路径

---
　*　魏红梅，陕西省委党校文化与科技教研部副教授。

一 调查研究的意义、设计和方式

（一）选题意义

陕西精准扶贫工作进入攻坚克难的决胜阶段。陕南贫困山区贫困人口基数较大且贫困程度较深，贫困人口中有一半左右的是妇女，成为当前扶贫任务的一大难点，脱贫攻坚任务能否取胜在很大程度上取决于妇女能否脱贫。除了共性，由社会性别差异造成的结构性贫困是妇女贫困的重要原因。因此，从社会性别视角去分析妇女贫困的根源，并寻找更适合妇女特殊需要的脱贫路径应是各级扶贫组织的工作重点和难点。但从目前的扶贫现状看，虽然有一些针对贫困妇女的政策，但妇女贫困隐藏在全体贫困户中，并没有凸显为陕西各级党政扶贫工作的重点。本研究正是从这一角度出发，摸清妇女贫困现状，分析问题及其成因，并提出有效可行的建议，为陕西各级党政机关和领导干部提供决策参考。妇女脱贫不仅对整个陕西精准扶贫有积极推进作用，而且对陕西农村妇女今后的持续发展意义深远。

（二）设计和调研方式

2017 年 8 月，调研小组深入陕南镇安某镇 Z 村进行了调研。小组成员和当地的贫困妇女及其家人、朋友、邻居、扶贫干部、当地妇女干部和妇联组织等进行了座谈、访谈；另外有针对性地对该村妇女进行了问卷调查，主要对象为 40 岁以下年轻的农村妇女，她们是未来几十年农村发展的主力。调查内容包括妇女个人因素，家庭因素，扶贫政策力度、适宜度以及对女性的倾斜程度，乡村亚文化对女性的影响，妇女组织作用等方面，多角度寻找妇女贫困的根源。在此基础上，又进行了实地考察，察看了贫困户生活现状、特色种植、养殖场等，掌握了较为丰富的第一手材料。

二 陕西农村贫困妇女现状与问题

Z 村地处秦岭山脉南麓，是国家级重点贫困县陕南镇安所属行政村，距离县城 15 公里，总人口 1820 人，大多数村民居住在大山深沟里，全村人均较平整耕地面积不足 0.3 亩，人多地少，土壤贫瘠，缺乏资源。虽然村中心离县城仅仅 15 公里之遥，但自然环境恶劣，可以概括为"三川六山十面坡"，更有许多贫困户住在山大沟深之处。Z 村本来就地少，再加上近年来退耕还林、建立工业园区等，人均土地更少，绝大部分收入靠外出务工和种植养殖业。Z 村的乡村文化淳朴自然，缺乏商业意识。

（一）贫困妇女文化程度较低下，困守乡村

Z 村贫困人口为 208 户 756 人，其中 44% 的为妇女。笔者调查了 Z 村妇女的文化程度，主要了解了 40 岁以下的农村妇女，在抽取的 265 个样本中，12.1% 的人是小学及以下文化水平；40.8% 的人是初中文化水平，高中文化水平的为 31.7%。有一半以上的人为初中以下文化程度。40 岁以上的妇女的文化水平更低，基本上都是小学以下文化，鲜有高中以上文化。文化水平不高的客观因素导致这些农村妇女学习、发展能力低下。Z 村男子外出打工养家糊口，守在家里的多是由孩子、老人、病人等拖累的妇女，除了一些零星的种植养殖收入没有其他收入来源。Z 村贫困的另一原因是在 20 世纪八九十年代，为了尽快改变贫穷面貌，村民外出打工专找工资高的活干，在矿山或修路打洞时使用干钻而不知防护，173 名四五十岁的壮年男子得上尘肺病丧失劳动力，生活重担压在妇女身上，且还有病人在床需要照顾，多元贫困叠加使这些农村妇女贫困程度更深。

（二）脆弱的"平等感与幸福感"

在女性地位方面，农村女性（40 岁以下）自我感觉良好。在 Z 村，绝大部分女性（84.3%）认为男女平等，而且有相当一部分女性认为，在一

定程度上，男女平等，且女性受到关爱和照顾。且不论这种理解是否准确，但可以认为农村女性自我感觉良好，没有感到受到歧视和地位低下。

无论从妇女的自我感觉还是社会评价而言，貌似农村女性的地位很高了，也有较强的幸福感，妇女在家里不用承担较重的农活，甚至根本不用下地干活或外出挣钱，只需要干好家务、带好孩子、照顾好老人，但如果触及农村社会生活的方方面面，可以看出，妇女地位的提高更多地表现在家庭内部，在家庭之外性别不平等依然存在。可以作为论据的有以下几点：第一，户主是男性，宅基地申请只有年满18岁男性才有权利；第二，Z村地处山区，土地本来就少，由于土地承包的历史原因，近年来，鲜有出嫁的妇女能在丈夫所在的村分得土地，作为农民，她们没有赖以生存的土地，只能依附于丈夫；第三，妇女在参与村务管理方面鲜有作为，虽然Z村的村主任是一名女性，但除了她和一名妇女主任外，并无其他女性参与村务管理；第四，农村妇女离婚，处境悲惨，嫁出门的女儿泼出去的水，她们在娘家没有可以回归之处，在婆家所在地更难以立足，所以，虽然妇女对婚姻的满意度不高，但鲜有离婚者。综上所述，妇女的平等和幸福只是在婚姻名义下的一种脆弱的、有风险的存在，一旦出现家庭变故，依赖男性的妇女极易陷入贫困，平等堪忧。

（三）落后的性别文化造就了精神贫困的年轻妇女

落后的性别文化和飞速发展的经济催生了一代精神贫困的年轻农村妇女，她们缺乏苦干精神，也不具备各种巧干的储备。在Z村，当扶贫干部将培育好的鸡苗无偿提供给贫困户时，让他们吃惊和为难的是，有部分鸡苗发放不下去。有些贫困妇女养鸡嫌麻烦，栽桑养蚕嫌累，也有人不愿意去村里合作社香菇基地打工，嫌劳动时间过长，工资太低。"妇女能顶半边天"是我国新中国成立后对妇女地位和妇女贡献的最好阐释，这些品质在Z村40岁以上妇女身上有很好的体现，但对于年轻的农村妇女，吃苦耐劳已经不是她们认可的优秀品质。笔者调查的40岁以下的农村妇女是改革开放农村条件改善后长大的一代人，从小和城里孩子一样被父母捧在手心里，被期望通过教育脱离农业，但她们文化水平较低的父母不像城里父母那样对孩子的教育和学习抱有一种坚定的信心，当孩子学习或成长遇到困难退缩的时候，父母往往选择顺其自然，相对而言，她们从小生活在一种更宽松的生活环境中，这难免使她们缺乏奋斗的习惯，也缺乏父辈吃苦的习惯，更缺乏劳动技能。虽然最终回到农村，但她们追求如城市居民一样的生活背景，追求轻松、时尚、享乐，几乎没有人愿意务农，希望能干一种轻松赚钱的工作来解决生活问题。还有部分贫困妇女身体懒惰、精神空虚、行动无力，缺乏摆脱贫困的决心，这也是部分妇女陷于贫困不能自拔的内因之一。

（四）三大困难的重压

由访谈和问卷调查可知，贫困妇女最大的困难有三点：无稳定的经济收入，困守家庭的迷惘，与社会隔离的恐惧。

外出求学打工和回归农村结婚生子是绝大多数农村妇女必须面对的境遇。现在 20 ~ 40 岁的年轻妇女基本上都接受过初中以上的教育，其中很多在婚前有外出求学和打工的经历，还有的曾经在大城市居住过几年，有一定的务工技能和见识。回归农村成家之后，立即面对三大困难，单调、烦琐的家务劳动让她们很郁闷，但更让她们郁闷的是，被孩子和家务绑住的她们，不能外出务工挣钱，没有稳定的经济来源，她们付出的无酬的家务劳动无法用金钱呈现，成为依靠男人养活的"无收入"者。经济基础在一定程度上决定了婚姻质量，她们感到焦虑。同时，被家务和孩子拖住的妇女和外界基本隔绝，沟通渠道仅限村里的妇女圈、熟人圈，虽然也有越来越多的人依赖网络，但网络上五光十色的城市繁华越发衬托出自己的生活单调无趣。困守家庭的妇女看不到解脱或改变命运的希望而倍感郁闷。另外，繁重的家务劳动使她们日渐和社会隔离，和社会脱节的恐惧也会不时造访，她们害怕以后孩子长大自己丧失了重新回归公共领域劳动的能力和信心。

这些困难在不同的妇女身上呈现的程度不一样。相比较而言，文化程度较低的妇女感受更多的是经济和物质上的困窘，后两种压力她们不一定能深刻体会；文化程度越高，这三种压力同时出现的可能性越大。

（五）贫困妇女的盼望

在Z村，年轻农村妇女普遍存在迷惘无助但又不甘心的情绪，希望有所发展和改变。汇总问卷和深度访谈结果，以下列出的是按重要性排序的农村妇女最大的期盼：第一，有稳定收入又能照顾到家的工作；第二，缺乏资金；第三，技能培训；第四，项目指导。排名第一的是她们亟须找到一份既能守在家乡、照顾到孩子家庭，又能增加收入的工作。紧随其后的是部分妇女有创业想法而没有资金实施，若有资金扶助，可以开展一些项目。排名第三的需求是部分妇女希望能接受一些技能培训，从而能参与到公共领域就业活动中。还有一些有创业想法的妇女，她们有创业致富的愿望但限于个人能力和经验，难以发现可以持续发展的项目，亟须专家来帮她们出谋划策，使她们找到适合在本地发展的项目。

三 贫困妇女精准扶贫的误区

在调研过程中，我们详细了解了精准扶贫政策及其各项活动的实施。其中有一些问题值得警醒。妇女贫困虽然范围很广、程度更深，但并没有引起足够的重视，精准扶贫政策对贫困妇女的倾向不明显。

（一）基层党组织作用发挥不力，妇女组织机构健全但被边缘化

基层党组织是实施精准扶贫接力赛的最后一棒，也是至关重要的一棒。但目前所反映出来的是，贫困村基层组织本身存在问题。村级管理是矛盾集中、问题最多、民怨最多的一个环节。以Z村为例，组织机构涣散，村民监督委员会监督不力，有些事关民生的大事，比如确定低保户、村基础设施改造、产业路修建等，村支书、村主任碰个头就定了，其他委员连告知都懒得告知，妇女组织更被完全边缘化。个别干部党性不强，私念丛生，习惯于将产业项目的实施当作优亲厚友的资源。在Z村省级帮扶结对单位投资开展的林下养鸡和食用菌种植项目，村干部就开出各种过分条件，甚至设障刁难。

再加上村干部对妇女工作不重视，妇女参与村务管理的热情又不高，所以，村干部在处理村务、传达政策时，几乎将妇女排除在外。

基层妇女组织机构健全，但功能发挥不力。从访谈中我们得知，村一级的妇女组织曾经在计划生育政策的实施中发挥了重要的作用。自从计划生育工作不再是农村工作的重点之后，村一级的妇女组织失去了工作重点。根据调查，Z村近一年来妇女组织很少开会，也更少能组织妇女的各项活动。村级妇女组织无活动经费，没有经济吸引力也没有组织力带动更多的妇女来参与活动。

（二）缺乏针对贫困妇女的专项政策和性别敏感的扶贫干部

扶贫政策没有向贫困妇女倾斜，扶贫干部缺乏性别视角。精准扶贫已经到了攻坚克难的收尾阶段，但是妇女的贫困仍然没有引起足够的重视。我们调研发现，和扶贫干部交流时，他们可以毫不含糊地说清有多少贫困户、贫困人口，但问及其中有多少是贫困妇女时，则含糊带过。因为精准扶贫中并没有将贫困妇女单独列出优先进行考虑，所有的政策制定也是以家庭为单位识别，有的贫困人口汇总表上竟然无性别标注。因为缺乏性别视角，忽视家庭内部妇女在获得资源、利益和机会上的弱势，忽视了妇女在贫困面前更易受损害的特点，无形中加剧了妇女的贫困程度，也不利于激发妇女的潜力。

目前的扶贫项目中只有少数是由妇联推动的，专门针对贫困妇女的专项政策缺乏是不争的事实。省级妇联组织顶层设计雄心万丈，市县级妇联组织上传下达红红火火，但到了乡镇村一级妇女组织往往发声不足，不受重视。虽然，"贫困有一张女性的脸"，贫困妇女有其特殊的困难，但妇女的贫困仍然隐没在全体的贫困户中没有得到应有的重视。

（三）扶贫目标精准，但效益欠佳

自2017年4月以来，陕西精准扶贫达到白热化状态，在Z村也开展了新一轮的数据清洗。其主要目的是进一步清洗不合规定或已经脱贫的人口，使目标更为精准，这无疑是将有限的扶贫资源用到刀刃上的必要之举。但扶贫目标精准、资源到位、项目上马后，有时扶贫效益却并不显著，原因在于贫困户的特殊性，深度贫困人口要么是缺劳力，要么懒惰，要么管理经营不善。与此同时，在农村有些妇女虽然有能力有想法也可以带动没有发展能力的贫困户，却苦于非贫困户不属于精准扶贫范围而得不到扶持和资助。因此，在精准定位、短效脱贫的同时，要考虑到长期治贫的效益，在考核精准扶贫时不能短视地唯精准滴灌，唯时间节点，唯眼前经济收益为考核标准，而要和贫困户的长期脱贫致富相联系，将贫困户和发展能力较强的能人绑定在一起，使能者多得，贫者脱贫。

四　陕西农村妇女脱贫路径思考

要推进陕西农村妇女脱贫，拓宽妇女脱贫路径，需要各级党委政府、妇女组织、各类相关扶贫组织、妇女个人、家庭等多方联动，形成合力。

（一）顶层设计：提高妇女组织的地位，推动社会性别主流化

要引导农村妇女改变现状，实现妇女脱贫首先应该由强有力的组织引导。针对基层妇女组织发挥不利情况，应该注重从机制创新入手，提高妇联组织的地位，本着"有位有为"的原则，各级党委政府专门吸纳妇女工作专干进常委，推进性别评估，在各个领域和各个层面上评估所有有计划的行动（包括立法、政策、方案）对男女双方的不同含义，决策制定中都要努力拓宽妇女的参与面，拓展评估覆盖面，贯穿各项政策的设计、实施、监督全过程，从而使男女双方受益均等，充分为妇女代言，释放妇女、妇联组织的潜在巨大生产力。各级妇女专干主推本区社会性别主流化工作和妇女工作的顶层设计，联络和协调妇联和各同级单位，落实各项工作，并对其做出评价，将各个单位性别评估指标纳入年度目标考核的一项内容。笔者了解到，村级妇女组织力量正在加强，在此基础上，再提高其地位，将对妇女脱贫及发挥妇女力量起到至关重要的作用。

（二）文化导航：以先进的性别文化教育为妇女发展导航

农村落后的男性主导的性别文化仍然是阻碍妇女发展的拦路虎。虽然它不像贫困一样隐而不显，但渗透在方方面面，阻碍妇女意识觉醒，影响妇女的个人定位进而限制妇女的个人发展。

要以目前年轻农村女性的精神贫困为前车之鉴，要从不同层面，全面展开先进性别文化教育。首先，从根源抓起，在基础教育中要纳入社会性别文化教育，从小培养女性独立自主、不依赖于男人的人格，阻断出现依赖思想严重、性格贫弱的新一代女性。其次，通过各种培训宣传倡导健康、平等的性别文化，潜移默化地引导年轻农村妇女发挥自身能力，把握自己的命运，独立自强，勇于摆脱贫困，参与村务管理或承担更多的社会责任或义务。这是一项长期的任务，必须慢慢渗透到我们核心公民理念的培育体系中，也要贯穿到妇女工作中。要想帮助妇女脱贫致富，过上真正幸福的生活，最长久、根本的方法是从内因入手塑造新一代妇女。

（三）向妇女倾斜：精准扶贫政策优先帮扶妇女

首先，要将性别视角纳入精准扶贫的整个过程。在精准扶贫后期，同等条件下，对贫困妇女优先帮扶要比帮扶男性更有效。原因在于，难扶的贫困户要么是男劳力缺失，要么是根深蒂固扶不起的精神贫困者，且前期针对妇女的小额贷款的扶贫计划中发现，妇女比男子更为坚韧，更具责任心，更有发展潜力，若能将妇女的能量激发出来，扶贫工作效益更高。

目前基层干部对贫困妇女的特殊问题缺乏敏感性归根到底是由于他们缺乏敏感的性别意识。在扶贫计划制订和实施时，应强调引入社会性别评估机制，加大对贫困妇女的需求分析，使贫困妇女不光直接受益，还获得资源、增强发展能力，从而促进贫困妇女的有效脱贫。除了小额贷款对妇女的倾斜性，社会保障对长年患病妇女的全覆盖，保证全体妇女预防两癌的筛查率等外，还要出台和发展更具性别特色、有助于女性脱贫的政策和项目。

其次，培养有先进性别文化意识的基层干部和妇女干部是另一项艰巨任务。加强扶贫干部的社会性别意识，提高对妇女问题的敏感度也是需要长期加强的一项工作，妇联组织要积极开展多种形式的宣传和培训，基层干部的性别视角不会自动生成，必须经过长时间的养成教育。

（四）借力乡村"女能人"，建立多种妇女互助组织，释放妇女创业能力

精准扶贫要考虑到精准滴灌，目标准确。但同时要考虑扶贫的效益。精准扶贫政策不能僵化，只聚焦于贫困人口。借鉴其他地区经验，并且访谈中我们听到的呼声也是，要借力于贫困户以外的"女能人"和"自发的妇女领袖"的影响。农村妇女群体是一个特殊的群体。居住环境的紧凑和联系紧密的传统习俗，使妇女群体的从众效应和舆论效应被极端放大。如果能充分利用这一特点，那么一些"女能人"的效应就会被放大。村一级党组织吸纳妇女群体中的自发产生的"女能人"，她们周围往往凝聚了一大群妇女，鼓励她们带动贫困妇女创业，利用她们的能力和威信，带动其他贫困妇女发展。

借助互联网强大的消息聚合力，借鉴村落"抱团养娃""抱团养老"的经验，以村级组织为龙头，以村级妇联组织和妇女组织为主要牵头人，以农户出资入股或出人入股为基本方法，就近组建各种村级妇女产业互助组织，将家务劳动社会化。优先组织0~3岁孩子的互助托儿所和村级互助养老院，可以在这些组织附带互助性质的餐饮，整合使资源和人力效益最大化，将妇女从单打独斗的育儿和照顾老人的家务劳动中解放出来，为发展其他产业做好准备。

（五）加强妇女培训：培训绑定项目，提高贫困妇女发展技能

目前，对农民进行免费培训是反贫困的一项得力政策。在该项政策尚未落实之际，一定要防范忽视对妇女的培训，杜绝免费培训以家庭为单位提供给农民。一定要有针对妇女、针对当地有利于发展妇女产业的培训。产业发展是脱贫的根本，也是阻断返贫的不二法宝。在Z村，无论是年轻一代还

是年长一些的贫困妇女都有参加培训的需求。目前 Z 村出现的妇女产业发展不力，主要是贫困妇女缺乏必要的技能或者自上而下的产业项目不符合她们的需要，导致其积极性不高。今后的培训工作要深入贫困户调查研究，摸清贫困妇女之所需，进行订单式技能培训，实现开发项目和技能培训无缝对接，使效益最大化。

（六）打好教育基础：政策助力女童完成高中高等教育，奠定人生自信基础

教育是实现农村女性平等自主的根本出路。"当她成为生产性的、主动的人时，她会重新获得超越性；她会通过设计具体地去肯定她的主体地位。"首先，在基础教育中要纳入社会性别文化教育，有计划地培训、提高中小学教师的性别意识，打破女性智弱的自我设限和心理暗示，提高对女孩的期望，激发女孩发展的最大力量，培养女性独立自主、不依赖于男人的人格，奠定其一生自信独立的基础。阻断出现依赖思想严重、性格贫弱的新一代女性。其次，出台对女孩接受高中和高等教育的倾斜性政策，鼓励更多女孩完成高中或高等教育，使其具备继续发展的内生能力。

参考文献

〔法〕西蒙娜·德·波伏娃：《第二性》，陶铁柱译，中国书籍出版社，1998。

谭琳：《2013～2015 年：中国性别平等与妇女发展报告》，社会科学文献出版社，2016。

谭琳：《"北京＋15"：中国性别平等与妇女发展回眸与前瞻》，社会科学文献出版社，2011。

许春荣：《女性与社会变革》，中央编译出版社，2012。

B.7
陕西集中连片特困地区交通基础设施
脱贫攻坚现状及策略研究*

魏雯 张杰**

摘　要： 陕西省集中连片特困地区包含43个贫困县，交通条件差，经济社会发展落后，人民群众收入水平不高。为进一步提升贫困地区交通基础设施发展水平，增强人民群众获得感，促进集中连片特困地区经济社会发展，交通基础设施需要进一步加强路网保障能力、优化公路技术等级、完善公路养护管理体制等。因此，本研究提出陕西省要着力提升集中连片特困地区交通供给能力、着力围绕集中连片特困地区环境资源优势、着力聚焦集中连片特困地区公路养护管理重点、着力提高集中连片特困地区运输服务水平等对策建议，为确保"十三五"打赢脱贫攻坚战、奋力实现追赶超越提供坚实保障。

关键词： 陕西　集中连片特困地区　交通基础设施

交通基础设施作为区域经济社会发展的重要"先行官"，交通扶贫是集中连片特困地区打赢脱贫攻坚战的首要任务。陕西省集中连片特困地区交通

---

* 本文系国家社科基金项目（编号为17CJY043）的阶段性成果、陕西省交通运输厅科研项目（编号为16-48R）的成果。
** 魏雯，硕士，陕西省社会科学院农村发展研究所助理研究员；张杰，硕士，陕西省公路局。

扶贫具体包含43个贫困县（见表1），交通条件差，经济社会发展落后，人民群众收入水平不高。为进一步提升贫困地区交通基础设施发展水平、增强人民群众获得感，就要继续保持陕西省交通发展优势，以交通扶贫为具体抓手，加快补齐制约短板，为确保陕西打赢脱贫攻坚战、奋力实现追赶超越提供有力保障。

表1 "十二五"期间陕西省集中连片特困地区涉及贫困县的范围

集中连片特困地区	贫困县
吕梁山区片区(7个)	佳县、吴堡县、子洲县、横山县、清涧县、米脂县、绥德县
六盘山区片区(7个)	千阳县、陇县、麟游县、扶风县、永寿县、长武县、淳化县
秦巴山区片区(29个)	丹凤县、佛坪县、勉县、南郑县、周至县、商南县、商州区、城固县、太白县、宁强县、宁陕县、山阳县、岚皋县、平利县、旬阳县、柞水县、汉滨区、汉阴县、洋县、洛南县、留坝县、略阳县、白河县、石泉县、紫阳县、西乡县、镇坪县、镇安县、镇巴县

一 陕西集中连片特困地区交通基础设施脱贫攻坚现状

（一）公路里程情况

截至2016年底，我国农村公路总里程已达396万公里，未来几年我国仍将大力新改建农村公路。陕西在近十年的公路路网建设上，着重保障能力和结构优化同时并行。贫困地区在不断提升公路路网技术等级的同时，不断优化路网结构，加快路网布局，逐渐形成了层次清晰、结构合理的高速公路、国省干线和农村公路路网体系。截至2015年底，全省贫困地区公路通车总里程达141716公里，为精准扶贫脱贫提供了坚实保障。截至"十二五"末，陕西省集中连片特困地区中，秦巴山区公路总里程为57687公里，吕梁山区公路总里程为12933公里，六盘山区公路总里程为8787公里（见图1），分别占全省公路总里程的34%、8%、5%。

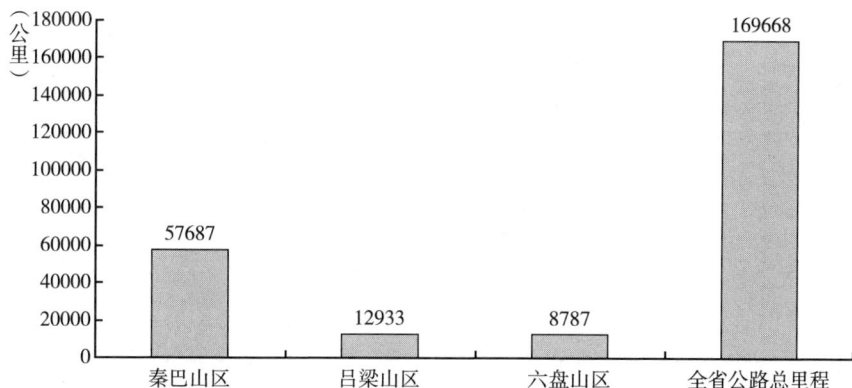

图1 "十二五"末陕西省集中连片特困地区公路里程与全省公路里程比较

2011～2015 年，陕西省三大贫困片区公路里程均呈逐年增加的趋势。特别是吕梁山区片区贫困地区的公路里程增长幅度最大，与"十二五"初相比，增长 26.7%；秦巴山区 2011 年公路里程为 50851 公里，到 2015 年底增长 13.4%，六盘山区 2011～2015 年增长 9.3%（见图2、图3）。

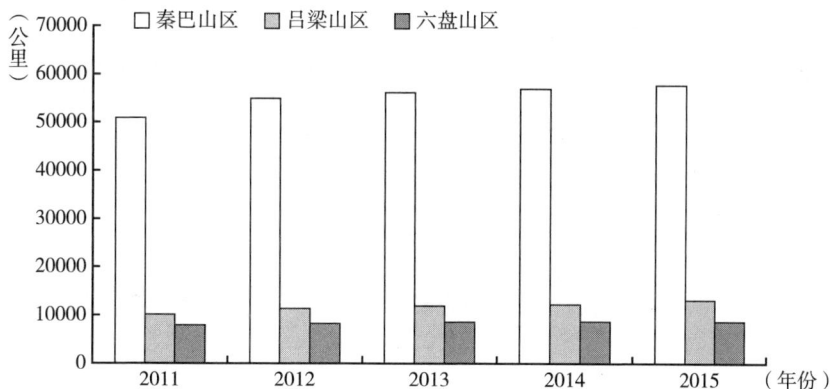

图2 "十二五"期间陕西省集中连片特困地区公路里程增长情况

（二）公路等级情况

集中连片特困地区涵盖革命老区、生态保护区，区域内部自然环境差，公路等级差，大量道路技术等级集中于四级路和等外公路。尽管近十年，贫

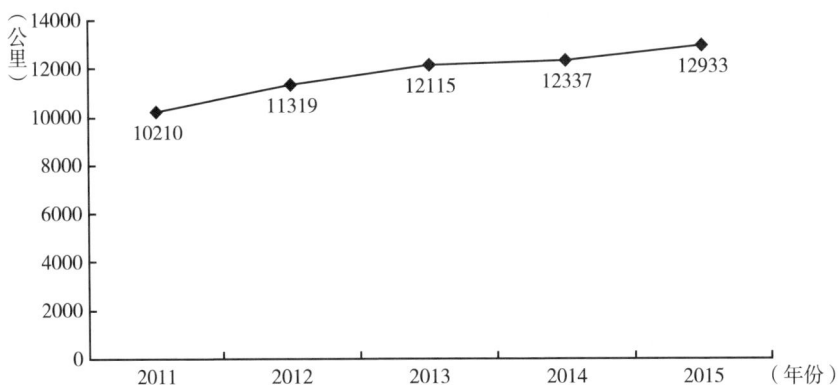

图3 "十二五"期间陕西省吕梁山区片区贫困地区公路里程增长趋势

困地区公路里程大量增加，但对于这些深度贫困地区，公路技术等级仍然是交通脱贫攻坚的重要短板。截至"十二五"末，陕西省非集中连片地区二级以上公路里程（不含高速）比重为5.9%，但是，秦巴山区二级以上公路里程（不含高速）比重为3.3%，吕梁山区为2.5%，六盘山区为4.4%，与非集中连片地区存在明显差距（见图4）。

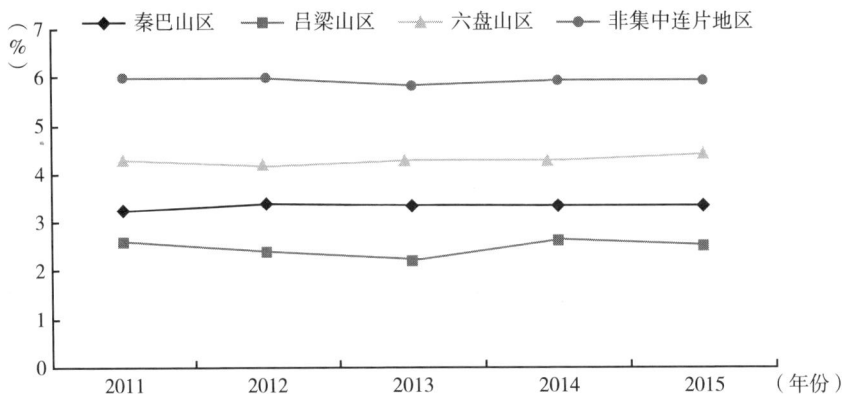

图4 "十二五"期间陕西省贫困地区二级以上公路里程比重（不含高速）

（三）通达通畅情况

截至"十二五"末，贫困地区建制村通达率为100%，通畅率为90%。

"十二五"期间，全省县乡公路改建1万公里，通村公路安全保护工程1.1万公里，桥涵配套和危桥改造各3万延米。贫困地区农村公路普遍存在的路面偏窄、安保设施不完善、缺桥少涵等问题得到明显解决，为贫困地区群众出行、脱贫致富提供了有力保障。截至"十二五"末，陕西省数千个建制村在5年内实现通畅目标，但是仍然有1286个已通达、未通畅的建制村，其中秦巴山区最多，总计717个，吕梁山区42个，六盘山区32个，非集中连片地区495个（见图5）。

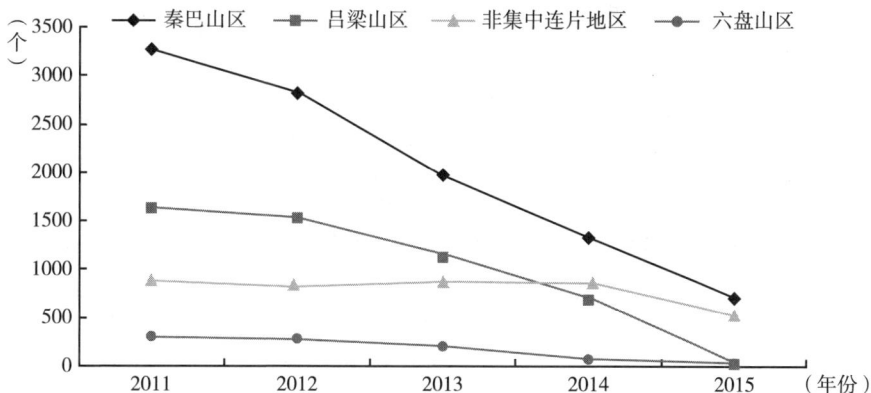

图5 "十二五"期间陕西省贫困地区建制村未通畅数量

（四）投资情况

2017年，交通运输部进一步加大对全国农村公路投资倾斜力度，全国农村公路投资905.8亿元，其中704亿元投入贫困地区。"十二五"期间，陕西在贫困地区交通基础设施建设上累计投资约1800亿元，支持普通国、省道路升级改造等工程，提高了县城过境公路补助标准，并对农村公路改建、通村公路完善以及桥涵配套设施进行重点工程建设，通过整合扶贫资金、出台倾斜政策、利用外资贷款、吸引社会资金等多种形式，加大对贫困地区交通基础设施的建设力度，补齐交通运输发展短板。陕西省涉及的集中连片特困地区中，秦巴山区由于覆盖范围广，交通条件差，涉及贫困县较多,一直是交通扶贫的重中之重。2012～2015年,安康市交通工程累计投资4544万元,汉中市累计投资1741万元,商洛市累计投资484万元(见图6),秦巴山区交通投资额占全省扶贫地区工程投资额的82%。

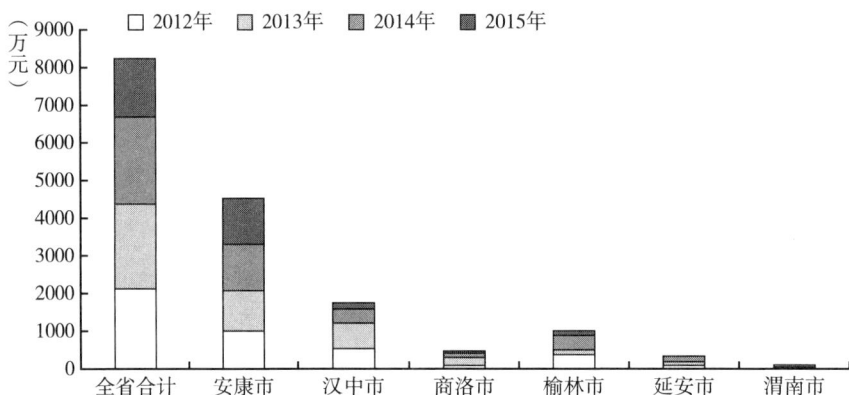

图6 2012～2015年陕西省贫困地区交通工程投资情况

二 陕西集中连片特困地区交通基础设施脱贫攻坚的关键点

(一)进一步加强路网保障能力

截至2017年6月,陕西省内107个区县中,还有10个县没有修通高速公路,10个县均在贫困地区。一是陕西集中连片特困地区主要集中在陕北地区、渭北地区和陕南地区,部分贫困县区是陕西省国家高速公路网的"空白"地带。尤其是在省际交界地带,陕川界、陕甘界等部分地区间存在内外联通瓶颈问题,高速公路的续建项目建设和新开工项目建设需要进一步加快推进。二是贫困地区中还有10%的建制村没有实现通畅率达标,截至2017年5月底,全省未通畅建制村有1405个。2018年底,全省贫困地区具备条件的建制村要实现通硬化路目标,兜底民生和发展底线。三是部分

"产业路""旅游路""景观路"等促进贫困地区经济发展的重要交通节点尚未联入基础路网。集中连片特困地区近几年由于经济发展和产业布局的加快,出现了大量"产业路"、"旅游路"和"园区路"的需求,这是贫困地区产业落地和转型发展的前提条件,也是促进农村公路服务地方经济发展的重要内容。

(二)进一步提高公路技术等级

陕西普通干线公路技术等级主要集中在三级,调整后的普通国省道二级以上公路比重仅为35%。贫困地区农村公路联入国省道主干道的瓶颈问题依然突出,四级公路占主要部分,集中连片特困地区二级及以上公路比重仅为4.6%,贫困地区的交通运输条件明显相对落后,不适应快速发展的经济社会需求。第一,优化农村公路网技术等级是集中连片特困地区产业发展的需求。陕北地区能源化工产业、陕南地区循环经济产业和旅游业、渭北高原农业产业在近几年脱贫攻坚工作大力扶持下得到快速发展,对农村公路网技术等级提出了更高要求,四级路在经济增长较快的农村地区已经明显不适应当地产业发展需求。第二,贫困地区人民群众日益增长的美好生活需要要求优化农村公路网技术等级。具有一定人口规模的建制村在出行需求上,较以往对出行安全、速度和舒适度提出了更高要求,逐步缩小城乡基础设施差距是发展农村交通基础设施的重要内容。

(三)进一步完善公路养护管理体制

陕西农村公路养护科学决策体系仍未全面建立。贫困地区农村公路养护投入不足,地方政府重建轻养,责任落实不到位,管理养护工作局限于行业层面,普通国省道公路预防性养护比例还偏低,超期服役和次差路段整治还未形成良性循环。养护管理信息化水平需要继续提高,养护工程市场培育不足,养护装备的研发和推广面临诸多瓶颈,专业化复合型人才缺乏,公路的全寿命周期理念需要进一步加强。

三 加强陕西集中连片特困地区交通脱贫攻坚的对策建议

（一）交通扶贫要着力提升集中连片特困地区交通供给能力

集中连片特困地区作为我国扶贫攻坚任务最繁重、最艰巨的地区，交通运输具有促进经济社会发展先行作用，是人民群众脱贫致富奔小康的前提条件。但是，陕西省集中连片特困地区交通运输瓶颈问题仍然存在，农村地区交通运输网络还没有达到"广覆盖、深通达、高品质"的要求，今后一段时间，农村公路的建设仍然是广大集中连片特困地区的重点。

集中连片特困地区公路交通的薄弱环节在农村公路。农村公路作为农村交通基础设施网络中重要的"毛细血管"，发挥着重要的微循环作用，是交通网络中需要进一步提升的"最后一公里"。目前，陕西省所有贫困地区建制村通达率实现100%，但是在"通"的基础上，"畅"水平仍有着力提升的空间。因此，陕西省要继续加强建设农村公路与国省干线公路间的衔接，以及与铁路、机场、渡口等联网工程；科学规划农村公路，串联带动范围更广的自然村，尤其是具有一定人口规模的自然村；着力提升集中连片特困地区农村公路技术等级，提升公路安全服务水平和普遍服务能力；充分发挥县道在路网结构中承接国省干线和乡村道路的重要纽带作用；加快建设集中连片特困地区重要城乡交通枢纽建设，满足贫困地区群众换乘需求；大力建设镇级和村级客运站，扩大村镇客运站的辐射面，实现县、镇、村之间的有效衔接；同时，强力推进贫困县区通达高速公路建设，"十三五"末基本实现"县县通高速"目标，增强人民群众出行时的"获得感"。

（二）交通扶贫要着力围绕集中连片特困地区环境资源优势

陕西省集中连片特困地区拥有丰富的自然资源和环境优势。优质红枣、山地苹果、小杂粮、马铃薯、油用牡丹、茶叶、魔芋等特色绿色农产品，以及养羊、养鸡、养牛、养猪等养殖业，具有一定的特色优势产业基础。此外，吕梁山区片区还有能源化工产业基础，发展盐化工、煤化工、清洁燃料、煤电盐碱硅联产工业等均具备一定的条件；三产方面，沿黄公路全线贯通，沿黄生态城镇带建设、沿黄文化旅游产业链，安康奇石、汉江龙舟、秦岭花谷、油菜花海、黎坪龙脉、岚河漂流、丹江泛舟、秦蜀栈道、镇巴苗寨等秦巴山区旅游文化资源均要求交通项目的规划、设计、建设、运营和管理要把"修一条路、连一片景、富一方人"的理念贯穿其中，把自然风景、特色产业、文化旅游串联起来。

要以人文古迹、旅游景区、特色小镇、健康养生基地、农家乐示范村为关键节点，以农村公路为基础，在集中连片特困地区重点通达一批产业基地和旅游景区，打造具有陕西特色的交通风景线和产业富民线；4A 以上景区和省级产业园区通达二级以上公路，并注重综合交通保障能力建设，加速与高速公路网、重点铁路枢纽的衔接；特色小镇、历史文化名村以及省级农家乐示范村全部通达等级公路，使农产品出的去、旅游者进的来，加快贫困地区特色产业转变为经济优势的速度，为实现集中连片特困地区同步建成小康社会提供有力保障。

（三）交通扶贫要着力聚焦集中连片特困地区公路养护管理重点

陕西省集中连片特困地区农村公路是全省综合交通运输体系的重要短板，是交通运输供给侧结构性改革亟待弥补的短板。部分地区农村公路"油返砂""畅返不畅"的现象凸显，全省需要实施养护工程的农村公路里程持续增加，因此，要在人员、资金和管理体制上进行重点突破。

农村公路管养责任主体是县级人民政府，具体管养模式要根据各地区实际情况实施。一是将县乡路和村道区分，县乡路由县级农村公路管理机构管养，村道由乡镇农村公路管理所管理，村委会具体实施；二是不区分县乡村公路，以乡镇为管养具体实施单位，对县乡村路统一进行养护管理；完善落实省、市、县、乡镇、村五级责任，明确权力清单和责任清单，结合陕西省事业单位和乡镇机构改革，完善连片特困地区农村公路管理体制。将农村公路建设、养护、管理机构运行经费和人员基本支出纳入陕西省一般公共财政预算，进一步强化政府投入和主导责任，健全分级分类投入体制，构建"事权清晰、权责一致、中央支持、省级统筹、县级负责、社会参与"的农村公路养护管理资金投入体系；同时，加大创新、推广陕西省农村公路经济实用养护技术，完善技术标准，按照不同农村公路的功能定位，明确差异化、简便化、低成本化的技术要求。

（四）交通扶贫要着力提高集中连片特困地区运输服务水平

运输服务水平是集中连片特困地区群众交通"获得感"的重要指标。随着陕西省公路里程的持续增加，地方偏远、自然环境较差的集中连片特困地区道路实现通达、通畅的同时，对应地对各种风险和扶贫工作提出了更高要求。运输服务设施体量不足、水平不高一直是贫困地区交通基础设施的短板，也是城乡基本公共服务均等化的重要差距之一。近十年，陕西不断推进贫困地区乡镇等级客运站建设和客运公交化改造，建设完成乡镇汽车客运站 32 个、农村候车亭牌 953 个、乡镇物流配送点 143 个，实现了 63% 的乡镇建有等级客运站，100% 的乡镇、89% 的建制村通班车，不断完善贫困地区运输服务体系建设，缩小城乡公共服务水平差距。陕西省 2020 年在进一步提高交通通达水平的基础上，要实现具备条件的建制村"村村通客车"目标，扩大城乡客运、货运网络的覆盖面，使贫困地区交通条件改善产生实实在在的好处，让群众有更加强烈的获得感。

一是要加快陕西省农村物流基础设施建设，科学合理规划农村货运站场布局，构建县、乡、村三级物流网络，积极引导和建立物流园区、县级物流中心、乡镇配送站、农村货运网点等多环节构成的农村物流服务体系，积极推进"交通＋物流"模式发展，既可以让农产品便捷高效运进城市中，也可以让农村居民在家享受到便利的网络购物。二是要推进农村客运班线通达工程和镇村公交建设，实现农村公共客运服务在有条件的地区全覆盖；鼓励发展农村安全、经济型客车和客货兼用型营运车辆。三是可以在陕西省探索将等级农村客运站与区域旅游集散中心相结合的发展模式，推动"交通＋旅游"模式发展的纵深化，发展特色旅游客运专线。四是要在管理上加强对农村客运站和运输企业的安全监管，着力提升陕西省贫困地区农村道路安全运营水平，提高农村群众安全出行意识，普及安全出行知识，努力为陕西省集中连片特困地区人民群众提供安全、舒适、经济、高效的运输条件。

B.8
陕西四位一体联动机制教育精准扶贫
模式的构建与实施

党琳静 *

摘　要： 十九大报告指出，让贫困人口和贫困地区同全国一道进入全面小康社会是我们党的庄严承诺。党和国家始终将教育精准扶贫作为扶贫开发、扶贫助困的治本之策。十八大以来，陕西按照"五位一体"总体布局和"四个全面"战略布局，牢固树立和贯彻落实创新、协调、绿色、开放、共享的新发展理念，充分发挥政治优势和制度优势，把精准扶贫、精准脱贫作为基本方略，以国家扶贫开发工作重点县、集中连片特困地区县以及建档立卡等贫困人口为重点，精确瞄准教育最薄弱领域和最贫困群体，落实一系列创新教育精准扶贫政策，逐渐形成以"顶层设计、人才培养、服务精神、协同创新"为核心内容的四位一体联动教育精准扶贫模式，促进教育强民、技能富民、就业安民，坚决打赢陕西教育脱贫攻坚战。

关键词： 顶层设计　人才培养　协同创新　教育精准扶贫　陕西

＊ 党琳静，西北大学博士研究生，渭南师范学院讲师。

一 教育精准扶贫的内涵与意义

（一）教育精准扶贫的内涵

教育精准扶贫是指一国或地区通过健全精准资助体系、配套精准教学设施、引进精准师资力量等方式为贫困地区的贫困人口提供多元化与个性化相结合的教育扶持，帮助贫困地区和贫困人口获得自我发展、自主脱贫的能力，从整体上提高贫困人口的综合素质，教育精准扶贫是一种内生型的扶贫脱贫方式。利用这种方式，扶贫工作可以实现从"输血"到"造血"的一大跨越。"扶贫必扶智。让贫困地区的孩子们接受良好教育，是扶贫开发的重要任务，也是阻断贫困代际传递的重要途径。"这是习近平总书记近年来对扶贫工作的战略思考。由于教育具有切断贫困恶性循环、阻断贫困代际传递的特殊属性，在整个扶贫工作中应将教育精准扶贫放在扶贫工程的首要位置，加大对贫困地区教育资金的投入，优化配置贫困地区的教育资源，促进贫困地区教育的均衡发展。

（二）教育精准扶贫的意义

1. 转变贫困人口落后思想观念

经济落后是地区贫困的显性表现，教育贫困是制约地区发展、导致贫困恶性循环的深层次原因。思想观念落后的贫困人口往往接受教育的年限普遍较短，缺乏接受新事物、新思想、新技术的能力，行动方面缺少创新进取精神，自我发展的动力不足。治贫先治愚，不同于物质层面的扶贫方式，教育精准扶贫从精神方面对贫困人口进行改头换面、更新升级，去除普遍存在于贫困地区的陈旧保守、故步自封的思想，持续改变贫困人口的落后思想观念，为贫困人口提供脱贫致富的思想动力，从根本上唤醒贫困人口的自我发展意识。

2.提高贫困人口的综合素质

美国社会学家英格尔斯提出，"人的现代化是国家现代化必不可少的因素，它并不是现代化过程结束后的副产品，而是现代化制度与经济赖以长期发展并取得成功的先决条件"[①]。由于贫困地区的贫困人口在获得教育方面具有天然的比较劣势，而接受教育又是个体实现现代化的主要途径，因此，教育精准扶贫在提高贫困人口的现代化进程中具有不可替代的作用。通过落实教育精准扶贫政策，提高贫困地区人口的综合素质，从根源上切断贫困恶性循环、阻断贫困代际传递的现象，彻底改变贫困人口的精神面貌。

3.带动贫困地区经济自主良好发展

教育精准扶贫的静态收益是让贫困地区和贫困人口获得自我发展、自主脱贫的能力。从长远来看，教育精准扶贫的动态收益表现在贫困地区的经济建设、政治建设、文化建设、社会建设与生态文明建设五个方面的良性互动发展上。教育精准扶贫有利于提高贫困地区劳动力生产要素的使用效率，有利于解决农村剩余劳动力的就业问题，有利于缓解贫困人口压力带来的各种社会矛盾，有利于促进贫困地区尽快脱贫致富，有利于提升国家整体经济实力。

二　陕西教育精准扶贫发展现状

近年来，陕西省教育精准扶贫工作结合实际，不断创新，各项扶贫政策有效落实。贫困家庭学生资助实现全覆盖，创新精准扶贫举措走在全国前列，贫困地区办学条件大幅改善，贫困地区教师队伍素质稳步提升，贫困地区人口就业率大幅提高，形成了独具陕西特色的教育精准扶贫模式，为完成陕西教育脱贫重要任务、阻断贫困代际传递提供了强有力的保障。

---

① 〔美〕英格尔斯：《人的现代化》，殷陆君译，四川人民出版社，1985。

（一）贫困家庭学生精准资助实现全覆盖

2006～2016 年，陕西贫困家庭学生资助实现了从学前教育到研究生培养的各教育阶段的全覆盖，总资助金额达到 493.71 亿元，其中财政投入 467.23 亿元，学校资助 22.95 亿元，社会资助 3.53 亿元。资助金额从 2006 年的 4.33 亿元增加至 2016 年的 80.99 亿元，增加了 17.7 倍。受助学生总计 7589.09 万人次，从 2006 年的 237.86 万人次增加至 2016 年的 897.97 万人次，增加了 2.78 倍。十年间，陕西不断健全完善教育资助和精准资助体系，建立市、县（区）、学校等各级各类学生资助工作机构，107 个县（区）全部成立了具有独立法人资格的学生资助中心，实现了县级学生资助组织机构的全覆盖。

（二）创新精准扶贫举措走在全国前列

陕西创新教育精准扶贫方式，多项扶贫举措走在全国前列，贫困地区学生实现学费、住宿费、生活费全部补助。2009 年，陕西率先在农村义务教育中小学校实施学生营养"蛋奶工程"，保证每天供应学生 1 袋牛奶和 1 个鸡蛋，同时鼓励各市区结合实际扩大实施范围。截至 2016 年，"营养改善计划"投入资金共计 56.64 亿元。2012～2016 年学生营养健康状况监测评估结果显示，全省农村学生的身高、体重明显增加，微量营养素缺乏明显改善，贫血率大大降低，贫困学生整体营养不良状况明显好转。

2011 年，为有效解决农村学前教育"入园难、入园贵"问题，陕西率先实行贫困家庭儿童补助生活费与学前一年教育免保教费政策。2016 年，25.38 万名贫困家庭幼儿获得补助生活费，54.6 万名贫困家庭幼儿免除保教费。2012 年，陕西率先开展高等学校困难学生"全程全部"资助工作。将所有建档立卡学生纳入家庭困难学生资助政策范围。同时，补助地方高校贫困家庭在校生每人每年 6000 元生活费，一次性补助贫困家庭高职在校生每人 3000 元。

（三）贫困地区办学条件大幅改善

2006～2016年，陕西贫困地区教育硬件条件得到极大改善。教育精准扶贫专项资金优先向贫困地区、革命老区倾斜，2016年，落实教育精准扶贫专项资金共计36.86亿元，惠及学生总数115.73万人。"全面改善贫困地区义务教育薄弱学校基本办学条件工程"取得了显著成效。全省共计70个县（区）通过国家义务教育基本均衡县评估认定，占到全省县（区）总数的65%，居西部第一位。全省贫困地区普通高中硬件设施改善工作取得重大进展，优质教育资源快速流向贫困偏远地区。截至2016年底，中省财政投入项目建设资金共计93.33亿元，其中，7483所学校新建、改扩建校舍724.65万平方米，改造学校运动场地共计588.44万平方米，购置教学仪器设备共计210.62万台（套、件）。全省建成省级标准化普通高中共计342所，占普通高中总数的70.1%。全省教育信息化"班班通"、"校校通"、教师网络学习开通率分别实现70%、93%和68%。

（四）贫困地区教师队伍素质稳步提升

陕西农村义务教育学校基础设施薄弱，特别是贫困地区条件差、待遇低，留不住好的教师，导致教师数量严重不足，老龄化、师资差造成教育质量低。全省通过改善贫困地区办学条件，加强贫困村学校布局调整，合理规划设置贫困村义务教育学校，逐步达到一村一校。通过设立名校分校、校际交流、校长教师加大培训力度等方式，提高教育质量。通过提高贫困地区教师待遇，吸引并鼓励教师到贫困地区从教。2011～2015年，陕西落实贫困地区的师资补充金额共计9.4亿元，累计为贫困地区义务教育阶段学校补充合格师资10116名，其中本科学历占85%以上。2016年，通过"特岗计划"、"西部计划"以及学前教育免费师范生等方式，为贫困地区中小学校补充教师5700人，交换轮岗教师19248人。其中，43个国家集中连片特困县的47215名教师获得生活补助金，每人每月补助标准为215.3元。此外，陕西各高等院校、科研机构、社会培训机构采用定向扶持、结对帮扶等多种方式，加大对贫困地区教师的支持力度，提高贫困地区教师的整体教学水平，逐渐形成以县为主、辐射乡村的教师发展支持服务体系。

（五）建档立卡贫困生就业率大幅提高

家庭经济困难毕业生完成学业走向工作岗位是贫困地区脱贫致富的关键环节。因此，做好贫困地区毕业生特别是建档立卡学生的就业创业工作成为教育精准扶贫的重要目标。陕西各高等院校充分发挥各自比较优势，利用社会资源，为家庭经济困难毕业生提供绿色就业机会与通道，帮助建档立卡学生尽快就业。陕西科技大学通过举办大型校友专场招聘会，帮助 31 名建档立卡毕业生成功签约用人单位。西安科技大学组织建档立卡毕业生注册"高校毕业生精准就业服务平台"，实现了贫困生与用人企业的精准对接。西北大学依托已有的就业合作实习基地，优先推荐在校建档立卡毕业生实习实训，助力学生顺利就业。截至 2017 年 7 月底，共计 17409 名建档立卡家庭经济困难毕业生实现顺利就业，就业率达到 98% 以上，为助力全省打赢脱贫攻坚战交上了一份令人满意的答卷。

三　陕西教育精准扶贫模式的构建

在扎实的教育精准扶贫过程中，陕西逐渐形成了适宜本地、独具特色的教育精准扶贫模式，以"顶层设计、人才培养、服务精神、协同创新"为核心内容的四位一体联动机制在教育精准扶贫攻坚中实现了四两拨千斤的效果，四位之间是一种互动互进的辩证关系，其中，顶层设计是先导，人才培养是根本，服务精神是灵魂，协同创新是载体。

（一）认真落实中央顶层设计，形成地方教育精准扶贫制度框架

党和国家始终把教育精准扶贫摆在扶贫开发的重要位置，在《关于创新机制扎实推进农村扶贫开发工作的意见》中将教育精准扶贫工作作为当前和今后一个时期扶贫开发的重点工作之一。依据《中国农村扶贫开发纲

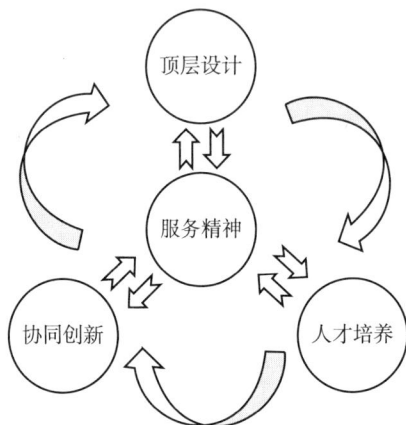

图1 陕西四位一体联动机制教育精准扶贫模式

要（2011~2020年)》《国家中长期教育改革和发展规划纲要（2010~2020
年)》，教育部等七部门联合提出《关于实施教育精准扶贫工程的意见》，明
确了教育精准扶贫的指导思想、总体目标及原则、主要任务及保障措施，是
国家对教育精准扶贫工作的顶层设计和宏观部署。为改善贫困地区义务教育
薄弱、学生普遍营养不良的状况，中央专门出台《国家贫困地区儿童发展
规划（2014~2020年)》，通过对集中连片特困地区的农村儿童从出生到义
务教育阶段结束的健康和教育实行"全程全部"的保障和干预，促进贫困
地区的儿童身心健康成长。

陕西遵循中央教育精准扶贫顶层设计，结合本省教育精准扶贫的现状和
特点，形成了与国家脱贫攻坚战略部署相衔接、与地方脱贫攻坚落实举措相
协调的教育精准扶贫制度框架。2017年，在陕西省委省政府的共同领导下，
陕西省教育厅、省委高教工委及省扶贫办共同制定了《陕西省教育脱贫办
公室2017年工作要点》，这是继2016年发布《陕西省教育精准扶贫实施方
案》之后，全省教育精准扶贫工作新的规划与设计。作为陕西教育精准扶
贫的顶层设计路线图，政府将教育精准扶贫工作作为"十三五"时期的首
要政治任务和重大民生工程，进一步落实教育领域精准扶贫政策，进一步创
新教育精准扶贫的机制与方法，进一步完善贫困地区教育软硬件考核指标。

（二）多渠道践行人才培养目标，推动城乡教育一体化发展

贫困地区的人才培养是切断贫困恶性循环、阻断贫困代际传递的关键问题。针对贫困家庭子女上学难、上学贵等问题，陕西实施从学前教育、中小学到高等教育贫困学生的"全程全部全额"资助政策，精准确定和发放专项教育资助资金，从资金链环节保障贫困学生接受良好公平教育。同时，进一步优化高等院校扶贫招生计划专业结构，扩大集中连片特困地区生源比例，优先录取建档立卡学生，保证每年中省专项计划录取人数不低于3000人。

另外，针对贫困地区农民脱贫问题，陕西省政府和学校以"不求人人升学，但求个个成才"为指导思想，以"升学有基础，务农有技术、进城有本领"为培养目标，形成了"高校＋农校""农校＋基地""基地＋农民""农民＋实体""实体＋互联网"的五连结构，创新后的课程设计和办学模式有效地将教育精准扶贫、科技扶贫及产业扶贫有机结合，共同促进了贫困地区的教育发展和经济发展。

同时，陕西充分发挥职业教育在脱贫攻坚中的重要作用，加快完善县、乡、村三级职业教育和技术技能培训体系的全覆盖，目前，共建成30个省级现代化农业职教发展工程示范县（区）、51个重点县（区）级职教中心、107个县（区）级职教中心。2016年，职教技术技能培训达到20万人次，农村实用技术和劳动力转移培训8万人次。积极引导高等院校与贫困地区的职教中心建立联合培养平台，指导高等院校、职教中心开设扶贫特色产业培训班，免费招收未上大学的贫困生学习培训，帮助贫困家庭的后代获得专业技能，帮助他们进城后顺利实现新市民的身份转变，帮助贫困家庭尽早实现脱贫致富的愿望。

（三）坚持高校服务社会精神，打造良性的长效教育扶贫机制

高等教育具有三大职能：教学职能、科研职能以及社会服务职能。其中，服务职能是高等院校的社会责任，正如哈佛大学原校长德里克·博克所

说，"如果大学想充分认识自己在当今社会中的真正作用和目的，那它就必须审视自己的社会责任"①。作为教育精准扶贫的重要力量，高等院校的扶贫工作应该与自身发展相结合，抑制教育精准扶贫中的功利倾向，旨在形成一种良性的长效扶贫机制。

陕西拥有丰富的高等教育资源，在教育精准扶贫方面具有较大的比较优势，各学校通过传播知识和培养人才两条途径，打破传统封闭状态，努力发挥大学为社会服务的职能，积极促进陕西扶贫攻坚事业向前推进。具体来讲，不同层次和类型的高校应该秉承"顶天立地"的服务精神，根据自身所处的地理位置和实际能力，结合已有的各种资源优势，利用互联网和大数据等先进技术手段，采用产学研综合模式，为教育精准扶贫提供全方位的社会服务。

利用大数据技术，加快建立全省所有来自建档立卡家庭、非建档立卡的农村贫困残疾人家庭、农村低保家庭等的学生的信息库。"让数据多跑路，让学生少跑腿"的做法极大地提升了全省脱贫攻坚的效率，展现了教育机构的创新精神与服务精神。地方性师范院校的大部分生源来自陕西的贫困偏远地区，在教育精准扶贫中更应该体现"顶天立地"的服务精神。"顶天"指的是深入研究教育精准扶贫领域的相关理论与技术问题，做到与时俱进，不断创新。"立地"指的是深入参与教育精准扶贫的实践，支持并指导贫困地区的教学改革、师资培养及培训工作，充分发挥广大师生的积极性，将教育精准扶贫的理论研究与实践活动有效结合起来。

（四）加快教育协同创新，推动农村教育现代化发展

利用互联网技术实施教育精准扶贫计划，将信息技术与教学资源整合为一体的协同创新扶贫模式是当前和未来扶贫攻坚的趋势。通过构建教育精准扶贫网络信息服务体系，开展微课、慕课等在线教学，把优质

---

① 〔美〕德里克·博克：《走出象牙塔——现代大学的社会责任》，徐小洲、陈军译，浙江教育出版社，2001。

的教学资源输送到贫困偏远地区，促进农村教育均衡化发展。同时，突破高等院校与其他创新机构之间的壁垒，充分释放人才、资本、信息及技术等创新生产要素的活力，大力推进各个层次学校、科研院所、地方政府、行业企业以及国外学校的深度合作，营造协同创新的教育环境，探索出适应于不同教育精准扶贫需求的协同创新模式。渭南师范学院秦东教师教育协同创新中心就是教育精准扶贫协同创新中心的一种形式。该中心构建了与渭南地方教育行政部门、教研机构、中小学协同培养机制。共建数量充足、条件良好的稳定的校外教育教学研究和实践基地，与基地单位专家协同制定培养目标及标准，设计课程体系，建设课程资源，组建教学团队，建设实践基地，开展教学与研究，评价培养质量。聘请基地学校教师兼职任教，交流教育教学经验，开展合作研究，指导师范生的教学实践和教育研究活动，在教育精准扶贫方面取得了显著成效。

四 陕西教育精准扶贫模式的实施

（一）完善教育精准扶贫工作的梯队建设

1. 建立教育精准扶贫工作领导小组

十九大报告指出，让贫困人口和贫困地区同全国一道进入全面小康社会是我们党的庄严承诺。要动员全党全国全社会力量，坚持精准扶贫、精准脱贫，坚持中央统筹、省负总责、市县抓落实的工作机制，强化党政一把手负总责的责任制，坚持大扶贫格局。因此，各级教育部门和扶贫部门要做好顶层设计，建立"省级加强统筹，市级协调推进，县区为主实施"的教育精准扶贫工作落实机制。加强队伍建设，强化协调沟通，根据各级各类教育特点，制定切实可行的实施方案和工作计划，及时研究、解决工作中存在的突出问题，全面实现教育精准支持全省脱贫攻坚目标。

2.建立基层干部驻村帮扶工作小组

驻村干部不仅是帮助贫困地区落实精准教育精准扶贫政策的重要力量，而且对贫困地区教育均衡化发展有促进作用。习近平指出："要做到每个贫困村都有驻村工作队、每个贫困户都有帮扶责任人。"因此，建立健全基层干部驻村帮扶机制是扶贫政策有效落实的重要保障。驻村干部要提高个人的思想觉悟，学习掌握精准教育精准扶贫的最新方法，始终把扶贫攻坚特别是教育精准扶贫工作摆在首要位置，充分发挥干部带头作用，将顶层设计的思路准确地落实到基层的实践当中。

（二）完善扶贫助学促教育公平机制

十九大报告要求全面贯彻党的教育方针，落实立德树人根本任务，推进教育公平，推动城乡义务教育一体化发展，高度重视农村义务教育，办好学前教育、特殊教育和网络教育，普及高中阶段教育，努力让每个孩子都能享有公平而有质量的教育。根据教育精准扶贫的内涵，相关部门要为贫困家庭的学生提供享受各种教育资源的公平机会。第一，政府从顶层设计入手，制定相应的教育目标确保在不同经济发展水平地区教育的公平与公正，特别是对一些公共领域的内容，要促进其公益性，让家庭经济困难学生能够在平等的环境下接受教育。第二，相关部门制定具体的公平教育实施路线，确保家庭经济困难学生能够享受到公平政策带来的教育变革。只有这样，公平教育目标才能向基层方向延伸，公平教育政策才能发挥最大的作用。第三，深化贫困生公平教育机制能够优化贫困偏远地区的教育支撑，让教育机会更加平等，让深处贫困地区的学生都拥有公平的教育环境，让公平公正的价值取向更加合理。

（三）优化贫困地区的教学资源配置

为实现教育资源的动态均衡，陕西建立了省级统筹农村教师资源优化机制。该机制启动农村教育硕士师资培养计划，将贫困地区县级以下教师全部纳入特岗教师计划，新招教师具备本科学历的占到80%以上，确保一定比例信息技术专业教师、体音美专业教师的招聘。为推动城镇优秀教师向农村学校适当流动，该机制要求全面落实农村教师和校长交流轮岗工作，鼓励城镇已退休特级、高级教师到贫困地区开展支教帮扶活动。鼓励免费师范生和教育硕士赴贫困偏远地区中小学任教，并在技术职务晋升、骨干选拔、外出进修培训等活动中给予一定倾斜。该机制要求加强贫困偏远地区教师的进修培训，截至 2020 年，保证贫困偏远地区所有教师进行不少于 360 学时的培训。鼓励继续开展"名师大篷车"送教下乡活动，充分发挥城镇中小学名师和专家的示范引领作用，创新教师培训形式，推进校本研修，促进贫困地区的中小学教师专业成长。

（四）完善教育精准扶贫信息网络服务平台

开展教育精准扶贫离不开信息化时代的技术支持。在教育精准扶贫网络信息平台的建设过程中，要重视基层的实用性和服务性，提高网点终端的使用效率和频率；在平台开发过程中，以教育实际需求为出发点，兼顾系统的全面性、易用性和灵活性；注重突出教育精准扶贫信息平台的特征，完善功能设置，主要包括信息集成、信息发布、信息推送、信息检索、信息更新和相关扩展服务等。目前，陕西正在积极建设教育精准扶贫网络信息平台，通过在线收集教育贫困地区信息和贫困人口的信息，能够实现教育精准扶贫相关政策的准确推送、精准教育资助的信息检索、个性化教育精准扶贫定制的服务配置、贫困地区教育服务的最优化。利用教育精准扶贫信息网络平台，可以确保陕西各项扶贫政策的广泛有效落实，也可以对特殊贫困家庭提供有针对性的解决方案。

参考文献

陕西省教育精准扶贫：《扶贫先扶智　扶智先强教》，《陕西日报》2017 年 6 月 23 日。
《陕西省确保建档立卡贫困生 100% 就业》，《陕西日报》2017 年 9 月 18 日。

林闻凯：《论师范院校的教育扶贫》，《高教探索》2014 年第 5 期。

袁利平、万江文：《我国教育扶贫研究热点的主题构成与前沿趋势》，《国家教育行政学院学报》2017 年第 5 期。

习近平：《决胜全面建成小康社会夺取新时代中国特色社会主义伟大胜利》，人民出版社，2017。

区 域 篇

Regional Reports

B.9

扶贫扶志创新基层社会治理的"安康实践"*

陕西省社会科学院课题组**

摘　要： 安康是陕西脱贫攻坚工作的重要战场，近年来，按照中央的
统一部署和陕西省委的安排，找准扶贫工作的着力点和关键
点，将扶贫与"志智双扶"融通贯穿起来，纳入基层社会治
理体系现代化的建设中，围绕激发贫困群众内生动力、切实
解决贫困群众"等、靠、要"等突出问题，通过社区动员、
道德评议、社会帮扶等方式，充分挖掘蕴藏在民间丰富而有
效的社会治理资源，积极探索基层社会治理推动脱贫攻坚的
有效途径，增强贫困群众摆脱贫困的斗志和勇气，以及勤劳

---

*　本文为陕西省社会科学院 2017 年重大课题"新民风建设与乡村社会治理研究"（立项号：
17SXZD10）的成果。

**　课题组成员：牛昉、江波、聂翔、李巾、张影舒，陕西省社会科学院社会学研究所。

致富的能力和活力，不断开创当地脱贫攻坚工作的新局面。

关键词： 扶贫扶志 新民风建设 安康

党的十八大以来，以习近平同志为核心的党中央把脱贫攻坚作为关乎党和国家政治方向、根本制度和发展道路的大事，扶贫开发成为实现全面小康社会的底线目标。安康作为陕西扶贫工作的重要战场，几年来，按照中央的统一部署和陕西省委的安排，全市上下戮力同心、主动作为，找准扶贫工作的根本点、着力点、关键点和保障点，脱贫攻坚也已经取得巨大成就。到2016年底，在政府和社会各方力量的共同努力下，安康实现了212个贫困村、13.67万贫困群众摆脱贫困，但同时也面临着挑战和问题。从客观上讲，脱贫攻坚"攻之愈深、其事愈艰"，越到后头难度越大，没有非常之策，很难啃下这些"硬骨头"。

一 安康贫困状况的基本分析

安康位于陕西东南部，地处秦巴山区腹地［全市辖9县1区和1个国家级高新区，140个镇（办），1853个村（社区），总面积2.35万平方公里，户籍总人口305万人］，是川陕革命老区、秦巴生物多样性生态功能区和南水北调中线工程重要水源涵养区。全市9县1区均属秦巴山区集中连片特困地区，全市有9个国家扶贫工作重点县区、1个省级扶贫重点县。目前，全市确认建档立卡贫困户18.04万户51.35万人，贫困发生率为20.00%，占全省贫困总人口的22.45%，贫困人口数量居全省第一，贫困发生率居全省第二，其中，汉滨、紫阳、岚皋、白河4个县区及168个村被确定为国家深度贫困县区和深度贫困村，深度贫困县人口占全省11个深度贫困县贫困人口总数的47.55%，从贫困人口数量、贫困程度和脱贫减贫任务上看，这些县区和村都是名副其实的深度贫困地区，面临着贫困面积大、贫困人口多、贫困程度深、返贫风险高四大难解之题。

安康的脱贫攻坚工作已进入深水区,扶贫难度进一步加大。突出表现为如下方面:一是贫困户致富能力较弱。这些扶贫对象大多居住在边远山区,经济条件普遍较差,自身造血能力弱,内生发展动力不足,同时,受务工潮的影响,"三留守"(儿童、妇女、老人)现象严重,缺劳力、缺技能、缺渠道成为贫困户发展的重要瓶颈。二是"等、要、靠"思想严重。现有贫困人口中,有些贫困户存在"小富即安、小富即满"的思想,安于现状,缺少实干劲头,自身发展动力不足;有的贫困户"等着扶、躺着要",什么都不想干,一心躺在国家扶贫政策的怀抱里,靠穷吃穷,不愿脱贫;有的贫困户"不畏穷",即使家里再穷打牌赌博照常不误,而对家庭生计、子女入学不管不问;有的贫困户是"争当穷",明知不符合扶贫政策争当贫困户,甚至通过"缠、访、闹"施压扶贫干部,给当地扶贫工作带来恶劣影响,甚至助长了"按闹分配"的社会风气。这种情况下往往出现"干部干、群众看""干部着急、群众不急"等现象,有的是"无奈穷",社区婚丧嫁娶奢侈攀比、大操大办等风气严重,有些贫困户甚至借债贷款送礼随份子。这些依靠"扶贫救命稻草"的贫困群众,依靠自己稳定脱贫的内生动力严重不足,已经成为打赢脱贫攻坚战、预期完成脱贫任务的最大"绊脚石"。三是缺乏自立自强的内在动力。贫困产生的客观原因是区域发展滞后、自然条件恶劣等,但根本在于个体自身的客观条件制约如老弱病残,精神力量的匮乏如安于穷、不怕穷、自暴自弃、怕苦怕累等,社会环境的影响如陋习旧俗、缠闹巧取、丢失勤劳善良的美德。表象上看是物质贫困,实质上则是精神贫困,也反映出扶贫工作不单纯是解决贫困户吃住行的问题,而主要应以扶贫扶志为出发点,变"输血"为"造血",变"授人以鱼"为"授人以渔"的全方位、多角度扶贫攻坚,实现扶贫脱贫工作标本兼治、同步发力。

二 安康推进扶贫扶志的创新实践

习近平总书记在十九大报告中做出"让贫困人口和贫困地区同全国一

道进入全面小康社会是我们党的庄严承诺"，强调坚持大扶贫格局，注重扶贫同扶志、扶智相结合，实现脱真贫、真脱贫。近年来，安康在精准扶贫的实践中，围绕激发贫困群众内生动力、解决贫困群众"等、靠、要"等突出问题，按照"志智"双扶的思路，通过社区动员、道德评议、社会帮扶等方式，充分挖掘蕴藏在民间丰富而有效的社会治理资源，探索基层社会治理推动脱贫攻坚的有效途径，不断增强贫困群众摆脱贫困的信心，切实增强贫困群众主动发展的能力。

1. 以新民风建设为抓手，整合多元社会治理资源，促进贫困户思想认识转变

把新民风建设与脱贫攻坚紧密结合，坚持脱贫攻坚与新民风建设"六大活动"融合推进，有力化解脱贫攻坚中产生的问题和矛盾，也为创新基层社会治理提供了新的视角和路径。一是开展道德评议活动，化解争当贫困户的问题。各村（社区）成立了由乡贤能人、退休干部、党员干部代表等群众推选产生的道德评议委员会，定期围绕善行义举及坐等靠要的人和事进行评议，结果通过村红黑榜进行公示，起到了激励和鞭策作用。在具体实施中，是以村（社区）为单位，在村（社区）党支部的领导下，组织道德评议委员会定期规范开展评议活动。道德评议的逻辑框架如下。第一步，群众说事，确定主题。由群众推选出艰苦奋斗、孝老爱亲等感人事例，摆出"等、靠、要""争访闹"等不良现象，由道德评议委员会拟定评议主题和对象，经村（社区）党支部审定同意后召开道德评议会。第二步，乡贤论理，明辨是非。由道德评议委员会召开评议会，广泛组织群众积极参与，正反典型到场，在听取评议对象的自我陈述和思想认识后，采取大家评述、论理、说教等办法集中评议，通过论理释法、说教劝导等方式，引导广大群众在"我看、我听、我评、我议"的过程中判断行为得失、确定价值取向，进而规范自身行为、做到见贤思齐，并对问题处理意见进行民主表决，确定先进榜样和后进典型。第三步，榜上亮德，树立典型。在村（社区）内设立"善行义举榜""道德评议红黑榜"和"曝光台"，激发群众上进心，对先进榜样宣传褒奖，对后进典型在不违反法律法规的前提下予以曝光，接受广大群众监督。注重评议结果的运用，纳入十星级文明户、文明家庭、道德

模范、身边好人、好婆婆、好媳妇等评选表彰活动推荐范围。第四步,劝教帮扶,整改转化。我们对评议出来的后进典型实行动态管理,采取"一人一案、一事一策"办法,落实专人包帮转化,帮助其转变思想,自我转化,切实提升道德评议的效果。旬阳县金寨镇寨河社区吉某由于家境贫困、妻子离家出走,丧失生活信心,经常酒后打骂母亲,好逸恶劳,滋扰乡邻,在道德评议中,吉某被评为脱贫攻坚"等、靠、要"反面典型。在道德教育的感召下,吉某痛改前非,改过自新,2017年种植烤烟15亩,养牛4头、猪3头,新建房屋3间,成为脱贫致富先进典型。目前,全市共组建道德评议委员会1150个,开展道德评议4260场次,树立正面典型6290例,培育后进2528例,帮教转化2100例,734户群众主动退出贫困户。

二是通过移风易俗化解群众人情负担重的问题。通过群众宣讲团、支部党员会、群众大会等形式,广泛宣传新民风建设"诚、孝、俭、勤、和",将新民风建设的核心内涵和脱贫攻坚传导给群众。以树立健康的家庭价值观为突破,传承发扬优秀传统文化,挖掘整理"汉阴沈氏家训""白河黄氏家规""岚皋杜氏家规"等12家优秀家规家训,编印了《安康优秀传统家训注译》和《安康最美家庭故事选编》两本书,并大力开展家规家训进读本、进课堂、进村组、进社区、进家族、进家庭和上报刊、上电视、上广播、上网站、上墙面、上舞台等"六进六上"活动,支持群众开展讲述家风故事、交流家教经验、续写家谱族谱等活动,着力营造家家户户建设好家庭、弘扬好家风的浓厚氛围。目前,全市累计发放宣教资料20余万份,推送短信10万余条,开展各类宣传活动6000余场次,让脱贫攻坚扶贫扶志宣传内容成为抬头可见、放眼即观的一道风景,形成全社会聚焦和关注的环境氛围,让群众身临其境。广大党员干部和"两代表一委员"带头签订"节俭操办红白喜事承诺书""不参与歪风邪气承诺书",以良好的形象影响和带动了群众。在广大群众中提倡除婚丧嫁娶举办宴请活动以外,不以升学、乔迁、寿辰等为由巧立名目,摆办酒席和收受礼金;全面推行婚事新办,丧事简办,规范人情随礼,切实减轻了群众的人情负担。

三是多彩文化活动解决农村精神文化生活匮乏的问题。按照有场所、有人员、有制度、有设备、有经费"五有"标准，建起了文化活动广场和农家书屋，组建群众性文艺队伍并坚持常态化开展各类文化活动，丰富了群众的文化生活。同时，通过优良家风正德树人、淳化民风，开展了"寻找最美家庭""新民风星级家庭"等活动，助推了农村风气的转变。

四是开展文明创建活动，矫正价值观偏差的问题。持续开展文明创建及好人评选"六个一批"活动，把新民风建设"诚孝俭勤和"内涵要求融入文明村镇建设中，融入扶志脱贫攻坚中，以农村民风建设"十个一"（建好一个农家书屋，建好一个村广播室，建设一个村文化活动室和文化活动广场，建设乡风文明一条街，设置一个善行义举榜，建设一支乡贤文化骨干队伍，设立一个道德讲堂，制定一整套乡规民约，每年评选表彰一次"十星级文明户"，每年评选表彰一批好婆婆、好媳妇、好家庭）为重点，积极开展文明村镇创建工作。用活用好群众身边的榜样力量，倡导勤劳致富新风美德，广泛深入地开展道德模范、身边好人、最美人物等系列评选表彰活动，推出一批事迹突出、群众公认、典型性强的文明家庭、"好婆婆"、"好媳妇"、"好妯娌"、"好邻居"，把普通百姓、平民英雄身上蕴涵的优秀传统美德和崇高精神挖掘出来、宣传出去，用他们的嘉言善行感召群众、垂范乡里、淳化民风，示范带动更多的家庭勤俭持家、致富思进、向上向善。近年来，全市涌现出各级各类"最美家庭"8000余户，上榜"中国好人"36人、"陕西好人"59人，表彰"好婆婆""好媳妇""好妯娌"2000余名。全市已树立勤劳致富典型620个，评选脱贫攻坚先进个人300多人，有效地发挥了榜样标杆和正向激励作用。

五是普法用法解决群众法治意识淡薄问题。在推进新民风建设过程中，着力增强全民法治意识、厚植法治精神。一方面，结合贯彻落实"七五"普法规划，扎实开展法律"六进"活动，持续深化"民主法治示范村（社区）""依法行政示范单位""依法治校示范学校""文明执法示范窗口"等法治创建活动。另一方面，大力开展"促守法、调纠纷、打邪恶"专项行动，持续整治社会治安突出问题，严厉打击"村霸"和宗族恶势力等违法犯罪行为。依法规范信访工作秩序，既保护群众正当利益，又有效遏制无理缠访缠闹，维护正常生产、生活秩序。目前，全市重拳打击涉嫌"五霸"案例49起，抓获嫌疑人96名，挖掉一批影响民风和脱贫攻坚的"毒瘤"。

六是开展诚信建设，化解失信问题。诚信是公民道德水准和社会文明程度的重要标尺。围绕新民风建设，以政务诚信、商务诚信、社会诚信、司法公信为重点，以完善"诚信红黑榜"发布制度、落实信用联合激励惩戒制度和开展重点领域严重失信行为专项整治为手段，着力解决诚信方面的突出问题，增强广大群众的诚信意识。加快推进信用平台建设，建立联合征信中心和公共信用信息平台及"信用安康"网站，设立曝光台，市级部门和各县区全面联网，实现信用信息互联互通共享共用，目前全市已经上传信用信息36万余条，跃居全省第一。在陕西省公共信用信息平台的公示窗口公示企业法人行政许可信息21845条、行政处罚信息904条。加快推进社会诚信建设，针对贫困群众等重点群体，集中开展"诚信为本"教育，大力倡导以诚相待、以信为本、以义取利，推动形成和谐友爱的人际关系。落实信用联合激励惩戒制度，建立嘉许制度，对诚信企业和模范个人进行表彰和宣传，开展行政许可和行政处罚信息双公示、律师行业诚信等级评定、纳税人信用级别动态评价和诚信文明市场建设、星级经营场所创建等活动，在全省率先对"老赖"实施通信限制，推动形成诚信光荣、失信可耻的价值认同，为脱贫攻坚营造讲诚守信的社会环境。

2.以户型定产业，汇聚社会各方力量，提振贫困户发展信心

扶贫对象总体上都是贫困人员，但具体到每家每户的情况和诉求又千差万别，因而，针对不同的致贫原因和面临的实际困难，来确定因地制宜、因人而异的扶贫方式和脱贫路径，就成为精准脱贫致富的关键所在。这其中核心的任务就是让贫困户掌握一技之长，激发贫困户内生动力，把扶志与扶贫相互统一、"输血"与"造血"有机结合，形成一村一策、一户一法，切实做到精准有效，确保收入的稳步增长。

一是产业扶贫。按照"因人制宜、因户制宜"的基本原则，结合当地实际，尤其是贫困家庭人口、致贫原因以及现有资源、技能、产业发展意愿等因素，立足贫困户实际，对有意愿、有能力、有想法的贫困户，坚持以农

户为主导，完全尊重他们的主体地位，支持并主动做好协调服务，特别是和龙头企业、农民专业合作社、家庭农场的对接与合作，确保贫困户农产品销路有保障、价钱有保障、收入有保障，通过解决产业发展的后顾之忧，进而坚定贫困户发展产业的信心。同时，大力发展特色产业，培育主导产业，做强优势产业，逐步形成"一村一品"的格局。例如，平利县以茶叶产业为主攻方向，大力实施"一村一业一企"的产业模式，做大基地，做强龙头，做优品牌，使产业扶贫的总体思路更加清晰，目标更加明确，措施更加有力。乡村旅游已经成为安康各地扶贫攻坚的重要抓手，也是农民增收致富的新途径，让更多的贫困人口参与旅游业发展，全力打造"农家乐"品牌，推出以农业观光、乡村休闲、农家享乐、年俗体验为主的乡村旅游产品，引导农民规范经营、守法经营，让更多群众分享旅游带来的效益。

二是就业扶贫。培育壮大"社区工厂"、就业扶贫基地等平台载体，促进贫困劳动力转移就业。2017 年以来，安康市政府印发了《关于培育和发展社区工厂的实施意见》，制定出台了《关于大力培育和发展"社区工厂"就业扶贫项目的通知》《安康市加强劳务协作转移就业脱贫攻坚工作实施方案》。全市建成以平利县嘉鸿手套制品有限公司等为代表的"社区工厂"101 家，并有白河县双丰镇鸿远电子厂等 20 家市级就业扶贫基地和 30 家市级农村劳动力就地就近转移就业示范镇（办）。不断拓展外向型就业通道，先后与常州、南通、宿迁等市达成贫困劳动力转移输出合作意向，组织召开"春风行动"专场招聘会 65 场，其中贫困劳动力专场招聘会 11 场，实现县内就地就近转移人数 30933 人，其中建档立卡贫困劳动力 5821 人；实现县外省内转移就业人数 34723 人，其中建档立卡贫困劳动力 6127 人。通过强化技能培训、提供就业信息咨询等多渠道的帮扶，帮助贫困户找到合适的就业路、创业路，切实解决贫困户的就业问题。通过组织开展"百支农业科技队伍进百园、百名农技干部结对帮扶"等系列活动，以及全市"千村千员"产业大培训工程，极大地提升了产业扶贫技术指导能力和服务水平，为产业扶贫精准脱贫提供人才支撑。2017 年以来，为全市贫困村，组织开展农技员培训 3 期，培训人数 340 人；开展贫困户产业脱贫技术培训 188

期，培训贫困户 1.2 万余人；市县两级围绕生猪、魔芋等五大产业及特色产业共举办职业农民培训、实训 42 个班次，培训 735 人，增强了贫困村（户）产业发展内生动力。

三是基础设施攻坚战。基础设施建设事关贫困地区振兴发展的大局，按照习近平总书记提出的"加快推进城乡发展一体化"的要求，不断加大财政投入改变贫困山区基础设施薄弱落后的状况，着重抓好制约经济社会发展的基础设施项目建设。加快实施水、电、路、绿化、网络、文化、教育、医疗、防疫以及改水、改路、改厕、改圈、改居、改厨"进村入户"工程，着力改善贫困村生活环境和生产条件。尤其是对地处深山区、库区、地质灾害频发区、生态保护区等的生存环境恶劣的贫困群众，大力推进移民搬迁进城入园集中安置。

四是打好民生保障攻坚战。把保障和改善民生作为扶贫攻坚的落脚点，始终坚持把有限的资金用于民生改善，进一步完善社会救助措施，特别是对一些因病、因灾、因残等致贫的困难家庭实施临时救助，加大物资、资金等扶助力度，帮助他们渡过难关；加大托底保障力度，对符合低保、五保的贫困人口做到应保尽保、应救尽救。

五是用活用好各项政策扶贫。通过创新实施"支部＋X＋贫困户"模式，不断推进移民搬迁、旧房改造、产业奖补和金融扶贫工作，引导支持贫困户依托现有资源发展产业，就地创业，就近就业，实现增收脱贫。

3. 以脱贫宣讲为助力，形成多渠道互联互动，树立贫困户进取意识

按照围绕贫困群众实际需求这一核心、打造政策宣讲两大阵地、构筑教育培训三大平台、抓好宣讲主力四支队伍、创新主题实践五大活动的总体宣讲思路，利用多种形式，从不同角度大范围、全覆盖地宣讲党和国家的富民政策，传播精神扶贫的文化种子，推广带头致富的鲜活经验，用生动的事例激发广大贫困群众的创业致富的热情。

一是以脱贫攻坚为重点，把与基层群众密切相关的脱贫攻坚基本政策、就业创业、征地拆迁、医疗扶贫、教育扶贫、城乡统筹等热点内容作为脱贫攻坚基层宣讲的重点，增强宣讲的知识性、生动性和趣味性，激发群众的参

与热情。同时，建立"脱贫攻坚专题学习交流论坛"，引导"乡镇讲堂"和部门论坛开展脱贫攻坚主题宣讲交流活动，满足不同群体的学习需求。

二是构筑三位一体的宣教平台，融合新民风宣讲、先进典型评选、业务知识培训形成协调配套、形式多样、实用有效的宣讲体系，营造全域范围内大宣讲、大学习的环境氛围。

三是采取"专家学者讲理论，领导干部讲政策，致富能人讲故事，百姓群众讲体会"的方式，通过群众喜闻乐见的形式，把习近平总书记关于脱贫攻坚的重要论述，省、市、县各级党委政府脱贫攻坚工作会议主要精神，以及脱贫攻坚惠农政策简明扼要、形象生动地表达出来，形成以讲带学、上下互动的宣讲格局。

四是在全县各村（社区）巡回开展以"创业就业促脱贫，文化服务进百村"为主题的"送政策、送技能、送岗位、送文化"的"四送"活动，宣讲创业就业扶持政策，力促农村贫困家庭及时了解和掌握。

三 "安康实践"的成效与特点

安康在脱贫攻坚实践中，深入挖掘传统本土治理资源，充分利用乡土特有的问题、矛盾处理化解机制，构建适合本土的公共事务有效治理体系，透过新民风建设等一系列行之有效的举措，创新和拓展基层治理的方式和手段，形成以党建为引领、地域传统文化特色鲜明的治理策略，使广大贫困群众的思想观念显著转变，精神面貌焕然一新，脱贫致富意愿明显增强，参与脱贫攻坚的积极性和主动性大幅提升。

1. 发展动力普遍增强

各级干部坚持在行动上感动群众、在工作上依靠群众、在感情上贴近群众，通过落实新民风建设各项举措、宣讲扶贫惠民政策、指导制订致富增收计划、协调产业发展资金项目、落实惠民扶持政策解决贫困户生活生产上的实际困难，以真情扶贫，以真情励志，让贫困群众看到了致富希望，激发了贫困群众的内生动力，让"我要脱贫"成为广大贫困户的思想自觉和行动自觉,形成了干群同心抓脱贫的浓厚氛围。如在"扶志"宣讲活动中,饶峰镇新华村残疾人、陕西省第四届道德模范陈永兵通过讲述自己身残志坚、带头发展产业的经历,感动了在场所有人;长阳村贫困户王正东在帮扶干部的引导下,改掉懒惰恶习,与本村能人一道发展蛋鸡养殖,迅速走上脱贫致富的道路。一个个鲜活的实例成为激励贫困户主动发展的榜样。

2. 社会风气融洽和谐

通过开展移风易俗活动,有效地遏制了大操大办、铺张浪费、盲目攀比之风,卸下了捆绑在群众身上的"人情债",勤俭节约、孝老爱亲、邻里和睦、同舟共济的传统美德得到进一步弘扬,家庭关系更加和谐,人际关系更加真诚,村风民风更加淳朴。挖掘整理的《孝子陈世华:我和痴呆舅舅们》《大山里一家人 18 年如一日赡养孤寡老人如待亲娘》等新闻,用群众身边的人和事教育群众,在群众中引起强烈反响。村干部带头落实移风易俗相关规定,如柏桥村委会主任吴明德带领父母外出旅游作为生日礼物;中坝村党支部书记将母亲带至妹妹处过九十大寿。据不完全统计,仅人情送礼一项,农村较往年同期,每户可节省 3000 元左右。村民刘友林以"勤俭持家、自强不息、乐于助人"的家规严格教育家人,母慈儿孝,深得邻里好评。

3. 干群关系更加密切

帮扶干部常年驻村开展工作,与贫困户进行面对面的交流谈心,发动群众参与新民风建设,并鼓励挖潜贫困户优势,量身定制"一户一法"帮扶措施,为其规划"人生蓝图",让贫困群众产生了强烈的社会归属感、幸福感,激发了贫困群众锐意进取的斗志,同时贫困群众也对帮扶干部、驻村工作队更加认可,贫困群众的满意度进一步提升。如疾控中心干部陈向鹏精心照顾包联户瘫痪在床的老母亲,医治好了她的褥疮,并与包联户一道干农活、搞生产,得到村民广泛好评;宣传部干部王媛对包联的单亲留守儿童爱护有加,视如己出,小姑娘亲切地称她"王妈妈"。

新民风建设是一项长期性、基础性、群众性的系统工程,在推进过程中要始终注重抓好"四个结合"。

一是把农村精神文明建设与脱贫攻坚扶贫扶志相结合。追求物质文明和精神文明是社会进步的内在驱动力。脱贫攻坚从直观上说，是贫困地区创造物质文明的实践活动。但是，真正的社会主义还必须有高度发展的精神文明，这才是真正意义上的脱贫致富。农民的好习惯、村里的好风气，就是农村精神文明建设的具体表现和要求，不仅在全社会树立了新风正气，也为脱贫攻坚工作赋予了更丰富的精神内涵。一直要把农村精神文明建设作为脱贫攻坚工作的重要抓手，把脱贫攻坚扶贫扶志工作要求融入文明村镇（社区）创建内容，融入文明单位、文明校园、文明村镇等精神文明创建活动中，在开展道德模范、身边好人、最美人物等系列评选表彰活动中也将扶贫扶志工作作为重要内容，着重树立群众身边的脱贫致富带头人和通过艰苦奋斗、自力更生脱贫致富典型，逐步提高群众综合素质和文明程度。通过精神文明建设的载体加强村民的思想建设，让贫困村群众摆脱落后的思想观念，解放群众思想，拓宽群众发展思路，全面清除"等、靠、要"的落后思想，增强贫困村群众脱贫致富、勤劳致富的思想意识。

二是把道德评议与扶贫攻坚扶贫扶志相结合。让道德评议会聚集脱贫攻坚扶贫扶志工作，注重发挥乡贤在新民风建设和脱贫攻坚扶贫扶志中的推动作用，坚持由明事理、有品德、有才学、威望高的乡贤能人和群众代表等组成道德评议委员会，以他们的经验、学识、专长、技艺和文化道德力量参与农村建设和治理。在健全"一约四会"的基础上，开展道德评议活动，重点评议"等靠要""争访闹"等不良现象，通过论理释法、说教劝导等方式，引导群众摆脱等靠思想和懒惰习性，做到"勤劳致富有人赞，自私缠闹有人管"，实现群众的自我管理、自我教育、自我服务、自我约束，让新民风建设增强脱贫志气。

三是党员干部带头与动员群众广泛参与相结合。注重发挥党员干部在新民风建设中的引领和垂范作用，通过端正党风改善民风。坚持在村（社区）党支部的领导下推进新民风建设，注重发挥村（社区）党支部书记第一责任人和党员的示范作用。创新党群联动机制，深入开展干部下基层、解民忧、帮发展、促和谐活动，做到政策宣传到户、技能培训到户、扶贫帮困到户、维稳包保到户、新风倡导到户。充分尊重人民群众主体地位,广泛发动群众、组织群众、依靠群众,创新教育群众方式,既讲大道理,也讲小道理。既算经济账,又算道义账,鼓励群众积极投身新民风建设。对于符合新民风建设的行为应予以政策性支持,逐步落实惠民政策,推动民风向善向上向好转变。

四是典型的示范引领与整体推进相结合。推进新民风建设,最有效的方法之一就是充分发挥典型的示范引领作用。坚持以点带面、梯次推进,安康确定旬阳县为全市新民风建设示范县,通过探索实践总结形成可复制、可推广的实践经验;各县区把1/3的镇作为新民风建设示范镇,各镇把1/3的村(社区)作为新民风建设示范村(社区),被列入"美丽乡村·文明家园"的村全部进入示范村行列;牵头负责新民风建设"六大活动"的市级部门,分别在县区培育创建1个示范点。通过市抓示范镇、县抓示范村,以示范创建带动全民参与、以典型引领推动新民风落地生根。同时,也鼓励未列入2017年示范镇村建设的其他镇村学优看齐、对标赶超,同步开展新民风建设工作。

四 扶贫扶志创新基层社会治理"安康实践"的启示

脱贫攻坚是一项面向领域宽、系统性强的战略任务。实现脱真贫、真脱贫,要从促进经济社会发展、创新基层社会治理的大局来统筹谋划,围绕扶贫而不局限于扶贫,立足扶贫更要放眼全局,始终把握发展中存在的不平衡不充分等突出问题,攻坚克难,从人民群众关心的事情做起,从让人民群众满意的事情做起,让更多改革发展成果惠及全体人民,实现全体人民共同富裕。

1. 党组织引领是创新基层社会治理的根本

坚持以"党建+"的系统思维推进新民风建设,切实发挥好各级党组织的主导作用,有效地凝聚人心,调动各方,共同发力,为加快新民风建设助推脱贫攻坚提供坚强的政治保障。

2. 广泛动员群众参与是基础

群众是新民风建设的主体，群众参与和支持是开展新民风建设和全面实现脱贫任务的力量源泉。必须坚持依靠群众，充分征求意见，尊重群众意愿，广泛宣传动员，才能使新民风建设"六大活动"落到实处，真正实现群众自我管理、自我教育、自我服务、自我约束。

3. 各方力量互联互动是关键

保持联动协作是调动全社会各方资源的有效手段，坚持县委宣传部牵头抓总、相关单位履职尽责、社会组织踊跃参与等多方力量有机结合的推进格局，着力帮助贫困群众在精神上站起来，奋发有为，摆脱贫困。

4. 夯实工作责任是核心

强化责任落实是促进新民风建设和脱贫攻坚的有力保障，建立健全工作督查机制、评估机制、定期通报和考核奖惩机制，不断提高新民风建设的工作质量和水平，确保新民风建设推向深入。

参考文献

毛万春：《用活安康好经验，激发群众精气神》，在"陕西省脱贫攻坚扶贫扶志现场推进会"上的讲话，2017年9月6日。

王丹：《脱贫致富贵在立志》，《光明日报》2017年4月9日。

胡光辉：《扶贫先扶志 扶贫必扶智——谈谈如何深入推进脱贫攻坚工作》，《人民日报》2017年1月23日。

王能锋：《旬阳县"三会两榜"破解扶贫扶志难》，陕西网，2017年9月6日。

B.10
汉中市特色旅游扶贫脱贫研究

赵 东*

摘　要：　汉中拥有丰富的特色旅游资源，成功打造了"中国最美油菜花海汉中旅游文化节"等节庆品牌，强化旅游产业扶贫基础，积极创建国家全域旅游示范市，着力发展特色乡村旅游，使旅游业与农业、农村、农民紧紧融合，促进群众脱贫致富。但是，汉中也存在把旅游和扶贫割裂、旅游扶贫系统性不足、相关统计工作不到位等现象。需要进一步树立"旅游即扶贫，扶贫即发展"的理念；需要增强涉旅企业、文化旅游名镇等的旅游扶贫意识与动能；加强行业指导，因地制宜，细化旅游扶贫规划。

关键词：　汉中　旅游产业　脱贫攻坚

越是贫困地区，往往特色旅游资源越丰富。这些特色资源是脱贫攻坚重要的基础条件，利用其发展旅游产业成为精准扶贫的重要抓手。汉中市1区10县，大多处于秦巴山片区，不少地方山大沟深，10个辖县均属于国家集中连片特殊困难县；除略阳县外，其余9县均属于革命老区县；除南郑、城固外，其余8县均属于国家扶贫开发工作重点县，脱贫攻坚任务十分艰巨。近年来，在中省精准扶贫精神和旅游扶贫政策指导下，汉中市充分利用地域特色资源开展旅游扶贫，取得了良好成效并持续推进。

---

* 赵东，博士，陕西省社会科学院副研究员，陕西文化产业发展研究中心主任。

一 汉中特色旅游资源概况

汉中为陕西省地级市，北界秦岭主脊，与宝鸡市、西安市为邻，南界大巴山主脊，与四川省广元市、巴中市、达州市毗连，东与本省安康地区相接，西与甘肃省陇南地区接壤。市域总面积27246平方千米，以山地为主，占总土地面积的75.2%（其中，低山占18.2%，高中山占57%），丘陵占14.6%，平坝占10.2%。汉中市总人口385.21万人，辖汉台区和南郑、城固、洋县、勉县、西乡、略阳、镇巴、宁强、留坝、佛坪10个县。2016年，全市生产总值1156.49亿元，位居陕西省第6；人均5058元，居第7位。

汉中因汉水而得名，自然生态良好，珍贵动植物大量保留，有"天汉"美称，自古就有人类在这里发展繁衍；地通南北，为兵家必争之地，栈道最具特色，系汉家发源地，汉文化丰富而独特，红色遗迹遍布各县区。在行政上，汉中隶属陕西，但处于秦岭以南的陕南西部，南方亚热带气候，民风民俗更接近四川。汉中是著名的"世界特色魅力城市""国家历史文化名城""中国优秀旅游城市""国家生态建设示范市""中国最佳历史文化魅力城市""中国休闲城市""影响世界的中国文化旅游名城""十大文化特色旅游名市"。

汉中拥有丰富的特色旅游资源。结合资源稀缺性与品牌影响力等因素，汉中文化旅游资源可以分为三个层级：国际级、国家级和区域级。国际级主要包括珍稀动植物资源、秦蜀古道、张骞世界文化遗产等；国家级主要包括古人类遗址、两汉三国文化资源、秦巴山地生态资源、古城古镇古村和红色文化资源等；区域级主要包括非物质文化遗产、民族宗教文化资源、水利风景、森林公园、乡村旅游资源等。近年来，汉中市积极创建全域旅游示范市，境内丰富的特色文化旅游资源不断得到认知、开发与利用。

表1　汉中代表性特色旅游资源一览

级别	类型	代表性资源	所属区县
国际级	珍稀动植物	秦岭四宝(大熊猫、金丝猴、羚羊、朱鹮)以及红豆杉、庙台槭等珍贵植物	佛坪、洋县、城固等
	秦蜀古道	陈仓道、褒斜道、傥骆道、子午道、荔枝道、米仓道、金牛道等七条古栈道	全市各区县
	张骞世界文化遗产	张骞墓等	城固
国家级	古人类遗址	龙岗寺遗址、李家村遗址、何家湾遗址等	南郑、西乡等
	两汉三国文化资源	古汉台、拜将坛、张良庙、蔡伦墓、武侯墓、武侯祠、马超墓、石门十三品、灵崖寺摩崖石刻等	汉台、留坝、洋县、勉县、略阳等
	秦巴山地生态资源	紫柏山、定军山、大汉山、午子山等	留坝、勉县、汉台、西乡等
	古城古镇古村	青木川、华阳、骆家坝、白雀寺古街等	宁强、洋县、西乡、略阳等
	红色文化资源	川陕革命根据地纪念馆、红二十五军司令部旧址、红二十九军军部旧址、红四方面军总后医院、陕南第一个党支部旧址、百年党史纪念馆等	南郑、洋县、西乡、镇巴、留坝等9县
区域级	非物质文化遗产	汉调桄桄、镇巴民歌、端公戏(傩戏)、蔡伦造纸传说、洋县黄酒酿造技艺等	各区县
	民族宗教文化资源	镇巴苗族、氐羌故里、张鲁五斗米道、青山观、龙岗寺、小南海、灵崖寺、天台寺、万寿寺、鹿龄寺、古路坝等	各区县
	水利风景	石门水利风景区、南湖、红寺湖、南沙湖、金沙湖等	汉台、南郑、城固、洋县等
	森林公园	黎坪、五龙洞、天台、汉水源等	南郑、略阳、汉台、宁强等
	乡村旅游	油菜花节、桔园风景区、花果山、梨园景区、秦巴民俗村等	各区县

二　汉中特色旅游扶贫脱贫的工作与成效

针对特色旅游资源丰厚、脱贫攻坚任务艰巨的状况,汉中市把大力发展旅游业作为重要的产业支撑带动贫困群众脱贫致富，力促旅游业与农村、农业以及农民深度融合，成效颇为显著。

（一）认真研究贯彻中省旅游扶贫政策精神和工作要求

按照中省要求，汉中市坚决把脱贫攻坚作为头等大事与第一政治要务，整个旅游系统也都紧锣密鼓投入脱贫工作中，市县（区）两级旅游部门在选派"第一书记"及驻村工作队包村扶贫的同时，主管领导和相关人员积极学习《中国农村扶贫开发纲要（2011～2020）》《国务院关于创新机制扎实推进农村扶贫开发工作的意见》《国家发展改革委员会等七部委关于实施乡村旅游富民工程推进旅游扶贫工作的通知》《陕西省人民政府办公厅关于加快旅游供给侧结构性改革推动旅游业转型升级的意见》《陕西省秦巴山片区、六盘山片区、吕梁山片区区域发展与扶贫攻坚实施规划（2016～2020年)》《陕西省"十三五"旅游扶贫行动计划》等中省旅游扶贫政策精神和工作要求，严格秉承"六个精准"宗旨，以全市110个建档立卡的"乡村旅游扶贫重点村"为主要对象，以"政府主导、部门联动、村民自愿、内生发展"为理念，以培育乡村旅游产业为主要形式，积极促进旅游精准扶贫与城乡统筹相结合，优化整合域内特色文化旅游资源和相关要素，努力通过各种方式推动旅游扶贫工作向纵深发展。

（二）聚力打造"中国最美油菜花海汉中旅游文化节"等节庆品牌，引擎汉中旅游蓬勃发展，强化旅游产业扶贫基础

汉中盆地是传统的油菜种植生产基地，年种植油菜100多万亩。2009年，汉中被旅游频道评为"中国最美油菜花海"。为了促进旅游业快速发展助力扶贫，自2010年起，汉中市开始轮流以6个平川县区之一为主会场、以其他区县为分会场举办"中国最美油菜花海旅游文化节"。该节会已成为汉中市一年一度的大型旅游节庆活动，成为展示汉中旅游形象和风采的重要平台，成功入围"中国十大花节花会"。通过在各县区设置主会场或分会场举办"中国最美油菜花海旅游文化节"，汉中市各县区旅游基础设施得到了

不断提升改善，汉中旅游品牌得到了不断锻造强化，汉中旅游业连年蓬勃发展，为旅游扶贫奠定了坚实的基础。除市上主办的"中国最美油菜花海旅游文化节"外，汉中市各县区还纷纷结合区域旅游资源特色，分别举办"诸葛亮文化节""茶文化节""柑桔节""梨花节""樱桃节""国际滑雪节""高山杜鹃节""红叶节""熊猫节"等一系列重大节庆活动，把本县区以及汉中旅游推向了一浪又一浪的高潮，促进旅游扶贫工作取得更为显著的成效。

（三）积极创建国家全域旅游示范市，深化旅游产业扶贫

汉中市是国家重点贫困区域，但旅游资源尤其是特色文化旅游资源极大丰富。在各地纷纷把旅游产业作为主导产业并将其与扶贫紧密结合起来的形势下，汉中市通过认真调查研究，从 2014 年开始实施全域旅游工程，立足特色旅游资源优势，编制完成了《汉中市全域旅游发展总体规划》，以做大做强汉中旅游，重要内容就是做特做美旅游村镇，促进富民惠民，助力扶贫攻坚。2015 年 8 月，国家旅游局下发《关于开展"国家全域旅游示范区"创建工作的通知》，汉中市积极申报，2016 年 2 月成为首批"国家全域旅游示范区"创建单位。很快，汉中市又制定印发了《创建国家全域旅游示范市工作实施方案》，全面推动汉中旅游业由"景区旅游"向"全域旅游"模式转变，构建新型旅游发展格局，深入做好"旅游＋"文章，促进旅游与其他相关产业深度融合，相融相盛，深化汉中旅游产业扶贫。在创建工作中，汉中市将大多数贫困村都纳入旅游景点规划布局，做到旅游与扶贫有机融合、整体推进，真正让穷区变景区、景区变富区，坚持景乡互融，将道路、厕所、供水、医院、垃圾处理、民居建筑外观和内部设施等配套设施建设与贫困村脱贫攻坚基础设施建设统筹规划，积极构建景村共用的公共服务设施和服务体系，让"农区变景区、田区变园区"。

（四）着力发展特色乡村旅游，使旅游业与农业、农村、农民紧紧融合，促进群众脱贫致富

汉中各县区大多拥有丰富而独特的乡村旅游资源，发展乡村旅游是旅游

扶贫工作的重中之重。举办"中国最美油菜花海旅游文化节"和创建全域旅游示范市，为汉中市发展乡村旅游奠定了坚实的基础并营造了良好的氛围。汉中市将发展乡村旅游作为实施全域旅游工程的重点内容。在《汉中市全域旅游发展总体规划》的基础上，各县区纷纷编制完善县域《全域旅游总体规划》或《乡村旅游规划》，依托市域良好的古镇村落等旅游资源，着力打造生态休闲、农业观光、养生度假、文化体验等多种类型的乡村旅游产品。汉中市明确给予市级美丽乡村旅游精品村 10 万元建设补助，对国家级、省级休闲农业与乡村旅游示范点给予一定奖励，对五星级、四星级"农家乐"分别奖励 2 万元、1 万元，激发乡村旅游发展激情。目前，汉中市各县区乡村旅游如火如荼，"农家乐"遍及各个乡镇，民宿经济稳步增长，大量农村劳动力通过旅游实现就业或再就业，各种特色农产品、手工品等售卖极为畅销。2016 年，汉中市乡村旅游接待游客 1460 万余人次，实现旅游综合收入 23.8 亿元以上，吸纳就业 2 万人，带动 53 个扶贫村 3876 户共 10651 人实现脱贫，贫困户通过发展旅游每人平均收益达到 1000 元以上，约占农民人均年收入的 30%。

（五）敢于旅游业一业突破，全力推动旅游扶贫，打好脱贫攻坚战

针对留坝、佛坪等山大人少、旅游资源丰富而独特的国家级扶贫开发重点县情况，坚持旅游业一业突破，带动城乡统筹发展，实现群众脱贫致富，两县成功创建"陕西省旅游扶贫示范县"。留坝县地处秦岭深山，是汉留侯张良封地、道教重要场所张良庙所在地，山清水秀，褒斜栈道遗迹斑斑。近年来，留坝县全民参与"全域留坝四季旅游"品牌建设，旅游产业占到 GDP 的半壁江山，全县 70% 的贫困户直接或间接地参与到旅游产业中，人均因旅游增收 2000 元以上。该县每个景区都是"精准扶贫点"和脱贫致富的"龙头企业"，90% 的就业岗位安置县内贫困户成员，以景区为中心，辐射发展农家乐、农家宾馆近 200 户。同时，留坝县逐步探索出"合作社 + 农户"等旅游扶贫模式，通过能人带头、项目扶持，让贫困户通过产业发展，有效地促进了脱贫致富。留坝县火烧店镇水磨湾乡村旅游专业合作社是

典型代表，2016 年累计接待游客超过 20 万人次，旅游综合收入超过 3000 万元，拉动就业 207 人。佛坪是镶嵌在秦岭山中的一颗璀璨明珠，享有"熊猫家园、生物基因库、国家 5A 级旅游资源"等美誉，自然生态环境得天独厚。针对特色旅游资源优势，佛坪县坚持走特色旅游之路，举全县力量实施生态旅游产业一业突破，引领多业融合，从而以大旅游推动大扶贫、促进大发展，实现全县脱贫。按照"旅游发展带动扶贫开发，扶贫开发促进旅游发展"的思路，该县以旅游为载体，以脱贫为目的，做大做强旅游产业，做特做优现代农业，合力推进精准扶贫和城乡统筹发展，不断加快贫困村和贫困人口脱贫致富步伐。截至 2017 年，该县形成了椒溪河、金水河和引汉济渭库间路 3 条乡村旅游扶贫产业带，发展乡村旅游扶贫示范户（农家乐、渔家乐、农家宾馆、休闲农庄）150 多户、特色产业扶贫示范园（点）50 多个、扶贫互助资金协会 20 个、旅游扶贫重点村 10 个，辐射带动 15 个村建成旅游配套服务村，使 1614 户 5548 名贫困人口整体脱贫，人均纯收入达 3500 元以上。

三 汉中特色旅游扶贫脱贫的问题与不足

近年来，汉中市通过大力发展特色旅游使扶贫攻坚取得了巨大成就，在省内外形成了一定的影响。但是，由于扶贫任务艰巨、认识局限以及各种要素制约，与很多贫困地区相似，当前汉中市特色旅游扶贫工作还存在一些问题与不足。

（一）对旅游扶贫认识不够充分，存在旅游与扶贫相互割裂的现象

旅游扶贫是产业扶贫的重要组成部分，对拥有丰富而独特旅游资源但需要大力扶贫开发的汉中来说，旅游扶贫更是扶贫工作的重要组成部分。近年来，汉中市大力发展旅游在很大程度上即带有扶贫开发的意义，在一些区域，完全可以说，"发展旅游就是扶贫攻坚，扶贫开发就是区域发展"。经过不懈努力，通过旅游带动经济发展以及群众脱贫致富工作取得了显著的成

就。但是，由于缺乏相关理论总结、观念认识不够充分等因素，认为"旅游就是旅游、扶贫就是扶贫"，把旅游与扶贫相互割裂，而不能相互统一的现象仍然存在。在区县乡镇层面，一些干部分管旅游和扶贫，本应更好地把旅游和扶贫充分结合起来开展工作，但是却把两者完全视为两块工作。这种现象的存在，不利于当前有效推进旅游扶贫开发工作。

（二）存在把旅游扶贫几乎等同于乡村旅游扶贫现象，仅仅把发展乡村旅游作为旅游扶贫的主战场而忽视城市涉旅企业扶贫等阵地

贫困主要发生在农村，发展乡村旅游是旅游扶贫工作的重中之重，乡村绝对是主战场。但是，旅游扶贫又绝对不仅仅是乡村旅游扶贫，除了乡村主战场外，还应有城市涉旅企业等阵地。在全社会都在助力贫困农村脱贫的形势下，在关注乡村旅游、就地脱贫的同时，还必须关注城市涉旅企业等"迁移式"旅游扶贫。经过多年的旅游发展，汉中市宾馆、酒店等涉旅企业取得了长足的发展，它们可以吸纳大量就业人口。尽管从人社部门就业扶贫的层面对此有所密切关注，但是从旅游业角度关注不够，缺乏系统有效的要求与指导。由于宾馆、酒店等涉旅企业是旅游业的重要组成部分，应该认识到它们吸纳贫困地区人口就业也是旅游扶贫。农村贫困人口大多缺知识、缺技能，通过到城市宾馆、酒店等涉旅企业就业，有利于他们在实践中学习更多的旅游知识与相关技能，有利于条件成熟时返乡后更好地发展乡村旅游，实现真正脱贫。

（三）旅游扶贫系统性不足，旅游扶贫规划与相关统计工作还不到位

近年来，汉中文化旅游飞速发展，一个很重要的因素就是旅游系统"全市一盘棋"，市县以至镇村全面部署。但是，旅游扶贫方面却表现出系统性不足，各级旅游部门或分管干部除自身工作紧密渗透扶贫外，更多强化包村扶贫，各自完成任务，旅游扶贫缺乏统一的旅游扶贫领导、组织以至相关规划。因脱贫攻坚是当前的"一号工程"，按照市县工作部署，旅游部门和其他部门没有任何区别分配了包村扶贫点，但往往所包扶贫村并无明显旅

游资源，发挥不出旅游部门的旅游扶贫优势。如果旅游扶贫也能"全市一盘棋"，在市县工作基础上统一部署、加强旅游扶贫规划，相信更能有效精准扶贫。缺乏系统性等因素，使汉中市除编制了留坝县营盘村、镇巴县朱家岭村等 4 个旅游扶贫试点村的旅游扶贫专项规划外，其他旅游扶贫规划基本没能编制。此外，因缺乏系统性、旅游统计工作本身比较粗放，当前旅游扶贫统计工作很不完善，很难全面反映旅游扶贫的成绩，也不利于相关考核。

（四）特色还不够突出，不能有效挖掘特色文化资源

丰厚的历史文化资源、旖旎秀美的山水自然风光以及区域内的珍禽鸟兽，使汉中成为一个非常有特色的地方，从而吸引游客的目光，在旅游初级阶段很快取得了成绩。然而，正是因为汉中旅游基本上还处在初级阶段，除佛坪等地紧抓特色旅游外，很多地方的旅游特色仍然不够突出，提炼不足。在汉中，有乡镇发展旅游提出了"秦岭最美小镇"，但最美在什么地方。似乎商洛、安康等地的秦岭乡镇也可以有如此提法。另外，还有不少地方都提出"醉美 XX"，但是各自的"醉美"有什么不同。目前遍布汉中各县区的农家乐与刚刚兴起的民宿业，大多主要是解决游客的"吃"和"住"，而能够体现出主题特色的还不多见。旅游特色不够突出，不利于进一步应对旅游业深度发展与脱贫攻坚。更值得一提的是，汉中和其他秦巴山区甚至更多的地方相比，不仅有优美的山水自然生态旅游资源，更拥有丰富无比的特色文化旅游资源，尤其是汉文化资源，但是目前对其开发利用表现得不够理想。诸如，世界文化遗产张骞墓与推动人类文明的纸圣蔡伦之墓祠，其资源品相与旅游开发度就很不匹配；西乡县是蜀汉西乡侯张飞封地，镇巴县是张骞事业继承者班超的封地，南宋吴玠、吴璘等"吴家将"在略阳等地数年抗金，但是目前汉中对这些几乎没有进行旅游开发，殊为遗憾。

四　对策与建议

汉中市特色旅游不断取得进步，需要总结经验。针对当前汉中旅游扶

贫中存在的问题与不足，需要正视，尽快解决与弥补，克坚攻难，奋起前进，争取在尽可能短时间内帮助群众脱贫致富，到 2020 年全面进入小康社会。

（一）进一步树立"旅游即扶贫，扶贫即发展"的理念

立足丰厚的特色旅游资源，汉中市大力发展旅游产业；针对大多县区属于国家级贫困县的状况，汉中市不断加大扶贫开发力度。发展旅游与脱贫攻坚成为汉中市各地最为重要的工作，诸如留坝等典型县区提出"旅游＋扶贫"的发展战略，成就非凡。但是，从"旅游＋扶贫"的表述来看，显然是把旅游和扶贫看成两项工作。其实，对于一方面贫困而另一方面旅游资源却丰富并独特的汉中许多地区而言，发展旅游不仅仅是推动扶贫开发，本身就是扶贫开发，通过旅游扶贫可以取得飞跃式发展。汉中是国家扶贫的重点区域，有必要进一步树立"旅游即扶贫，扶贫即发展"的理念。只有这样，才能真正把旅游与扶贫相结合，才会使旅游与扶贫不相互割裂，充分发挥旅游产业的扶贫开发作用，从而在当前能够实现两者的相互推动。

（二）充分利用特色文化资源，使汉中旅游更具吸引力

当前，汉中旅游业比较火爆，但更多的是依托秦巴山区的自然生态环境资源，尤其是借助"油菜花节"等花果节庆品牌引擎，把汉中山水自然旅游推向了一浪又一浪高潮。然而，这些旅游产品往往文化创意性不足，很难让人"回头游"，并使汉中特有的汉文化等文化旅游资源置于被忽视的地位，非常可惜。文化是旅游的灵魂，旅游产品要有旺盛的生命力，必须要有足够的文化含量，必须注重利用文化资源，尤其是特色文化资源。汉中旅游要取得长足发展，要有持久的吸引力，一方面，大多县区需要在山水自然旅游产品中赋予更多的文化创意，提炼特色，树立品牌，做好"供给侧改革"；另一方面，则更需要充分利用汉中丰富的特色文化资源，认真研究品相，高起点创意策划，精心规划设计，打造特色文化旅游产品，讲好"汉

中故事"。同时，应该在现有或拟开发的自然旅游景区尽可能增加特色文化内涵，形成系列汉中人文特色，增强汉中旅游吸引力。

（三）增强景区、涉旅企业、文化旅游名镇、农家乐与民宿业等的旅游扶贫意识与动能

旅游扶贫，不仅是政府以及旅游部门的事，更是整个旅游系统的事。当前，汉中市所有景区、涉旅企业、文化旅游名镇、农家乐与民宿业都应参与到旅游扶贫中，这些都是旅游扶贫的重要力量。对它们应大力宣讲旅游扶贫政策和形势，以增强其旅游扶贫意识与责任，大力贯彻省旅发委"六个一批"的精准扶贫思路，必要时可分配一定的指标任务。加大更多景区从周边贫困户中招收员工的力度，培养其技能，增加其收入，合适时还应优先支持其在景区内外"摆摊设点"，带动其脱贫致富。涉旅企业同样应优先招收贫困子弟员工，并帮助指导一定数量贫困家庭通过旅游脱贫。把旅游扶贫作为对文化旅游名镇考核的重要指标与事项，聚力促进群众通过旅游脱贫致富。对于农家乐和民宿，开办者在脱贫致富基础上也应带动其他贫困户脱贫。为了增强景区、涉旅企业、农家乐与民宿业的旅游扶贫意识与动能，政府以及相关部门可以采取鼓励、表彰、奖励、宣传等具体促进措施。

（四）加强行业指导，旅游扶贫统计全面化，因地制宜，因户施策，细化旅游扶贫规划

旅游扶贫是产业扶贫的重要组成部分，对于地处秦巴山片区的国家级连片困难区域但旅游资源丰富而独特的汉中而言，更显重要性。在发展旅游过程中，汉中市县行业主管部门发挥了重要的作用。在旅游扶贫过程中，市县行业主管部门也要发挥重要作用，通过健全组织机构、加强统计与考核等加强对整个行业的旅游扶贫领导与指导，形成行业系统性，合力促进旅游产业扶贫。在系统旅游扶贫中，不仅要关注乡村旅游发展，还要关注各类景区以及城市中的涉旅企业，全面进行旅游扶贫统计，以合理统筹资源。由于汉中各贫困地区特色旅游资源品相不等、情况不一而足，具体到每个贫困户的致

贫原因、家庭组成等也各不相同，要求旅游扶贫在精准识别的基础上，应因地制宜、因户施策，借助整个旅游系统以至社会公益力量等，做好该地方的旅游扶贫规划以至每个帮扶家庭的借助旅游脱贫计划。

（五）推广留坝、佛坪两个旅游扶贫示范县的先进经验

留坝、佛坪是汉中市入选陕西省10个旅游扶贫示范县中的两个，它们在旅游扶贫方面取得了突出成就，形成了旅游专业合作社等旅游扶贫的有效模式。作为省级旅游扶贫示范县，留坝、佛坪为全省旅游扶贫工作的推进提供了可借鉴的经验，应该大力推广。当前，汉中市积极创建国家全域旅游示范市，旅游扶贫是其中的重要内容与目的，留坝县"合作社＋农户"的旅游扶贫模式几乎可以推广至市域大多数贫困乡村，使贫困人口真正实现产业脱贫。佛坪通过紧抓特色、坚持走特色旅游之路的旅游扶贫模式，则进一步说明在特色旅游资源更为丰富的贫困地区发展特色旅游的重要性，贫困地区要通过发展旅游业脱贫致富，体现旅游特色，明确主题，是一种极为有效的方式。

B.11
陕南乡村旅游扶贫的成效、困难与对策

黄　涛*

摘　要： 陕南依托秀美山水挖掘特色产业，发展生态旅游、乡村旅游，"输出打工者、吸引创业者、带动就业者、帮扶贫困者"，为乡村振兴助力，贫困村和贫困户的家庭收入和精神面貌极大改观，赢得了政府、社会、村民称赞。但由于主客观因素，部分乡村旅游项目知名度不足；部分乡村文化旅游和民俗项目挖掘浅显，旅游相关要素不符合游客期待，过夜率不理想、仍须千方百计扩大效益。本文根据实际调查研究、对比研究和案例研究，通过总结新进展，结合全域旅游、厕所革命、智慧旅游和大数据，对乡村旅游扶贫脱贫提出对策建议，包括完善基础设施，分层推进，精准投入，层次开发；加大技能培训，到旅游发达省份驻点考察、学习培训，尊重经济规律探索主动自发式脱贫，谨防"千店一面"；按照"政府引导＋公司投资＋职业经理人管理＋贫困户参与＋股份分红"和"互联网＋乡村旅游＋电商＋文创"模式，完善收益分配；旺季发展旅游，淡季经营电商，丰富农特、文创品类，打造品牌，提高附加值；丰富表达方式，尊重传播规律，综合运用电视电影、明星剧组、旅游达人等讲好旅游故事、提升传播效果等。

关键词： 脱贫攻坚　乡村旅游　新媒体传播

---

* 黄涛，《华商报》记者。

陕西有 56 个国家扶贫开发工作重点县和国家集中连片特困地区县,"十三五"期间建档立卡贫困人口易地扶贫搬迁规模达 125 万人,主要分布在国家连片特困地区秦巴山区、吕梁山区、六盘山区和省级白于山区、黄河沿岸土石山区及其他国家扶贫开发工作重点县。[①] 脱贫攻坚既是社会责任,也是民众期盼,更是功在当代、利在千秋的大事好事。

陕南的安康、商洛、汉中不少县和乡镇山水秀美、民俗淳朴、故事众多,但好山好水好风光大多是"藏在深山少人问、坐拥美景不赚钱"。近年来,通过招商引资、旅游扶贫,从无到有、从有到优,旅游业态不断丰富和细分,旅游、电商两手抓,农特产品逐渐成为旅游商品和网销名品,绿水青山进入游客朋友圈,农特产品进入游客后备厢。一些偏远贫困村、贫困户的生产生活条件明显改善,脱贫攻坚取得可喜成绩,逐步进入新阶段。

随着农业支持保护政策体系不断完善,强农惠农富农政策力度不断加大,农村面貌和环境明显改善,农民生活质量显著提高,但乡村振兴和扶贫脱贫仍然任重而道远。

一 陕南脱贫攻坚的现状和经验

(一)因地制宜,依托旅游,景区吸纳贫困户务工

学术界对旅游扶贫的定义为,通过开发贫困地区丰富的旅游资源,兴办旅游经济实体,使旅游业形成区域支柱产业,实现贫困地区居民和地方财政双脱贫致富。近年来,随着居民消费升级和生活品质要求不断提高,旅游成为优势产业。

比如,陕南一些村落顺应趋势,学习咸阳的袁家村等明星村的先进经验,结合实际分享旅游发展红利。笔者曾多次到袁家村调研,看到不断有

---

① 陕西省扶贫开发办公室、陕西省发展和改革委员会:《陕西省"十三五"农村脱贫攻坚规划 (2016~2020 年)》,2016。

游客、陕南甚至外省人士参观学习，得知袁家村富裕之后不忘老乡，积极"传帮带"。笔者也参加了中国（袁家村）乡村旅游高峰论坛，见到了袁家村党支部书记、关中印象体验地创始人和设计师——乡村旅游总设计师郭占武以及村民代表。著名诗人王若冰说，袁家村是宜游宜居的乡村变革范本，有资力涉水乡村旅游产业，仰仗早年村上集体积累和村干部为民服务的意识等①。

汉中的勉县依托三国文化，积极参与油菜花节等大型节事旅游，打造诸葛古镇精品景区，陕旅集团在勉县诸葛古镇启动大型公益旅游扶贫项目"山花工程"，培训管理、家庭旅馆服务与管理、烹饪、导游、接待、"互联网＋"等内容，帮助村民实现农家乐、家庭农庄、景观农业的"老板梦"②；汉中的留坝县做大旅游产业规模，把精准扶贫与农业、旅游、餐饮等产业紧密结合，围绕药材、旅游等特色产品、产业，包装旅游商品；吸引民间投资，增加就业，鼓励景区吸纳贫困户务工并提供可观的工资待遇；鼓励贫困户申请扶贫贷款，经营农家乐等脱贫致富，一些景区投入使用后维护岗位面向贫困户；西乡县发展茶产业，吸纳贫困户就业，学习西安周边种草莓、猕猴桃经验发展猕猴桃、草莓等的采摘，吸引游客；宁强县瞄准陕甘川都市人群，利用汉水源和鸡鸣三省的区位优势，发展乡村旅游新业态。由著名作家叶广芩小说《青木川》改编的电视剧《一代枭雄》热播后，青木川蜚声全国，引得众多游客、学者、企业家来此旅游和考察。笔者在西安曾多次见到小说《青木川》的作者——作家叶广芩，她注重原生态和动植物保护，还创作出《老县城》《老虎大福》《黑鱼千岁》《秦岭无闲草》《秦岭有生灵》等作品，成了老县城的一张名片。

（二）精准帮扶，依托旅游景区建搬迁小区

产业扶贫是打赢脱贫攻坚战的核心。商洛山阳县漫川古镇打造"食、

---

① 西北旅游文化研究院编著《漫步袁家村》，陕西旅游出版社，2016。
② 《陕旅"山花工程"旅游扶贫培训班开课》，《陕西日报》2016年5月27日。

住、行、游、购、娱"旅游体验，柞水创新全域旅游打造"金山银山"。通过农户养殖、旅游开发、茶叶销售、核桃深加工等进行精准扶贫，贫困户收入稳步提高。有的人家老旧房子翻新，有外出务工的青壮年回老家开店；发展旅游小镇，开办农家乐，有的年轻人学电商……从生活条件到精神面貌大变样，商山深处换新颜。

素有"九山半水半分田"之称的商洛，移民搬迁群体依托旅游景区建搬迁小区。利用当地旅游资源，建设木王山、塔云山、金台山、云盖寺、黑龙观五大旅游景区，把搬迁安置房作为农家民居景观建设。其中，云盖寺花园社区以中小企业孵化园、仿古商业街、游客接待中心为平台，可安置移民户就业4650人，目前已解决搬迁群众1500人就业，2015年在临近村组建起了2000亩大棚蔬菜和1000亩标准化生态茶园，让搬迁群众在家门口务农就业。[1]

（三）资源入股，依托景区投工投劳促进就业增收

安康以全域旅游发展为引领，创新秦巴山区旅游脱贫模式。如宁陕县依托筒车湾景区，形成了依托景区就业、旅游服务创业就业、资源入股投工投劳创收、旅游商品销售增收四种脱贫致富方式。

筒车湾是较早开发建成的景区，日常有员工100多人，最高峰时用工170多人，其中30多人来自贫困户家庭，人均年工资2万～3万元。景区周边的七里村等成为旅游接待服务主体，一个旅游旺季里农家乐、农家宾馆的收入达300万元左右。2017年，除去休闲自驾游、美丽乡村游、森林体验游的游客外，筒车湾景区直接接待游客约11万人。据粗略统计，除了门票外，每个游客在当地吃、住、购方面的消费在100～150元。旅游开发彻底改变了当地人的生活，筒车湾景区运营经理陈登高，2008年在大城市当过保安，也在高速公路路边摆过地摊。筒车湾景区开发后，他才在景区里有了稳定的工作，如今已经成为景区高层管理人员，实现了从农民到管理者的华丽转身。[2]

---

① 国家统计局陕西调查总队：《陕南扶贫搬迁的成效与典型案例》，2017年7月20日。
② 《以全域旅游发展为引领 创新秦巴山区旅游脱贫模式》，《安康日报》2017年12月6日。

（四）效果明显，旅游和电商相互促进成样板典型

除了此前的柑橘、樱桃种植外，鸡鸭、黑猪、中蜂等养殖逐渐成为陕南一些贫困区域老百姓脱贫的路子。

有不少贫困户养牛，给屠宰场和农家乐供肉猪、鸡蛋等。乳业有"世界羊奶看中国，中国羊奶看陕西"的说法，全国羊奶粉10罐中有9罐来自陕西。奶山羊主要分布在富平、阎良、临潼、三原等地，近年来，效益趋好，养殖范围逐步扩大，调研发现，虽然需要起早贪黑、准备草料喂养，但贫困户把猪、牛、羊视作命根子，对养殖改变贫困面貌寄予了很大希望。

在汉中城固，电商服务站负责人忙着收购村民进山采摘的野生猕猴桃、山核桃，上网帮村里贫困户推销土鸡、鸡蛋……电商企业生意红火，种养殖农户点钞进账，乡村农副特产供销两旺，"互联网＋特色产业"在城固大地蓬勃发展。2016年，汉中完成242个贫困村网店建设任务，积极协调京东、阿里集团通过招募员工和"村淘合作人"为贫困户提供就业岗位619个。①

经过多年探索，目前汉中市留坝县、商洛市柞水县、安康市宁陕县等已经成为全国旅游扶贫的典型，柞水朱家湾村、商南太子坪村、宁陕七里村、镇巴朱家岭村等很多贫困村成为全省旅游扶贫攻坚的样板和典型，这些典型正示范引领旅游扶贫不断向广度和深度推进，不少群众家庭困难得到极大缓解。② 更多贫困户开始琢磨怎样增加项目、开阔视野，思考能否开旅馆、农家乐。

二　当前困难和利弊分析

在肯定成绩的同时还应当清醒看到，因为历史、自然条件等主客观因素制约，部分贫困村旅游扶贫项目为零，即便有项目效益也不佳，贫困户参与

---

① 《我市电子商务迅速壮大　交易额居全省第五》，《汉中日报》2017年3月28日。
② 《陕西新闻联播播出〈依托乡村旅游　助农脱贫增收〉》，搜狐旅游，2017年2月28日。

度不高，面临有心发展无力经营、难以享受产业发展红利等问题，或者旅游相关要素不符合游客期待，过夜率不理想，仍须千方百计规划产品、争取客源、提高人气、扩大效益等。

（一）主客观制约因素较多，基础设施配套有待完善

第一，制约陕南乡村旅游的突出问题是交通和自然条件，在陕南的商洛、汉中等地方，不少贫困村山大沟深，从西安开车过去往往耗费四五个小时，沿途吃住行难以保障，自驾游和团队游面临一系列制约因素。目前部分旅行社虽有省内游、周边游线路设计，但宣传推广和接受度还须提升。而且，部分山村属于水源地或库区，只能适度开发、少量接待，必须保持水土、保护环境。

第二，基础设施不足，功能欠缺。前期人、财、物力基础和投入有限，接待能力不足，功能不完备。比如，一些偏远山村拥有蓝天绿水，适合避暑、垂钓，但往往夏季游客爆满冬季冷清。村民现有房屋只能满足家庭住宿，团队接待能力不足；院内和室内设施不完备，没有洗漱台或冷热水不齐全，厕所往往没有坐便；电力紧张，照明设施不足；山区夏天可避暑，但冬天昼夜温差加大，室内取暖保温和洗漱设施不足。不少偏远山区还是泥土路、土坯房、荒草地，食宿条件无法满足基本需求。

第三，缺乏规划设计和经营管理。青壮年主要外出打工，留守人员无力规划和参与旅游项目。这些因素影响旅游体验和评价，极易造成游客不适应感。吃住行游购娱六要素难以达标。

第四，旅游产业链要素不足，如蔬菜采摘、配餐、接待、打扫，厨房厨具等以家庭自用为主，碗筷消毒、被褥换洗、车辆接驳等暂未能形成旅游产业链条。

第五，陷入"先有鸡还是先有蛋"市场逻辑怪圈，村民发愁没人来，不愿投入，游客发愁没处去。

（二）参与主体有心无力，经营管理薄弱

脱贫的关键是拥有技能和收入。调研发现，一些贫困户知识和技能不

足，对旅游和电商缺乏深刻认知。打工青年有概念缺技术，大多面临娶媳妇、养孩子的关键时期，整合资金和资源的能力有限。

贫困户势单力薄，有的即便产生想法和美好愿望，精选项目的能力和经营管理水平难以适应市场经济发展需要。有的贫困户操作能力和技术不足，在市场竞争中缺乏竞争优势。现有部分旅游扶贫项目在资金、人才队伍、经营管理、可持续发展方面面临不同程度困难。

调研还发现，一些已开始运营的旅游项目，因规划定位和市场变化等新问题，不同程度地面临"成长的烦恼"。比如，近年来各地新建了大量民俗村和旅游景点、农家乐、仿古小镇。除了受淡旺季影响，部分景点一哄而上修民俗村，盲目照搬建古镇，忽视原住民的主体地位和创造能力，民俗村成了"小吃城"，甚至投资商当中介、二房东，收起了租金和管理费，学习和创新不足，难以可持续发展。"千店一面、千村一面"，除了逛和吃，缺乏深度参与项目，造成吸引力不足。游客容易厌倦，重复游览率较低，旅游收入增长缓慢，因而对贫困户的带动能力不如预期。

部分景区急于求成，还没完全建好、设施不齐全就大量宣传并开门迎客，被游客吐槽景区就像工地，引发媒体负面评价，影响了口碑。一些村民自发建设的农家乐，因为停车费、高价宰客等引发吐槽、投诉和媒体负面报道。这些都说明服务功能、管理能力和口碑效应还须提升。

（三）表达方式单一，创新不足，对新媒体传播生疏

前期规划设计、中期执行、后期创新不足，同质化严重，旅游产品单一；发展层次不高，基础设施落后；服务标准低等。部分乡村旅游景点品牌知名度不足；部分乡村文化旅游和民俗项目挖掘浅显，表达方式单一，对微博、微信、直播等新媒体传播工具利用不足，宣传推广方式仍停留在发传单、递名片阶段，离游客期待和发挥效益仍有距离。发展旅游业从规划设计到项目落地、后期运营、维护升级都需要人才保障。

此外，一些旅游扶贫区在取得一点成绩后忙于宣传政绩，忽视质量和服务，真抓实干作风丢失，游客乘兴而来失望而归。从传播学规律看，部分形

象塑造过程中宣传味道过重，旅游形象往往难以被游客和村民认可，宣传内容同质化，宣传标语口号化，对当地特色挖掘单一，难以给游客留下深刻印象。

（四）旅游、电商项目小散弱，对市场环境研判把握能力尚须提升

养殖牛羊、蜜蜂、黑猪等特色产品，投入大，见效慢，加之涉及场地、饲料、疫病检验等多个环节，投资回报周期长，要么单价不高要么总量难以扩大。村民难以把握市场变化，缺乏定价权以及包装、深加工、策划、运营、推广技能，这些特色产品往往作为初级农产品直接出售。比如，陕南土蜂蜜等产品营养价值高，但市场上鱼目混珠现象频频出现，影响整体美誉度，造成消费者难以辨识，从而产品也很难获得高收益。

部分农户已开设网店，也有一定销量，但缺乏技术人才队伍来高效营销以及全方位策划和传播。即便开网店，也很难成为高星级名店，销售量、销售额不理想，总体产值、利润率偏低，内外多重因素造成部分特色农产品"叫好不叫座"。

以双11为例。陕西买入和外销物品、快递收件和发件量比例大约在1∶5，外销产品以农特产为主，单价和利润有限。而江浙等电商大省有服装、家电等大件物品，还有手机等高价格、高附加值产品。

三 总体思路和对策

脱贫攻坚越往后推进困难越多，越要夯实责任、精准施策、精细工作。经过近年的贫困户识别和走访，贫困户家庭资料、贫困原因和类型等情况已基本廓清，问题在于如何提高针对性和效率，从零到有，从有到优，从自发式粗放发展向规范经营、特色发展转型升级。

根据上述"共性情况"和"个性问题"，建议在遵守商品价值规律、供求关系、旅游经济规律、农业基本规律的基础上，以乡村旅游为主、以电商为辅打好组合拳，从生产、分配、交换、消费等环节培育完整的旅游"产

供销"产业链条。例如，政府引导、吸引民间投资，完善基础设施；组织村民和积极分子到云南、海南、江苏、浙江等旅游发达省份学习培训，发挥示范效应，坚持传帮带；"输出打工者、吸引创业者、带动就业者、帮扶贫困者"；加强挖掘和创新，提升乡村旅游景点品牌知名度，积极活学活用新媒体等传播工具。挖掘旅游扶贫纵深效益，坚持传帮带、先进带后进，保障贫困村和贫困户最大限度地参与并获得收益等。

（一）拉大格局，生态旅游文化商贸融合发展

1. "栽好梧桐树"，完善基础，优化环境

结合当地旅游资源禀赋和消费市场特点，充分调研论证，科学规划布局。尊重生产、分配、交换、消费规律，完善基础建设，整治环境，培育产业，提升技能，丰富业态，创新亮点。按照不同类型和分布情况，有计划地引导发展传统农家乐、休闲农庄、品牌餐饮、乡村酒店、古村聚落等，使农民不仅可以从事种植业或养殖业，提高资源的附加值，延长产业链条，成为企业经营主体，而且可以创设品牌、打造精品。

政府部门不妨根据实际情况和优势资源，充分调研论证，根据市场规律，支持旅游企业投资发展，鼓励面向贫困户提供生产就业岗位，使其获得劳动报酬、学习脱贫技能，激发其内生动力。

"扶贫先扶志和智，帮人先帮技和艺。"在消费升级趋势下，城镇游客旅游更追求体验消费和精明消费。旅游目的地不仅要有优美的环境，还要有舒适、齐全的接待服务设施。调研发现，城市居民到农村，旅游六要素中难习惯的是吃和住。游客往往要求内部吃住跟酒店类似，外在环境能看得见山水。对标"厕所革命"要求，筹措资金，逐步改善停车场、购物场所、旅游厕所、餐饮、住宿条件，通水，通电，通宽带。

近年来，一些贫困地区道路硬化拓宽，近期西成高铁等交通路网不断完善，积极因素不断增加。陕南不少区县和乡镇山水秀美、民俗淳朴，可根据资源通过招商引资修葺古镇老街、老房子、老院子，一村一品、一村一业，就地取材开设农家乐，兴建民宿。丰富踏青赏花、果蔬采摘、骑行徒步、休

闲运动、农业观光、乡村摄影、乡村婚礼、农事体验、民居住宿、农家美食等细分业态。吸引游客到当地旅游，"住农家屋、吃农家饭、做农家活、买农家品、享农家乐"，根据反馈及时调整。

2. 招才引智传帮带，培训本土人才

开展旅游扶贫的关键之一是人才，除了选派好驻村干部，更要改进脱贫攻坚动员和帮扶方式，吸纳脱贫能人、带头人和务工青年、能人志士传帮带。大学生村官、返乡青年大多有热情，而乡贤、老干部等往往有经验，恰当对接，使他们发光发热。

由旅游部门牵头，组织文化、工商等部门和教师、曲艺家，举办特色餐饮、服务礼仪、民俗表演、民歌传唱等培训班和村干部培训班、电商培训班等。

积极整合各种资源，根据贫困人口的实际困难分类扶持。引导贫困人口参与景区管理、物业管理、商品生产、餐饮服务、经营活动等，从事旅游接待、旅游服务、旅游项目、娱乐表演、商品生产与销售等方面的工作，使乡村剩余劳动力得到有效利用，提高贫困群众的收入和生活水平。

优化旅游综合服务，培训本土人才。邀请工商、质监、商务、食品、旅游等多部门指导培训厨艺、礼仪等。培养贫困地区本土人才，提高贫困群众的能力和素质，夯实自我发展基础。组织星级评定，进行动态管理，提升全域旅游服务质量。保证原材料、流程、制作、销售等各环节合法合规。

3. 送素材进城，吸引游客进村创剧本拍电视写小说

完善基础设施之后，招财引智，提升智力水平，送门票进城吸引游客回村。邀请游客、媒体结对帮扶扩大营销，讲述扶贫故事，探索扶贫经验。

每逢佳节有远亲，主动邀请，创造条件，邀请画家、摄影师等写生创作，发动贫困户积极参演，进行角色扮演，在获得一定报酬的同时，提高传播度和知名度。通过图文、电视直播宣传新年民俗、农事活动等，打造知名度较高的旅游观光节目，增强贫困区旅游吸引力。

举办美食节、旅游节活动，举办动植物，特别是鸟类摄影摄像和征文活

动，鼓励游客积极互动参加民俗活动，动手做手工，深度体验原汁原味的乡土文化，带着做好的物品回家，吸引游客深度旅游和重复旅游。挖掘和培育一些老手艺体验项目，保护和传承传统手工艺。

邀请知名作家、编剧、导演、达人，创剧本、拍电视、写小说、发攻略。如陕南的青木川古镇，原本就有古建筑、老院子，因为小说《青木川》和《一代枭雄》等更加火爆。

4.创新经营思路和分配方式，尊重原住居民和贫困户

乡村旅游往往存在"二八定律"，20%的项目取得成功，80%的项目难持续发展或盈利。从实际出发，以当地的资源禀赋和经济社会发展水平为依据，通过合作社模式、公司制模式、"公司+农户"模式等适合自身条件的组织模式，协调各方利益，提高乡村旅游的组织化程度，提升市场竞争能力。

打造特色知名品牌。在调研市场和游客消费习惯的基础上，邀请老师傅、老艺人，结合当地特色编排导游词、设计旅游路线图和攻略，自制农家饭，设计祝酒词，开发一批旅游纪念品、工艺品、营养保健品、绿色农产品等，完善"吃、住、行、游、购、娱"旅游体验。

传播学有一个"沉默的螺旋"理论，旅游扶贫过程中也应当引导贫困户参与，避免其成为沉默的大多数。目前，针对贫困户的脱贫方式有参与旅游经营（农家乐）、接待服务、出售土特产品、收取土地租金、入股分红等。还须继续引导建立利益共同体，处理好外部投资者和当地贫困居民的矛盾和利益分配问题。充分尊重原住村民、贫困户的主体地位，外来资本和企业在投资开发旅游项目过程中，要引导帮助村民和贫困户参与土地租赁、规划建设和运营管理；要加强业务指导和智库支持，调研问题，提出方案。

比如，佛坪县多年苦于交通不便，如今西成高铁开通设站，佛坪县可以发展水果采摘体验。汉中的南郑、镇巴等区县靠近四川，可挖掘秦巴民俗，组织能歌善舞的村民建立演艺团队，唱山歌、举办篝火晚会等。

5.活学活用新媒体大数据，研究传播规律实现形象保值增值

积极寻找旅游产业和脱贫攻坚的有效契合点，前期景区引领，促进就业

增收；中期主动参与，改变贫困面貌；后期入股联营，共享发展红利。个性化定制服务，满足客户需求，使更多贫困群众共享旅游红利，在家门口脱贫致富。

近年来，每逢五一、十一、春节等假期，携程、途牛等龙头发布大数据，经常登上央视、各网站和媒体，相关贫困村旅游项目可主动融入其中，上电视、吸引媒体报道，成为关键词。

旅游消费行为触网已是大势所趋。随着旅游扶贫的推进，扶贫区域和原有景点、新开发景点的竞争愈发激烈，还须深度思考如何为旅游形象增值，凝练主题，高效宣传推广。按照拉斯维尔大众传播"5W"模式，网络议程能有效建构旅游目的地形象，影响旅游者的形象认知和旅游信息检索方式。研究游客心理，根据他们的使用习惯、选择偏好、实际需求等分析总结得出大数据，在网络传播环境下进行有效的议程设置，重视舆情和民生民情、意见领袖的声音，塑造、传播和修正旅游目的地形象。

此外，活学活用大数据动态管理，更加重视游客反馈，发生联系频次越高，重复旅游、转介消费概率越大。

6.全域旅游向纵深拓展，让游客深度参与记住情怀

说起旅游，大家会提到国内的云南、浙江、江苏等旅游大省，这些省份要么是少数民族原汁原味民俗，要么是江南水乡人在画中游，成都龙泉的农家乐更是风生水起。笔者曾在云南工作多年，云南的旅游市场细分程度、重视程度、成熟程度和群众参与度值得学习。大理、丽江、香格里拉等一些旅游景区的机场和大巴车快速通达，出租车行业、民宿等发展成熟，经过长期宣传推介已名声在外。农家小院、花卉、人物、建筑等，经常引发年轻人争相拍照合影留念，刷爆朋友圈。

而对于一些山水清秀、环境古朴的小镇和乡村旅游，一般群众和贫困户参与程度较高。如农家小院开办手工扎染，老人教游客穿针引线、缝制布料、做手工扎染，这类特色体验项目受到欢迎，吸引一拨又一拨游客。很多游客不远千里把扎染布匹和相关手工艺品带上飞机拿回家，放在家中显眼位置，经常给亲友展示和介绍。

陕南不少区域老百姓能歌善舞，拥有刺绣、剪纸、竹编等手艺，政府部门积极引导，旅行社深化合作，通过专业指导和规范，假以时日，手工艺体验等项目有望大放异彩。

7. 挖掘故事激发群众创造力

如今游客乐于参与一些安全、小型、不耗时耗力的手工制作活动，拿着DIY手工艺品送亲友。一些场地足够大、条件适合的景区可邀请相关老师傅、手艺人，设计手工制作体验项目，通过游客深度参与体验，改变"上车睡觉，下车拍照"的传统旅游模式。特色手工艺品不仅可以推动特色文化旅游，还能创新旅游纪念品，吸引更多居民参与，增加就业岗位并提高居民收入，这也是全域旅游的题中之意。

景区的故事性是吸引游客前往的动力之一，可学习迪士尼、故宫等时下网红景点经验，创新文创产品。近年来亲子节目、明星互动竞技比赛成为热播节目。在付费看视频将成常态的趋势下，可邀请媒体、达人、剧组拍摄纪录片、短视频，邀请明星、演员深入乡村，拍摄节目，让民俗民居藏在深山人未识，变成电视机前人人知、直播平台人人看。

关中的袁家村是乡村旅游学习的楷模，但学精髓更要创新。正如袁家村党支部书记、关中印象体验地创始人和设计师乡村旅游总设计师郭占武所说，乡村旅游是一条成功途径，但并不是核心和最终目的。要打造百年袁家村，核心在于产业发展。从民俗旅游到乡村度假游，再到农副产品链。一步一个脚印，诚信经营，产业支撑农民致富，旅游产业和农民深度融合，还有文化人长期生活，注重物质文明和精神文明。[①]

8. 注重生态保护，适度发展，绿色发展

"绿水青山就是金山银山"，旅游发展也要注意生态保护，特别是陕南不少地方属于水源地，应坚持生态保护第一、适度开发的发展理念，引导村民形成绿色发展的生产生活方式。

量力而行，对需要在乡村旅游开发中重点保护的自然生态、文物古籍、

---

① 西北旅游文化研究院编著《漫步袁家村》，陕西旅游出版社，2016。

传统民居、文化遗产，邀请文物部门鉴定评估，组织专门队伍做好环境影响评价和保护修缮。

（二）以农特电商为辅，充实游客后备厢，装满买家购物车

除了发展乡村旅游引客上门外，还要推进"农产品＋旅游"，旅游、电商两手抓，充实游客的后备厢、手提袋、朋友圈，把农产品变成旅游商品，装满网店买家的"购物车"。

1. 培训人才抓实操，助力农产品变旅游网红商品

目前不少地方扶贫，采取养鸡养鸭、生产土蜂蜜、种植中药材等方式，模式大同小异。在全国流通大市场中需要对标先进，更需要"人物我有，人有我优"，挖掘优势、形成特色。

从笔者身边朋友反馈可以看到，陕南农村的绿水青山逐渐进入城市居民的朋友圈，农特产品进行现场展卖或网销，"好风景"正逐步变为"好钱景"，村民享受"好光景"。建议继续做大总量、做强品牌、提升效益。

建议贫困地区政府部门联系协调阿里、京东、腾讯等大型平台，采取开设扶贫栏目、统一轮训等方式，鼓励积极分子到企业锻炼、学习、上岗、实操，提高运营、美工设计等专业人员的水平和运营营销能力。激发农村青年的创业激情，使其成为电商达人、电商合伙人，运用保鲜技术，销售茶叶、土豆、樱桃、橘子等各类特产，帮助家庭脱贫致富。

发挥国企和上市公司的优势，对接和借助资本市场的力量推动发展。目前，贫困户直接开网店典型成功案例较少，成熟旅游企业知名品牌、陕西旅游类上市公司都还比较少。还须借助合作社、供销社等，自建和引进生产企业对当地农业初级产品进行深加工，延长产业链，提高附加值。帮助农产品商品化、标准化、品牌化，鼓励贫困人员专兼职网销产品。在电商下乡背景下，引导农产品上行和进城。

引导、鼓励陕南电商从业者扩大规模、增加效益、做大做强，使陕南出现更多淘宝村、网红店、电商县。

2.打好绿色牌，对接电商平台，提高品牌价值

阳澄湖大闸蟹，从苏州运到西安上餐桌；浙江建德农民到陕西租地种草莓；云南十八怪，印刷在小礼品盒子上，朗朗上口容易传播等。近年来，这类现象引发不少人思考。众所周知，越偏僻的地方环境污染越少，食品质量更加天然和优质。但陕南不少贫困户不懂技术和管理，品牌不够，造成质优价廉。一旦打开市场，就有更多资金和精力研发、创新，更重视质量把控、物流、渠道、品牌等，实现正向循环。需要注意的是，目前国内部分物品产能过剩。相比之下贫困户和乡镇企业科技水平不足，和龙头企业同台竞争的优势不足，还需要政府部门加大电子商务培训，建立健全电子商务支撑服务体系，培育和推广特色产品品牌，提升网络销售能力，加大科技投入，支持创新。

陕南早有农产品生产加工传统，积极引导，适应市场变化，增加渠道，结合电商、新零售等新趋势，打造质量安全、有特色的品牌，做大做强主导产业。利用靠近四川、湖北的优势，挖掘传说故事，设计销售产品，带动贫困户增收致富。

四 结语

知易行难。各地情况各异，各县各村在旅游脱贫攻坚过程中应结合实际，因地制宜，探索适合本地发展的产业和模式。及时总结经验，调整方式，坚持不懈。

脱贫攻坚，重在执行。脱贫是一项动态的系统工程，无论扶贫扶智，还是预防因病返贫，只有着眼长远、持续发力、真抓实干、久久为功，才能从根本上改变贫困、落后的面貌。脱贫攻坚离不开各级党委政府的坚强领导，离不开广大干部群众的倾心付出，离不开社会各界的广泛参与，离不开贫困群众的自强自立，还需要持之以恒、艰苦奋斗，打造百年品牌和老字号。

相信随着参与主体认知提高，对乡村旅游资源挖掘和经营管理的经验日益丰富，旅游相关基础配套设施不断完善，品牌建设不断提升，陕南乃至陕西的乡村旅游发展将更加成熟。

B.12

秦巴山区县域电商扶贫的困扰
与对策研究[*]

张夏恒[**]

摘　要：　在诸多扶贫模式中，电商扶贫逐渐受到关注，发展电子商务
　　　　　对秦巴山区县的扶贫脱贫工作具有较高意义。本文采用问卷
　　　　　调研法、入户访谈法与座谈会法，深入山阳县展开以"电子
　　　　　商务精准扶贫"为主题的调研活动。通过调研农户、个体工
　　　　　商户、企业、电商服务点、政府等对象，发现电商扶贫工作
　　　　　仍存在许多问题与障碍。针对这些问题，本文给出一系列建
　　　　　议与措施，为更好地落实电商扶贫工作提供参考。

关键词：　秦巴山区　电商扶贫　陕西山阳

近几年，我国扶贫工作效果显著。为实现 2020 年全面脱贫目标，我国扶贫脱贫工作现已进入攻坚阶段，尤其是秦巴山区县因其自然地理条件限制，扶贫脱贫难度仍较大。通过对陕西省秦巴山区县初步调研，发现这些地区农产品资源丰富，种类较多，极具发展农产品电商的资源优势。发展农产品电商是秦巴山区贫困人口发家致富的途径之一，也是响应电子商务进农村推动精准扶贫的国家战略方向。秦巴山区县农产品电商起步较晚，发展不成

---
　*　本文为陕西省教育厅专项科研项目"精准扶贫战略下电子商务进农村运行机制与实现路径"（编号为17JK0795）的成果，本文受到西北政法大学青年学术创新团队计划资助。
**　张夏恒，博士，西北政法大学商学院副教授。

规模，多为小微企业或个体网店，持续发展潜力小，抗风险能力较弱，长此以往，将不利于秦巴山区县农产品电商行业的整体发展。本文的研究可以为秦巴山区县推动电商扶贫工作提供建议。

一 研究综述

国家在 2015 年的《中共中央国务院关于打赢脱贫攻坚战的决定》中明确提出，要加大"互联网＋"扶贫力度，实施电商扶贫工程。党的十八届五中全会将电商扶贫列为进一步打好扶贫攻坚战、实现全面建成小康社会目标的重要举措。2016 年中央一号文件明确了支持涉农电子商务平台建设的政策。2017 年中央一号文件明确提出要推进农村电商发展。国家对于电商扶贫给予了很高的期望。学界关于电商扶贫的研究也逐渐增多，郑瑞强等（2016）认为电商能有效破解贫困地区发展的"信息鸿沟"与"孤岛效应"，并推动农业由产业内部向产业间渗透，推进农业全面创新。还有一些学者通过对特定地区或对象的分析，梳理电商扶贫的问题、经验及模式。个别学者分析了武陵山片区电商职业教育问题，旨在推动精准扶贫工作。已有的文献对于研究秦巴山区县电商扶贫问题具有一定的参考价值，但是现有文献较少关注与涉及秦巴山区县的电商扶贫问题。本文以典型的秦巴山区县为调研对象，通过相关研究为秦巴山区县电商发展提供参考，为电商扶贫工作提供经验。

二 研究背景与方法

（一）研究背景

山阳县位于陕西省商洛市，地处秦岭南麓。因山大沟深，耕地与河流相对较少，山阳是一个"八山一水一分田"的山区农业县、革命老区县，也是国家扶贫开发重点县，亦属秦巴山国家连片特困片区县。截至 2015 年底，全县还有 129 个建档立卡贫困村、3.12 万户 9.61 万贫困人口，贫困发生率高达23.1%。2016年,在多方努力下,全县45个贫困村脱贫摘帽,稳定脱贫2.66万人。

山阳现有的贫困人口多散布在高寒边远山区,这些山区自然环境恶劣,各类基础设施薄弱,产业发展落后,公共服务条件匮乏。大部分贫困人口劳动能力弱,缺乏专业技能,多数患有不同程度疾患,自我发展能力不足,脱贫难度大、成本高。随着扶贫攻坚工作的推进,后续的扶贫脱贫任务更加艰巨。

由此可见,山阳经济发展现状不容乐观。由于山阳地理气候的特殊性,其经济发展长期低迷,单靠政府专项资金来改善有很大局限性,山阳需要探寻一条具有可持续增长点的发展之路。近年来,电商飞速发展为山阳带来希望,发展电子商务对于繁荣农村经济、促进农村发展、增加农民福利具有重要意义,同时对精准扶贫的贯彻实行具有重要意义。

(二)研究方法

本文采用问卷调研法、入户访谈法与座谈会法深入样本地区调研。调研小组由西北政法大学商学院电子商务系28名师生组成,于2017年7月9~18日在陕西省山阳县展开了以"电子商务精准扶贫"为主题的调研活动。围绕项目主题,队伍分为2个小队、8个小组,分别在山阳县城关镇和山阳县漫川关镇通过实地考察、走访及问卷调查等形式,深入县政府相关机构、农村基层组织、农户家庭、电商企业等,针对当地农户、个体工商户、企业、电商服务网点、政府等五类调研对象制定相应的调查问卷及访谈材料,获取一手的数据和翔实的资料。使用SPSS21.0软件对获取数据进行处理与分析,并结合案例分析法进行研究。

三 山阳县调研资料分析

(一)基于农户的调研

1.调研对象

调研对象为山阳县十里铺社区、高一社区、高二社区、鹃岭铺社区、刘家村、磨沟口村、寇家沟村、寺沟口村等地的种植、养殖大户。

2.调研过程

采用问卷调研法、入户访谈法对种养殖大户进行调研，感受农户生活环境，了解农户现实需求，品尝当地特产，参观农户种植厂、养殖舍，就农户所关心的话题深入交流，将农户所反映的问题进行整理汇总。

3.典型案例：贫困户创业之养蜂人家

基本概况：山阳县十里铺街道办鹃岭村老沟口水库蜜蜂养殖合作社，由刘强、吴泽金、吴泽启三人合资创办。三人均属于搬迁人口，在现居住地无耕地，从2017年4月合伙创办养殖蜜蜂合作社，依靠蜂蜜的销售保障日常经济收入。

人员简介：刘强，男，28岁，家中2个小孩，劳动人口1人，属于精准扶贫户；吴泽金，男，63岁，家中夫妻两人，基本无劳动力；吴泽启，男，58岁，家中夫妻两人，基本无劳动力。

产业发展概述：目前养蜂规模达到120个蜂房，年产量3000斤左右，销售渠道只有传统的私人散销和微信朋友圈销售。

未来发展规划：希望政府给予一定的资金支持和技术指导，使其能及时了解养殖土蜂的先进技术，期望通过电子商务扩大销售渠道，并有专业人员进行技术指导。在这些帮助下，扩大养殖规模，完善基础设施，达到带动周围闲散人家一起创业的目的。

发展瓶颈：产品上市困难，一些有效证件没能拿到手，资金短缺，设备不健全，销售渠道单一，销量也不能达到理想状态。山中信息闭塞，对一些信息不能及时了解，对市场情况的变化难以把握。山中道路崎岖，交通不便。对国家政策的落实没有信心。

帮扶需求：资金扶持，技术指导，政策扶持，经营培训，基础设施培训以及法律援助等，希望得到的扶持能及时落实，国家对贫困创业的支持也能及时落实，增强脱贫创业信心。养蜂技术是他们多年的实践和与其他养蜂人交流而获取的。通过与他们交谈了解到，在有资金的情况下，养殖规模可以扩大到1000笼，产量会大幅提高，相应的养蜂设备会逐渐完善，有可能和当地的超市、特产店合作，形成一定规模。

4. 现状及问题

①劳动力不足。山阳山大沟深，农耕面积少，大多年轻人外出务工，在村中留守的多是老人和儿童，导致农业生产劳动力不足。

②生产规模小。山阳农产品生产多为散户，生产规模小，产量较少，依赖传统销售渠道，利润微薄，缺乏规模效益。

③生产风险大。由于山阳地理环境因素，自然灾害较多，农户种养殖风险大。

④资格认证困难。一些种养殖户产品资格认证难以落实，其主要原因在于成本较高、手续烦琐、证件不全、程序不清楚。没有这些资格认证，购买者往往不相信商品品质，给销量带来一定的影响，客户信任度低，致使电商市场难以打开。

⑤创业顾虑多。部分农户有较好的创业想法，但其资金短缺、设备不健全，向国家申请的援助落实不到位。仅靠农户微薄之力，创业脱贫路途艰难，好多农户还在观望。

⑥思想认识不足。农户对电子商务感受不深，认识不足。限于学历较低，智能手机、网络普及力度不够，农户不能及时转变传统经济发展观念，接受电子商务发展新模式的能力较弱。

⑦信息闭塞。山中道路崎岖，交通不便，基础设施不完善，导致农户信息闭塞，对市场变化难以把握，生产具有盲目性。

（二）基于个体工商户的调研

1. 调研对象

调研对象对山阳县漫川关镇明清街上的当地个体工商户。

2. 调研过程

采用问卷调研法、入户访谈法。综合来看，调查的商户情况各不相同，但共同点在于主要经济来源都是个体经营收入，客源主要是周边本地人员和游客。

3. 现状及问题

这些个体工商户大多没有参加过电商培训，对电子商务不了解，安于现状，但并不排斥接受电商培训，通过培训了解如何运营网店，参与电商运营。一些商户会受到电商的冲击，销量有所下滑。

①一些商户的产品仍没有注册商标，因为成本较高，目前需要政策支持商标申请。

②经验方法欠缺，经营资金不足，需要提供经营方法和资金扶持。

③电商技术与知识不足，一些店主表明自己对电子商务技术和知识掌握不足。

④基础设施薄弱，当地交通并不方便，物流配送缺乏核心竞争力。

⑤经营存在道德风险，一些站点私自进行额外收费，即使通过正规渠道进行投诉仍无法解决强制额外收费的问题。

⑥产品质量参差不齐，市场缺乏秩序。目前市面上的小作坊都是自产自销，存在质量参差不齐、价格恶性竞争的情况。

⑦政府扶贫政策落实问题，一些商户参加过政府培训，认为政府扶贫政策落实不到位。

（三）基于当地企业的调研

1. 调研对象

调研对象对山阳县的部分特色企业。

2. 调研过程

采用座谈会法。考察赢正食品有限公司、万福茶厂、山里山城电子商务有限公司、恒兴盛工贸有限公司等企业，并与经营管理者座谈。

3. 典型案例

赢正食品有限公司是一家生产手工空心挂面的企业，其产业链模式是"公司＋农村专业合作社＋农户"。随着时代发展，市场竞争加剧，赢正在传统销售渠道拓展面临很大的问题。电子商务的发展，为这一问题的解决带来转机。如何使电子商务和农村企业固有的模式无缝接轨，是企业面临的最大问题。

万福茶厂经营范围为茶叶种植、生产与销售。万福茶厂从 1990 年开始经营生产，现今已有 3000 余亩茶地。销售状况为自营线下销售，售往当地及西安等就近城市，在商洛市有三四个售卖点。价格分为高、中、低三个档次，中低档产品无滞销问题，线下销售已经供不应求。由于自身产量有限，万福茶厂并不具备和买家讨价还价的能力，未来发展线上销售的可能性不高。万福茶的外观不太好，手工成本高，高档茶不具有市场竞争力。建设自己的茶文化面临着人手不够、资金短缺等问题。

山里山城电子商务有限公司是一家专业从事生态农特产品开发、销售与服务的互联网公司。公司面临的最大问题是电子商务人才储备不足，电子商务平台建设只停留在建设网页阶段。

恒兴盛工贸有限公司的负责人为了响应国家扶贫政策的号召，自愿来到农村对当地的资源进行开发利用。经营范围包含工业皂素、中药材种植，在花期时可供游客欣赏参观，其他时候主要进行销售。林业以及养殖业也稍有发展。最近在策划发展以农家乐、休闲养生为主的旅游业。

4. 现状及问题

①缺少产品创新。被调查的企业大多数是将产品直接进行包装后销售，缺少产品的二次加工或深加工，产品没有新意，与同类产品相比缺少竞争力，对消费群体来讲，缺乏吸引力、新鲜感。

②缺少品牌优势。许多企业没有属于自己的品牌，或缺少推广，无法形成"一提到山阳就想到当地企业特色产品"的品牌效应，不会利用资源优势推广产品。

③资金短缺。大多数企业是自己投资，只有少部分项目有国家政策补贴，但额度也很少。企业想扩大生产、宣传、引进人才等就面临资金短缺难题，占领市场、扩大销售就变得困难，也使企业发展受到影响。

④电商人才匮乏。很多本土企业对电子商务的认识还很肤浅，程序开发、美工设计等专业的技术人才太少，网站建设没有吸引力，电商人才紧缺。

⑤政府支持力度不够。在被调查的企业中，绝大多数表示不太了解政府相关的电商政策，需要政府部门调动多方力量共同参与和推进。

⑥县域地区优势不明显。电子商务起步较晚，行业整体应用水平较低，从事电子商务的企业布局分散，缺少大企业的引领和大项目的集聚，总部企业、研发中心、全国或区域客服中心和物流集散地缺失。

（四）基于电商相关服务站点的调研

1.调研对象

调研对象为山阳县涉及电商业务的服务站或服务点。

2.调研过程

采用入户访谈法与座谈会法。重点考察漫川关镇农村淘宝、莲花社区农村淘宝、万福路漫川农村电商服务中心、苏宁易购网点，并与经营管理者座谈。

3.案例分析

农村淘宝是阿里巴巴旗下对农村电商提供服务的一个平台。主要业务是代购，即农村淘宝采购当地居民需要在线上采购的物品，物品送达后，通知购买者进行取货及支付价款。农村淘宝不收取任何的中介费。农村淘宝对于想做电商的人群提供技术支持，帮助开户，所有服务免费。农村淘宝的工作人员是政府从3000多人中经过培训、考试，层层选拔出来的，并分派到各地经营农村淘宝，每月都有政府补贴与企业奖励，政府提供场地及网络宽带。目前山阳县一共有40多个农村淘宝。

重点调研漫川关镇与莲花社区的两家农村淘宝。第一，莲花社区农村淘宝的店长之前做过一些生意，对于农村淘宝的前期宣传做得很到位。他们自费置备了一些袋子、纸杯用于宣传。第二，莲花社区农村淘宝的物流快递多样，基本做到客户需要邮寄什么快递，就可以寄什么快递。漫川关镇农村淘宝的快递只有邮政和优速。第三，莲花村当地人的思想并不十分保守，由于农村淘宝前期宣传工作做得好，当地人对此类电商服务并不十分排斥，还想积极参与，接受新鲜理念的程度较高。一些电商促销如"双十一""双十二""618"等，都是农村淘宝的旺季。漫川关镇农户对农村淘宝概念认识模糊，信任度较低，主要客户是当地的学生，给当地农村淘宝业务拓展带来极大不便。总体来看，莲花社区农村淘宝已经初具规模，与当地居民的配合度高。漫川关镇农村淘宝需要加大自身宣传力度，提升当地人的信心。

万福路漫川农村电商服务中心。一天100多件收发快递，寄出量少于收入量，大部分为游客往外寄土特产。该电商服务中心与农村淘宝相互合作，鼓励当地居民使用邮乐购，物流方式大多使用邮政物流。民营物流公司，如中通、圆通等在取件时要向客户多收额外费用，每件最低3元，而同时邮政网店已经覆盖全村，方便各项业务开展。

苏宁易购网点。与农村淘宝不同，此网点售后服务由苏宁专门提供，所有服务免费。物流服务较快，主营家电等。线上订购3~4天就能订好货，并且能上门提供安装服务。西安货物至漫川关镇，当天12点以前下单，第二天就能到。加盟苏宁的原因是苏宁可以直接运送货物，省去运送成本；不过，还需要经过培训，内容主要是技术培训。到销售旺季会推广宣传一定的促销方案，基本上没有什么考核，一年销售额标准为50万元、100万元不等。

4. 现状及问题

①不想只限于代购等服务，想成为真正的电商平台，线上销售锅巴等特产。需要政府提供更多的技术支持（如图片美化技术）。

②农户对农村淘宝认识仍然不到位，双方缺乏沟通交流。当地人代购货物遇到问题需要农村淘宝帮忙退换货时，面对较高昂的退货物流费用，两方容易引起矛盾。

③店员感觉是投入的精力大，但佣金降低，并且缺乏技术支持。

④向外寄出的货物大多为核桃、蜂蜜、豆豉、锅巴等特产，其包装需要改革，同时需要加强物流建设。

⑤农村淘宝站点负责人素质水平参差不齐。这些经过层层考验挑选出来的站点负责人员业务能力差距较大，道德品质方面存在一定问题。

（五）基于当地政府机构的调研

1. 调研对象

调研对象为山阳县各级相关政府机构工作人员。

2. 调研过程

采用问卷调研法与座谈会法。调研对象包括山阳县发改局、经贸局、人社局、交通局、农业局、林业局、文广局、扶贫局、招商局、旅游局、电商中心、漫川关镇、万福村等的各级工作人员。

3. 现状及问题

通过数据汇总、分析，针对山阳当地电商发展情况，我们了解到：当地电商发展时间短，没有形成统一品牌，知名度不高，处于萌芽初期发展阶段，需要继续加大发展力度。当地政府的扶贫政策主要涉及教育扶贫、医疗扶贫、就业创业、产业扶持、金融扶持、电商扶贫、危房改造、移民搬迁、健康扶贫、生态扶贫、兜底保障等方面。但这些政策并不统一，执行难，贫困人口有限制。产业项目选择难，收益无保障，抵御市场风险能力差。当地物流需求很大，但物流设施建设较落后，冷链物流不到位，各种配套设施不齐全。县政府对电商创业者的优惠及帮扶政策有"五大免费，十大支持"，但当地群众意识不强，企业自我发展动力不足。

从山阳县万福村村支书处了解到，就万福村来说，一个干部帮扶 5 户以上，人力物力稀缺。第一，农民人口权、地权、房屋权、财产权等不够明确。权责不明确会导致矛盾重重，不利于项目运营，需要大量的人力物力，进行产权改革。第二，村中特色产品没有形成产业化、规模化，销售渠道过于传统，利润空间小。农户过于分散，产品集中化销售难度大。第三，资金短缺，需要政府的资金支持，但目前只能争取一些小项目来投入实施。第四，物流短板大，对外销售商品的物流价格可能高于产品本身的价格。第五，当地农户对于这种线上对外销售的模式感到陌生，对一些新鲜理念、事物接受度低、理解慢。其主要原因是，当地绝大多数年轻劳动力出门务工，只有儿童和老人留守；当地农户受教育程度低，以体力劳动为主，基础设施不够完善，移动智能机以及电脑不够普及，农户接触不到更加先进的理念以及电子商务的信息等。

四　秦巴山区县域电商扶贫问题分析

（一）思想认识不足

思想认识决定着发展方向。就山阳调研情况来看，普遍缺乏对于电商的认识，整体接受度较低，尚未转变传统经济发展观念，对于电商发展模式参与积极性不高。政府机构在扶贫工作中，缺乏一定的针对性，带有一定的任务压力与应付思想。电商扶持政策宣传工作方面仍存在较多不足，无论企业还是个人，大多不太了解政府相关电商政策与扶持政策。政府扶贫政策虽多，但这些政策不统一、执行难。个人与企业对商业模式、经营、市场与产品缺乏正确的认识。产品差异性小、质量参差不齐，且缺乏必要的认证。无论企业，还是个人品牌意识薄弱，甚至还存在一些道德风险。

（二）区位优势薄弱

电子商务起步较晚，整体应用水平较低，电子商务企业数量不多、规模偏小且布局分散，电子商务交易额仍处在较低水平，远落后于其他淘宝镇、淘宝县，也落后于同省的武功县。电子商务应用模式不够丰富，服务模式相对单一，集商流、物流、信息流、资金流于一体的全流程电子商务平台较少，缺乏核心竞争力。现有的电商产品没有特色，与山阳、秦岭关联度较低，缺乏区位关联度高的企业、品牌或产品。

（三）协作效果欠佳

缺乏有效健全的协作机制。电子商务发展需要多部门、多机构协作与参与，包括政府部门、供应商、电商平台等。就山阳县现状来看，存在各机构协调性差、协作机制不健全等问题，比如县经贸局、电商中心参与度高，其他部门较冷淡。秦巴山区县受限于特殊的地理环境,交通发展相对落后,通信基础设施不完善,物流建设较落后,导致农户信息闭塞,互联网与智能手机普及率较低,再加上其他配套设施不齐全,严重制约了当地电子商务的发展。

(四)电商人才匮乏

当地电商发展不发达,年轻人返乡意愿较低,导致当地以老年人为主,且文化程度偏低。很多本土企业对电子商务的认识还很肤浅,程序开发、美工设计等专业的技术人才太少,直接制约了电商网站的发展。全县普遍缺乏能够独立开设网店、开展运营管理的专业人才。电商人才的短缺既包括技术人才,也包括管理人才;既包括初级人才,也包括中高级人才。政府、学校、协会、企业等缺乏人才培训体系、师资、条件与资源。人才外流现象严重。

(五)经营困难繁多

无论是个体从业者,还是企业,在从事电商业务时都面临诸多的经营难题,小到手续办理、资格认证、产品包装、网店开设,大到资金筹措、产品规划、市场开发、企业管理等,都存在许多难题,甚至严重困扰其经营与发展。秦巴山区自然条件恶劣,农户种养殖风险大。农产品生产多为散户,生产规模小,产量较少,较为依赖传统销售渠道,利润微薄,缺乏规模效益。资金短缺,设备不健全,向国家申请的援助落实不到位,创业脱贫路途艰难。产品缺乏创新,多以直接销售或初包装与加工为主,缺少产品开发或深加工。品牌意识单薄,市场开拓不足。

五　秦巴山区县域电商发展建议

(一)政府、企业与贫困户多方联动,落实电商扶贫协同机制

电商扶贫工作推进无法脱离政府、企业与贫困户这些相关利益体,也不能单独依靠任何一方来实现,需要精准定位贫困户,以政府为推手,以企业

为主体，构建政府、企业与贫困户多方协调机制。政府除了精准确定建档立卡贫困户外，还应充分挖掘与明确贫困户的需求与能力，通过各种宣传途径将扶持政策讲细、讲透，引导贫困户的思想与行动。在电商扶贫工作中，政府要加强与企业、贫困户的联系，做好应尽的服务工作，例如，建立农村淘宝站、电商扶贫示范店，实现以点带面带动扶贫效果；一条龙、一站式业务办理机制，使贫困户、电商企业办理执照、资质等业务更顺畅，并节省相应的成本；等等。通过政策扶持、资源倾向、业务指导、资金帮扶等方式，鼓励及扶持贫困户个人电商创业，鼓励电商企业带动贫困户发展。电商企业除了引导贫困户规范种植与养殖外，还可以采用合作社、企业－农户长效合同等多种方式打造产供销一条龙，还应积极及优先雇用符合要求的贫困户，实现贫困户多渠道增收。除了场地、资金补贴外，政府还应牵头职业学校、培训机构、企业，利用外部有利资源，鼓励青年、学生返乡创业，吸引外部电商人才，同时建立长效的电商人才培训体系，通过政府培训、企业自训、个人学习等方式，不断提升电商从业人员水平与素质，增加电商人才的供应数量提高质量。

（二）多举措、多模式、多参与方完善电商基础设施建设体系

发挥政府的主体作用，完善交通、金融、网络、物流、教育等领域电商基础设施，积极吸引企业及社会资源参与建设。政府牵头建设当地优势产品、特色产品的展示平台、电商产业园区、物流园区等，吸引阿里巴巴、京东、苏宁易购、网库、顺丰、四通一达等电商平台、物流企业参与县－镇－村电商资源建设。合理使用政府土地资源、财政资源，利用税收杠杆、金融杠杆对园区、示范网店、物流配送中心、培训中心等进行扶持，不断完善当地电商发展所需的各类基础设施。运用政府独资、政企合作、PPP、建设委托运行等多种模式，建立、完善电商相关基础设施。对于建设的各类设施、各种体系，根据政府扶持内容与力度，要强化监督与考核，不断提升质量，杜绝腐败，如政府定期对农村淘宝店员进行资格考核，聆听当地农户反馈，保障农户利益。

（三）创特色、打品牌、理思路，推动市场化电商持续性发展

通过梳理淘宝村成功经验，发现大多都聚集在特色商品，尤其是农副产

品上，如坚果、果干、水果、蜂产品、大米、干货、滋补品（养生茶、山参、石斛、枫斗、牛蒡、枸杞等）；再以陕西典型淘宝县武功、礼泉为例，主打产品是果干。秦巴山区资源丰富、特色鲜明。秦巴山区县发展电商更应充分利用区位优势，聚焦特色资源，如核桃、板栗、玉米、洋芋、荞麦、魔芋、桐油、茶叶、蜂蜜、黄姜、五味子等。针对市场需求，对农副产品进行包装、二次开发、深加工，增加产品附加值。注册商标，塑造品牌，打造秦巴山区电商特色品牌，如"陕南黑猪""秦岭山地肉鸡""山阳核桃""山阳茶叶""山阳九眼莲""漫川关八大件""漫川关玉米锅巴"等。电商发展应以满足消费者需求为思路，以适应市场发展为导向，建立科学合理的现代化、市场化电商企业。

参考文献

郑瑞强、张哲萌、张哲铭：《电商扶贫的作用机理、关键问题与政策走向》，《理论导刊》2016 年第 10 期。

牟秋菊：《电子商务助力农村精准扶贫探析——以贵州省为例》，《农业经济》2017年第 7 期。

高光涵、李晚莲、胡翔凤：《"互联网＋"模式下农村电商扶贫工程实施中的问题探究——基于湖南省溆浦县的实地调查》，《湖北农业科学》2017 年第 9 期。

石明：《电商扶贫"陇南模式"的现状、问题及对策研究》，《生产力研究》2017年第 6 期。

许加宏：《农村电商的扶贫强刺激效应：菏泽"淘宝镇"案例》，《金融发展研究》2017 年第 1 期。

马泽波：《农户禀赋、区域环境与电商扶贫参与意愿——基于边疆民族地区 630 个农民的问卷调查》，《中国流通经济》2017 年第 5 期。

张夏恒：《西部山区县电商扶贫路径研究：以陕西凤县为例》，《当代经济管理》2017 年第 7 期。

邓德艾：《武陵山片区电商职业教育精准扶贫提升路径研究》，《中国职业技术教育》2017 年第 19 期。

案 例 篇

Case Studies

B.13
泾阳县：资源整合　企农联合　产业融合
——产业精准扶贫脱贫的实践与探索

陕西省社会科学院课题组*

摘　要：　随着脱贫攻坚进入攻坚拔寨的冲刺期，泾阳政府立足县情找
　　　　　定位，全力脱贫谋"三变"，在做强扶贫产业、壮大龙头企
　　　　　业、坚持创新驱动、强化企农利益联结、突出就业安置等方
　　　　　面进行了成功探索，形成了资源整合、企农联合、产业融合
　　　　　的精准扶贫脱贫模式，贫困人口发展能力明显提升，收入水
　　　　　平显著提高，走出了富有特色的精准脱贫之路。

关键词：　精准扶贫　特色产业　龙头企业　利益联结　泾阳

---

　*　课题执笔人：王建康，陕西省社会科学院科研处处长，研究员；曹林，陕西社会科学院副研
　　究员；张馨，陕西省社会科学院助理研究员；刘晓惠，陕西省社会科学院助理研究员。

泾阳县地处关中平原腹地，但地形复杂。2016 年，全县贫困发生率为
1.17%，建档立卡贫困村 65 个、贫困户 2398 户、贫困人口 6212 人，集中
分布在山区和台塬区。随着脱贫攻坚进入攻坚拔寨的冲刺期，泾阳县委、县
政府立足县情，最大限度地整合优势资源，鼓励引导各类企业和社会组织积
极参与，聚力推进产业融合发展，实现了资源精准配置、项目精准设计、产
业精准选择、资金精准投入、群众精准收益，贫困人口发展能力明显提升，
收入水平显著提高，走出了富有特色的精准脱贫之路。

一　壮大扶贫龙头、做大扶贫产业、强化利益联结的成功探索

（一）面向市场需求，精准做强扶贫产业

产业脱贫是脱贫攻坚战的基石，通过产业扶贫才能从根本上、长远地在
脱贫攻坚战中取得成功。贫困人口往往就业没有岗位、脱贫没有产业、致富
没有门路。为了解决这一问题，泾阳面向市场需求精准谋划特色产业，让贫
困户自食其力，变输血为造血。

1. 发展传统特色优势产业

作为传统的农业大县，泾阳县立足县情和资源优势，在继承历史、传承
特色产业的基础上，推进资源整合，因地制宜地选择地区主导产业，发展茯
茶（黑）、奶畜（白）、葡萄酒（红）、蔬菜（绿）四大特色优势产业。先
后制定了《泾阳县葡萄与葡萄酒产业发展规划》《关于金融支持茯茶产业发
展的指导意见》《泾阳县苗木花卉产业发展规划》《蔬菜产业发展扶持政策》
等规划与政策，通过加大资金投入、鼓励科技创新、培育公共品牌、建设产
业平台等方式，培育行业重点企业。

2. 大力发展新兴服务业

发挥区位优势，挖掘丰厚的历史文化资源，依托茯茶、酿酒等特色产
业，按照"一切产业旅游化、一切旅游产业化"的理念，进行全域旅游开

发、发展文化创意、休闲度假、乡村旅游等新兴产业，培育县域经济发展新支柱。

3.积极推进产业转型升级

面对国家加大生态治理力度、加快绿色发展的要求，泾阳树立发展新理念，全力推进北部矿山生态修复治理，推进矿山区域产业转型，重点布局设施蔬菜、养老服务、影视文化、旅游观光、户外运动等产业，开拓转型发展新路径。随着特色产业不断发展壮大，特别是区域全覆盖，精准扶贫有了产业依托、项目载体和龙头带动，贫困人口有了参与产业发展的可能与机会。

在四大特色产业的带动下，泾阳的"三变"改革逐步深入，不仅实现了贫困农民增收，而且有力地推进了农业供给侧结构性改革，扶贫根基愈加巩固。

（1）泾阳蔬菜产业蜚声省内外

全县蔬菜规模38.4万亩，年产172万吨，产值18亿元，蔬菜收入占到全县农民人均纯收入的45%以上。蔬菜园区带动效应明显，全县有省级蔬菜产业园区1个、市级园区9个、蔬菜生产示范园60个、"一村一品"示范村82个、万亩以上的蔬菜主产镇7个，示范村蔬菜收入占到农民人均纯收入的80%以上。在县财政每年1000万元的扶持下，设施蔬菜园区的水、电、路等基础设施逐渐完善，贫困户日光温室损毁得到修复并恢复生产。

（2）泾阳茯茶风靡国内外

电视剧《那年花开月又圆》热播让千年古茶大放异彩，掀起了泾阳茯茶热销浪潮，推动茯茶产业迅猛增长。目前，全县茯茶企业已达52家，从业人员过万人，茯茶产量突破2万吨，产值突破20亿元。茶企通过设立"爱心茯茶基金"，与贫困农民的利益紧密相连，形成助推脱贫的长效机制。

（3）葡萄酒产业异军突起

泾阳依托世界葡萄栽培最佳优生区地理条件，重拾酿酒传统，大力发展葡萄酒产业。全县葡萄总面积12万亩，葡萄年产量9万吨，建成各级各类现代农业园区17个，建成酒庄、庄园3个，已经成为关天经济区重要的葡萄酒产业基地，促进贫困户土地流转，贫困户在园区内获得就业岗位。

（4）奶畜产业领先发展

泾阳是传统奶畜大县，全县奶牛存栏 7.73 万头，奶山羊存栏 24.5 万只，养殖企业 173 家。17 家规模养殖企业利用 3307 万元贷款，为 1111 户贫困户年分红 357 万元，户年均分红 3200 元。2017 年，全县 37 家畜牧企业及养殖大户参与精准扶贫，共申请产业扶贫小额贷款 5860 万元，带动贫困户 1172 户，年分红 466.4 万元，户年均分红 4000 元。

（二）优化营商环境，精准壮大扶贫产业龙头

发展产业的核心主体是企业，发展壮大一批富有竞争力的龙头企业和新型经营主体，产业脱贫才能真正落到实处。泾阳坚持多措并举，积极培育，引导企业做大做强，同时鼓励引导企业在发展产业过程中最大限度地让贫困户参与，最大限度地让贫困户受益，形成了龙头企业在产业扶贫中壮大、产业扶贫靠龙头企业带动的格局。

1. 坚持培育优势企业

加强政策落实，支持返乡下乡创业创新政策在园区（基地）落地生根。加大金融支持实体经济力度，对产品有市场、有效益的企业积极给予信贷支持，对暂时经营困难但有市场竞争力的骨干企业不抽贷、不压贷、不断贷。提高生产要素保障能力，重大项目用地实行"点供"政策，由各级政府统一调控、统筹解决，配套做好经济园区基础设施、生活设施建设。

2. 坚持招大引强引技

引进昱鑫科技建设安防技防产业园，与西北农林科技大学共建泾阳蔬菜试验示范站、茯茶产业科技示范园，携手海南供销大集控股有限公司合作组建中国泾阳茯茶集团公司，联合湖南大茶视界控股有限公司、大农科技股份公司、海航集团建设国家茶叶大数据中心、西北茶叶仓储物流中心等茶产业链项目，广聚社会之力，汇集优势产业开发力量。

3. 推进企业扶贫脱贫

泾阳发挥龙头企业的带动优势，树立推广茯茶模式、雅泰模式、日新模

式、特色蔬菜小镇等企业扶贫典型，引领和悦丰润农业公司、秦辉奶牛养殖专业社、长街大蒜小镇等一批企业机构跟进，掀起了企业主动参与扶贫脱贫的热潮。

泾阳将贫困就业与经营主体发展紧密关联，积极培育新型农业经营主体和重点企业，增强了扶贫主体带动能力。

4. 龙头企业壮大成长

全县累计发放增信扶贫贷款近 2 亿元，产业扶贫资金 1000 多万元，为雅泰、日新、绿莹莹、鑫虎、润兴、龙泉公社、泾阳茯茶等一批优秀龙头企业注入新的发展动力。积极组建村级电子商务运营公司，开展农产品线上销售，有效地解决了农产品"渠道窄、销售难、价格低"的难题，辐射带动农民增收能力进一步增强。

5. 新型农业经营主体快速发展

泾阳按照一村一园（产业园）、一村一社（合作社）、一村一店（电商店）的要求，组建了合作社、电商等新型经营主体 324 家，基本做到了村级合作社全覆盖、电商全覆盖、特色产业园（100 亩以上）全覆盖。新型经营主体带动贫困户贷资入股、劳动入股、产业扶持资金入股，使所有贫困户都有 1~2 本股金证，年入股分红为 3000~5000 元。

（三）坚持创新驱动，精准增强扶贫脱贫动能

泾阳坚持创新驱动，在科技研发、管理组织、商业模式等方面积极创新，着力培育经济新增长点，促进了产业发展和农民增收，降低了农民生产生活成本，产业扶贫脱贫空间得到有效拓展。

1. 强化校地合作，为脱贫装上科技创新引擎

泾阳高度重视科技创新引领作用，积极与西北农林科技大学、杨凌农业科技大学、西安邮电大学、陕西城市经济文化研究会等高校和科研院所合作，为产业技术示范推广、新产品新技术研发等提供科研保障。在蔬菜领域，建立蔬菜试验示范站，建成 3 个现代化育苗工厂、64 个专业化蔬菜育苗点，通过校地合作实现了蔬菜产业新技术、新品种、新材料的试验示范与

推广应用，为泾阳蔬菜产业可持续发展提供技术支撑。在茯茶领域，建立了西北农林科技大学泾阳茯茶研发中心，积极谋划建设茯茶科技产业园，开展茯茶科学研究、技术推广和人才培训，通过引进辣木作为茯茶原料进行产品创新，有力地促进了茯茶产业转型升级。

2. 强化管理创新，为脱贫铺设利益联结新轨道

一是探索形成了粮食银行的集约化管理模式，有效地整合农资供应、技术管理、科技服务、种植、加工、销售等环节，使参与其中的贫困农民全产业链获益。泾阳以自强面粉责任有限公司为载体，全程托管农民土地，统一良种，实现规模化种植，提高产品品质和产值；提供仓储设施，以高于市场价格收储农民粮食，实现集中化管理，将存粮核算成资金，使粮食具有增值空间，农民通过粮食存折可购买质优价低的粮油、蔬菜等，减少了中间环节费用。

二是形成了"政府 + 茯茶企业 + 海航集团"的模式。县政府与海南供销大集控股有限公司合作，以 PPP 模式进行运作，茯茶企业作为股东，组建中国·泾阳茯茶集团公司，打造国际茶城、温室大棚观光种植园区、毛茶交易市场、标准化仓储和电子化交易平台。该公司的筹建将发挥集聚效应，推动茯茶产业规模扩大、品牌提升和产业现代化发展。

（四）坚持企农利益联结，精准构建贫困户受益机制

泾阳加快实施"三变"改革，通过土地入股、扶贫资金入股、劳动力吸收等方式使贫困户参与到经济实体中，通过股份将企业与贫困户打造成"利益共同体"，龙头企业与贫困户形成互利共赢的共生关系。贫困户在保底分红的基础上获得了效益分红，增加了收入，且具有可持续性，企业也获得了发展壮大的机遇。

1. 探索形成茯茶产业爱心扶贫机制

茯茶中心、茯茶协会与龙泉公社、龙源村委会签订了"泾阳茯茶'爱心茶'销售协议"，设立了"爱心茯茶基金"，按照"协会 + 村委会 + 贫困户"的模式运行。由茶企提供产品，贫困户作为销售人员按照参与销售、服务的积分获得利润分红，并且形成了"茶企销售一块爱心茶捐赠一元钱"

的"爱心基金池"长效扶贫机制。2017年12月，23家企业向龙源村捐赠第一笔爱心基金，达到6.6万元。

2. 探索形成果业企业风险兜底扶贫机制

日新农业公司建成15300亩标准化酿酒葡萄示范园，园区所有农户土地变成股份，农民享受土地租金保底、效益分红、园区务工和政策补贴，创建资金、就业、补贴全方位可持续的无风险扶贫模式，精准落实"三变"改革。园区涉及流转土地1124户4162人。其中贫困户土地流转户数124户438人。通过租地和务工带动建档立卡贫困户345户1468人，累计增加农民收入5000多万元。

3. 探索形成乳业"四统一保"精准脱贫机制

雅泰乳业公司构建"龙头企业＋合作社＋贫困户"的组织模式，让贫困户加盟企业奶源生产，实行"统一饲喂标准、统一养殖技术和防疫、统一订单收购、统一奶源管理、保护价全部收购"的"四统一保"政策，推行贫困户"土地入股、羊只入股、劳动力入股"的多元股份收入形式，辐射带动贫困户产业脱贫。县人寿财险和畜牧中心为雅泰模式贫困户奶山羊进行投保，县扶贫办承担全部保险费，实现养殖"双保险"。县政府以雅泰乳业为龙头，推行"雅泰模式"全覆盖，扩规模，建基地。2017年全县发展参与雅泰模式贫困户1409户，养殖奶山羊近万只，贫困户年可实现收益近千万元。

4. 探索形成农业园"股权分红"精准扶贫机制

绿莹莹现代农业园以"龙头企业＋专业合作社＋协会＋农户"为格局开展精准脱贫工作，农民以土地承包经营权入股，获农户每亩1000元的固定分红和工资收入分红；以农户"带资入股"形式，每户家庭年分红4000元；以技术和管理入股，获得管理地块纯利润的30%股权分红。目前，园区已带动周边80户214名贫困群众带资入股，发展产业，享受分红。

（五）突出就业安置，精准推动扶贫扶智扶志相结合

农民有技能才能稳定长久地就业。泾阳将技术培训嵌入产业精准扶贫过程中，提升贫困户的持续发展能力，推进扶贫方式向"扶智""扶志"意义

层面深化。按照"有劳动能力的贫困家庭至少有 1 人实现稳定就业"工作目标，着力"精准调查、精准培训、精准推介"三环节，围绕特色产业，实施开展了多渠道、多层次、多形式农民实用技术培训，达到贫困劳动力人人都能熟练掌握一种以上农业实用技术的目标，促使全县 6404 人中的 4119 人实现了稳定就业，贫困劳动力自我发展能力明显增强。截至目前，泾阳县贫困规模为 5431 户 17680 人，其中脱贫户 3033 户 11468 人，脱贫率提高到 64.9%。

1. 精准调查，建立贫困劳动力动态台账

通过建立贫困劳动力全方位数据库，全面摸清全县贫困劳动力动态就业形势，整合就业资金和财政资金，有的放矢地在全县各级各部门开发贫困劳动力公益岗位。在全县 65 个贫困村特别设立就业扶贫公益岗位，开发特设公益性岗位，推进公益专岗安置。全县共盘活内部工作岗位作为公益专岗 190 多个，累计安置贫困劳动力 644 人。

2. 精准培训，提高贫困劳动力自我就业能力

按照"政府主导进村培训，着眼就业对接市场，资金激励社会化运作"的思路，把职业技能培训和发展县域主导产业相结合，围绕茯茶、奶畜、酿酒葡萄和蔬菜四大特色产业进行就业培训。围绕茯茶产业开展茶艺培训，围绕畜牧产业开展"雅泰模式"养殖培训，围绕酿酒葡萄和杂果蔬菜产业开展果树、蔬菜种植技术培训等，促进贫困劳动力以专技能人就近就业，激发贫困劳动力脱贫内生动力。现已累计开展就业创业培训 58 期，1089 名贫困劳动力通过参加培训，成为"黑""白""红""绿"四色产业的新生工作力量。

3. 精准推介，构建贫困劳动力脱贫主渠道

按照"政府推动，平台搭建，政企互联"的思路，与广东东莞、泾河新城等地建立贫困劳动力转移就业劳务协作机制，通过深入贫困镇村举办就业脱贫专场招聘会、电话推荐就业、组织闲置劳动力现场考察企业、微信平台宣传就业扶贫优惠政策和职业介绍信息、就业创业典型带动等方式，营造广大贫困劳动力积极主动就业的良好氛围。目前已实现 4119 名贫困劳动力转移就业，为打赢脱贫攻坚战奠定了坚实基础。

二 经验与启示

泾阳县立足实际，因地制宜，探索形成了"三合"精准扶贫脱贫模式，实现了企业发展、产业成长、群众增收的多方共赢良性互动，形成了贫困群众持续稳定的增收机制，真正做到了扶真贫、真扶贫、真脱贫。

（一）因地制宜发展富民产业，脱贫增收才有坚实依托

产业是扶贫脱贫的根基，发展产业是实现脱贫的根本之策。泾阳政府实施"三合"精准扶贫脱贫模式的根本举措就是立足当地资源禀赋，挖掘传统历史文化，确定将茯茶、奶畜、酿酒葡萄、蔬菜"四色"产业作为产业扶贫主导产业。实现了产业发展与精准扶贫的有机结合，为贫困户脱贫致富构建了强有力的特色农业产业支撑。这有力地说明，整合特色资源，嫁接省内外甚至全国性产业战略资源，培育发展符合本地要素禀赋的富民型特色优势产业，是带动农民脱贫的重要抓手。未来还应当适应国家生态调整战略及"互联网＋"、产业融合发展趋势，大力推进生态环保型产业，促进产业融合化、绿色化发展，最大限度地吸纳就业和贫困人口参与。围绕本地特色优势产业，精心设计布局产业链，遴选一批富民扶贫项目，发挥政府"有形之手"，结合技能培训，引领贫困群众跨越"技术门槛"，进入产业链，推进产业转型升级。

（二）多措壮大龙头企业，脱贫增收才有不竭动能

经营主体是扶贫脱贫的引领力量，壮大经营主体是实现脱贫的关键之举。泾阳积极扶持龙头企业，壮大农业合作社，全面发挥扶贫主体的带动作用，推广典型扶贫模式到全县的行业领域，快速有效地促使贫困户劳动力转化为经济收入。通过加大资金投入、招商引技引才、鼓励科技创新、培育公共品牌、建设产业平台、岗前教育培训等方式，培育行业龙头企业，树立企业扶贫典型，引导企业积极参与扶贫事业，打造贫困群众劳动就业平台；通

过政策指导、资金补贴、教育培训等方式，大力发展农业合作社、电商、家庭农场、专业大户等新型农业经营主体，夯实扶贫脱贫带动主体基础。通过培育新型经营主体，与贫困户建立脱贫带动机制，着力解决制约贫困人口产业增收的突出问题。

（三）共建共享强化利益链接，脱贫增收才有机制保障

利益联结是扶贫脱贫的动力来源，构建利益联结机制是实现脱贫的制度基础。实施"三合"精准扶贫脱贫模式的关键举措是推进农民企业联合的利益链接机制。泾阳的实践证明，要根据产业实际，积极推进"三变"改革，推广"企业＋基地＋贫困户""企业＋合作社＋贫困户""科研院所＋基地＋合作社＋贫困户""协会＋企业＋合作社＋贫困户"等多种模式，采取农户土地出租，农民土地、资金入股，企业建设产业园区，农户参与管理，企业带贫困农户，企业与农民协议订单，企业带专业合作组织，农户到企业基地领工资等模式，使贫困户参与到经济实体中，构建精准帮扶机制，将企业与贫困户打造成"利益共同体"，构筑贫困户与企业联动长效发展机制。

B.14
蓝田县：陕西县域扶贫与农村
妇女发展民宿经济初探

曾文芳　梁　甫*

摘　要： 县域脱贫攻坚工作是陕西省脱贫工作的头等大事和第一民生工程。产业扶贫被实践证明是精准脱贫的重要路径。方兴未艾的民宿经济因其专注于县域经济发展，是乡村旅游的升级版，近年来，伴随着我国城市化进程的不断加快，尤其是全域旅游的迅速、深入、广泛推进，民宿经济领域如雨后春笋般在各地迅猛发展，成为县域乡村旅游经济不可缺少的重要经济方式。本文以蓝田县为例，通过对陕西农村妇女参与民宿经济、脱贫致富的可行性分析，提出必要的政策扶持与倾斜、相应的法规与制度之完善、多渠道资金与培训体系的专项支持、对女性信息资源掌控能力的提升和重构、全方位精神激励促使女性企业家群体活跃与担当等对策建议。

关键词： 民宿经济　产业扶贫　蓝田县

据统计，截至 2015 年底，我国还有 5630 万农村建档立卡贫困人口，主要分布在 832 个国家扶贫开发工作重点县、集中连片特困地区县和 12.8 万个建档立卡贫困村，多数西部省份的贫困发生率在 10% 以上。陕西贫困状

---

* 曾文芳，陕西师范大学中国西部边疆研究院硕士生导师，陕西省委党校副教授；梁甫，蓝田县委党校讲师。

况十分严峻，2017 年尚有贫困总人数 228 万人，其中一半以上在农村地区，目前仍有秦巴山、六盘山、吕梁山 3 个集中连片特困地区和 50 个国家扶贫开发重点县，贫困县数量占全省县（市、区）总数一半以上。可见，县域脱贫攻坚工作是陕西省脱贫工作的头等大事和第一民生工程。产业扶贫被实践证明是精准脱贫的重要路径。当前，方兴未艾的民宿经济因其专注于县域经济发展，成为乡村旅游的升级版。

一　我国民宿经济发展的现状与前景

乡村民宿被普遍认为是一种旧乡愁与新乡土的结合产物，是"有温度的住宿、有灵魂的生活"，从而得到游客的广泛青睐，近年来在我国各地发展规模呈现井喷式增长。2015 年 8 月，国务院发布《关于进一步促进旅游投资和消费的若干意见》（国办发〔2015〕62 号），指出要大力实施乡村旅游提升计划，开拓旅游消费空间，完善休闲农业和乡村旅游配套设施。计划到 2020 年，全国建成 6000 个以上乡村旅游模范村，形成 10 万个以上休闲农业和乡村旅游特色村、300 万家农家乐，乡村旅游年接待游客超过 20 亿人次，受益农民 5000 万人。可见，民宿经济必将开辟农村现代服务产业的崭新天地，成为推进农村改革的第三次浪潮，引领一波蔚为壮观的农村经济发展。又据《2015 国内出游及短租趋势发展报告》，2015 年国内自由行市场保持稳定增长，个性化体验已成为许多家庭游用户选择旅行住宿产品时的重要标准，短租民宿等非标产品因其提供更多有趣味、个性化设施和服务，已成为家庭出游的首选。

1. 民宿经济是我国三产融合的新型业态

当今，全社会全领域进入融合发展时代，农村亦已进入三产融合发展新阶段，这是实现农业现代化的必由之路，是推进农业供给侧结构性改革的方向选择。民宿经济恰恰是当前农村产业融合发展的最佳切入，以乡村民宿为切入点，向农业、农产品加工业逆向融合，比起从农业领域向二、三产业顺向融合，实践证明效果更好。创意农业、休闲农业和体验农业等均可成为乡村旅游的延伸内容,加上健身、文化娱乐等皆可成为畅销品。民宿本身又是一个业已成熟的旅游市场、较规范的旅游产业、容易复制的经营模式,因此,业态价值巨大,前景甚好。

2. 民宿经济是推动我国县域经济发展的新增长点

民宿经济可以让基层农民收入更稳定、丰厚,可以为更多农民广泛参与成为创业老板和市场主体提供便捷顺畅的通道。因此,它必将给县域内所有农村带来巨变,让农村每个元素都成为市场要素,让本土风俗民情文化在市场上不断流动增值,使县域农村市场经济得到充分发展。大数据显示,经营民宿的农户,少者每户年毛收入在 10 万元左右,多者二三十万元不等,更好者上百万元。从某种意义上说,只有让创业性和财产性收入成为一个人收入的主体,他才算真正进入富裕者之列。民宿经济必将成为县域旅游发展的重要经济增长点。

3. 民宿经济是改变我国农村面貌、脱贫致富的新方式

可以预测,民宿经济发展对于农村改变将是全面、深刻和长远的。在民宿经济的蓬勃兴起下,各种要素源源不断回流农村:人才、资本、政策、公共产品等。这对改变农村的作用是决定性的,可望迅速解决我国普遍存在的农村"空心村"问题,让寂静的农村再度热闹起来,让凋零的乡村再次繁荣,让荒芜的土地重现绿色,尤其是在生态文明建设方面,必将有着关键性推动作用。党的十八大报告首次把生态文明建设放在突出位置,农业生产与自然生态系统的联系最紧密、作用最直接、影响最广泛,因此必然首先基于农村生态环境的保护和改善。民宿经济正是对农村自然资源的有效保护、合理开发和科学发展,更被视为建设美丽乡村的重要路径。

二 陕西农村女性参与民宿经济的优势分析

目前,我国 13 亿人口中有近 7 亿户籍在农村,其中女性占 48%,达 3 亿之多。而农村经济社会已然发生深刻变革,青壮年男劳力大量外出打工,女性成为推动农村经济社会发展的骨干力量。根据全国妇联和国家统计局最

近一次发布的中国妇女社会调查数据（截至 2013 年的最新数据），中国 18～64 岁女性的在业率为 71.1%，城镇为 60.8%，农村为 82.0%。农村在业女性主要从事非农劳动的比例为 24.9%，大部分依然从事农业劳动[1]。陕西是中国西部以农业为主的省份，如果没有女性参与农村经济建设，受损失的将是整个陕西农村的改革、发展和稳定大局。根据全国妇联开展的西部 10 省（区、市）农村妇女专题调查，西部农村妇女发展有"四缺"，即缺少发展资金、缺少致富技术、缺少创业点子、缺少就地转移就业项目。可见，要引领女性在更广阔的领域参与经济社会建设，在更深的层次上实现自身的发展[2]已成为迫切需要。而民宿经济扎根农村土壤，依托乡村文化，在重新整合农村资源中，当然不能忽视对农村女性人力资源的充分利用，使她们成为脱贫致富的新生力量。

1. 农村女性具有参与民宿经济的性别优势

女性历来是新生活方式的倡导者、先行者和影响者。她们有爱美的天性和细致敏感的情怀，对环境质量具有敏锐的观察力，具有强烈的热爱美好环境、追求美好生活的意识；她们内心深处还蕴含着强烈的母爱精神和社会责任感，承担着家庭消费的主角，懂得如何创造良好的消费环境；改革开放以来，许多陕西农村女性逐渐由家庭型转为社会型，积极参加经营承包、植树造林、创业生产等，有着能吃苦、能坚持的创业精神，发展了多种生态农业模式。陕西农村涌现了一大批女能人、企业家，她们已然为农村发展发挥了显著作用，必将随着时代的发展而焕发风采。

2. 可迅速改变农村女性自身和家庭的生活现状

随着工业化、城镇化进程的加快，中国农村富余男性劳动力持续向非农产业和城镇转移后，农业生产早已呈现女性化趋势，"男工女耕"现象在我国农村普遍存在。目前，农村约有 4700 万女性独自支撑着家庭生活，肩负

---

[1] 李玉杰：《新农村建设中的农村妇女经济行为研究——以黑龙江省为例》，东北林业大学博士学位论文，2013，第 39 页。

[2] 《顾秀莲在西北区域妇女发展合作启动仪式上的讲话》，陕西省妇女联合会，http://www.sxwomen.org.cn/6/13767/content.aspx。

着生产劳动和家庭抚养、赡养责任，生活压力大、劳动强度高、精神负担重、缺乏安全感，这是大部分农村女性生活的真实写照。2011 年 10 月 21 日，国务院发布《第三期中国妇女社会地位抽样调查主要数据报告》，指出，72.7% 的已婚者认为，妻子承担的家务劳动比丈夫更多①。

民宿经济在促使乡村的农业活动、商品和服务多元化的同时，也促进了市场经营主体——农村女性生活向多元化发展，使她们主动走出相对封闭落后的环境，在更为清洁、优美、高雅以及以对外服务为主的生活环境中不断加强与外界的交流沟通，吸收外部文化，取长补短。加上女性本身最容易适应民宿经济特有的服务理念和服务方式，如"管家式服务""VIP 接待""亲情式服务"等，轻松愉悦的生活氛围将从意识层面彻底改变她们的生活观念。

3. 民宿经济可迅速提升农村女性家庭地位和社会影响力

所谓女性家庭地位，即"女性在家庭中享有的威望及拥有和控制家庭资源（物质资源和人力资源）的权力"②。一般认为，决定家庭地位的主要因素是经济收入，而陕西农村女性经济收入总体低下。截至"十二五"末，陕西城镇居民收入是 28440 元，而农村只有 9396 元，差距很大，众所周知，这些家庭收入中的大部分又多为外出打工的男性创造。而中高消费的民宿经济核心吸引力就在于能够有效助推家庭经济持续增收。

经济参与既关涉地位的提升，也影响到乡村社会的经济发展，收入上不去，其他需求无从谈起。经典马克思理论一贯强调妇女参与社会生产劳动的必要性。妇女经济赋权迄今仍被国际社会确认为促进妇女发展的关键所在。陕西农村女性普遍性参与民宿经济，可在"协会＋经营户"模式、"村＋合作社"模式和"股份制＋农户"模式等多种模式的带动下，逐步实现农村产业结构的三产融合模式调整，实现陕西省精准扶贫、脱贫致富的目标，并

---

① 蒋永萍等：《认识和诠释新时期中国妇女的社会地位——第三期中国妇女社会地位调查研讨会综述》，《妇女研究论丛》2012 年第 3 期。
② 刘启明：《中国妇女家庭地位研究的理论框架及指标建构》，《中国人口科学》1994 年第 6 期。

可迅速成长为"懂经营"的人才，对于她们在社会分层体系中地位的上升以及夫妻权利模式由传统夫权式的主从型向现代性的民主、夫妻平权式转变，具有特殊意义①。

4. 民宿经济可全面提升农村女性文化修养

受教育程度是劳动力参与生产和提高劳动技能的前提条件，同时也决定着农村女性人力资源在农业生产中的能力水平。调查数据显示：陕西农村女性中，文盲半文盲比例达 17.5%，小学为 25.8%，初中为 42.3%，高中及中专只占 12.6%，大专及以上仅为 1.7%。也就是说，陕西农村女性劳动力中，初中及以下的比例达 85.6%，高中及中专的仅为 12.6%，大专以上寥寥无几；18～64 岁的农村女性平均受教育年限为 7.65 年，只相当于初中二年级的水平②。陕西省委办公厅印发了《陕西省妇联改革方案》，提出 2017 年省妇女十三大时，各族各界、各行各业劳动妇女和知识女性中的优秀代表比例分别不低于 60%、30%、20%，加强对女性社会组织的联系引导，建立女性社会组织孵化基地，培育扶持专业类、公益类、服务类女性社会组织，加强政治引领、示范带动和联系服务。可见，女性在各领域中提升文化修养已经是时代大势所趋。而民宿经济尤为重视主人的灵魂作用，只有承载了厚重的本土文化元素，保持了原汁原味的乡土人情，有着浓郁的文化氛围，才能对游客起到文化向导的作用。这就要求，无论是硬件设施的配备，还是服务方式和内容的需要，都给参与民宿经济的农村女性提出了更高的人文素养要求，促使她们不断提升自我，并积极培养和拥有一技之长，如女红、厨艺、剪纸等实用性技能，成为新一代"有文化"的农村女性，从而也间接对维持家庭和谐、传承传统文化、构建民生幸福家园起到促进作用。

5. 民宿经济可彻底改变农村女性自我认知

动机是产生行为的直接动因，主要表现为兴趣、意图、信念和理想等。

① 孙玉娜：《非农化进程中陕西农村妇女家庭地位研究》，西北农林科技大学硕士学位论文，2008，第 24 页。
② 秦秋红、毛艳艳：《农村女性人力资源开发再思考——基于陕西不同群体人力资源状况的比较分析》，《山东女子学院学报》2014 年第 2 期。

截至 2013 年底，全省女村党支部书记 784 人、女村委会主任 559 人，分别占 2.9% 和 2.1%，女大学生村官占总数的近 60%①。可见，陕西农村女性参政意识仍有待提升。日前，在省妇联《关于〈中国妇女报〉对陕西巾帼脱贫工作进行深度采访及报道的报告》材料上，陕西省委书记娄勤俭，省长胡和平专门做出批示："陕西'4+1'巾帼脱贫的典型案例，说明了产业扶贫的极其重要性，四化同步是遵循社会发展规律的必然选择，要有定力，拔穷根要久久为功，要注意短期和长远的关系；妇联围绕打赢脱贫攻坚战，深入开展'三秦巾帼脱贫行动'，取得很好的效果，创造了典型经验。希望继续努力，充分发挥妇女在脱贫工作中的作用，让贫困妇女脱贫奔小康。"参与民宿经济的经营开发，可促使陕西省农村女性多角度改变自我认知：她们会克服自卑心理，真正树立起男女平等的观念，更加重视提升自身创业理财的意识和本领；会在较为优雅的生存环境中正确认识自身价值，更多关注身心健康；会激发她们不断追求自我完善，去参政议政，投身于新农村建设和社会发展等，总之，会促使自己不断地与社会产生正向连接，增加自信和人格魅力，从而全面提升自我价值和社会发展的认知。

三 蓝田县农村妇女经济状况与参与
民宿经济的可行性分析

蓝田县地处秦岭北麓、关中平原东南部，自古为南北交通要道，区位优越，交通便利。2016 年底全县总人口 65.53 万人，乡村人口 46.92 万人，总面积 1969 平方公里。县域内地形复杂，地貌各异，山、岭、塬占全县土地面积的 80.4%，耕地面积 4.04 万公顷，属于暖温带半湿润大陆性气候，年平均气温 13.1℃，日照 2148.8 小时，雨量适中、四季分明、雨热同季、气候宜人。境内山雄水秀，川美岭阔，自然风景秀丽，文旅资源得天独厚，

---

① 《省政府妇儿工委副主任、省妇联主席井剑萍在 2013 年度省政府妇女儿童工作委员会全体（扩大）会议上的讲话》，陕西省妇女联合会，http://www.sxwomen.org.cn/6/13822/content.aspx。

宜居、宜业、宜游。全县妇女总数 31.55 万人，18~59 岁的劳动妇女约 20.01 万人，其中农村妇女劳动力 14.33 万人。33% 的在外务工，27% 的在家有业，40% 的在家无业。其经济现状如下。

1. 谋生方式有限

外出务工已经是现在农村劳动妇女的首选，但因其文化素质、能力水平不高，从而主动就业意识不强、竞争意识不强、职业要求偏低，大多从事技术含量比较低的工作。78% 以上的外出务工妇女都在 16~35 岁，大部分集中在餐饮服务、宾馆服务、家政、建筑行业。67% 的妇女留守在农村，部分在家有业，比如从事种养殖业或是农家乐，而更多的则成为农业劳动的主力，她们一头挑着农业生产的担子，一头挑着家庭劳务、侍奉公婆、教育子女、家庭养殖的担子，没有闲暇从事其他产业和活动，谋生方式有限。

2. 人均年收入低

打工在外的妇女，因其所做工种不同，基本工资在 1000~3000 元不等，在家有业者收入在 5000~5 万元不等，而在家务农照顾老人的年收入为 3000 元左右，总体人均年收入偏低。抽样调查显示，大部分妇女认为自己的家庭收入一般，收入和支出基本平衡或是略有盈余；有个别家庭经济是入不敷出的，处于窘困的地步；少数认为自己家中是富裕的。当问及家庭消费比例时，大部分农村妇女认为，目前家庭收入主要用于维持家庭日常开支和子女教育，对外出旅游、美容、看电影等现代人的休闲消费活动，基本上无人问津。

3. 实现创业不易

受传统文化的制约和个人特性、文化水平的影响，农村妇女创业意愿相对较低，一是自身定位狭隘，嫁人改变命运思想仍有广泛空间，缺乏自主创业意愿；二是自我评价偏低，尤其是留守妇女，寄自己命运在男人之手，不仅辛苦操劳，而且自卑心理严重，无创业意识；三是创业方向不明，有觉醒意识，有改变命运、改变生活状态的想法，但因社会引导力不足、消息闭塞，不知如何创业；四是有创业意愿，但因家庭经济不足、可筹资渠道不畅等，无足够的创业资金。

总之，蓝田县农村妇女劳动力资源丰富，谋生方式有限，人均收入低，实现创业不易，但总体诉求高、地位意识提升、文化意识觉醒，有参与新业态改变自身的渴望，有农村女性特有的善良、质朴、热情、勤劳，因此提高农村妇女参与民宿的意愿、技能，提供更多就业岗位显得尤为重要。蓝田现有农家乐730多家，2016年底在旅游局备案的有564家，其中可住宿的有453家，价格因季节因素不等，在20~150元之间，200元以上的不足10家，像葛牌镇农家乐，在册142家，可住宿142家，只有葛牌山庄收费在200元以上；汤峪镇在册95家，也只有皇浦会馆收费较高；蓝桥镇在册86家，也仅有玉山蓝河和小木屋收费高于200元。各镇发展农家乐情况不等，有资源的灞源镇、葛牌镇、九间房镇、蓝桥镇、汤峪镇农家乐的家数、住宿率都约占全县的82%。

"十三五"时期，蓝田的发展定位是"人文山水蓝田，丝路生态慢城"，实现路径是发展全域旅游，但蓝田的大旅游发展并未成熟，需要有新的业态带动点旅游向面旅游发展，破解县域旅游季节性约束，延长游客在蓝时间，真正做到慢城，迫切需求发展民宿经济。《蓝田县2017年旅游工作方案》指出：要利用传统村落、历史建筑（乡土建筑）等存量、闲置资源进行"创客基地"、精品民宿、乡村酒店等旅游开发。2017年3月，蓝田县任涛书记带队专程去浙江考察民宿经济，研判蓝田发展民宿的必要性。依据经济发展方向，放眼周边消费人群，蓝田需要走"特色"民宿之路，要依托大秦岭，在灞源镇、葛牌镇、九间房镇、蓝桥镇、汤峪镇做好精品民宿；依托岭区植被好、土地广阔的优势，做好休闲体验民宿；依托村庄闲置旧宅，弘扬老宅改造理念，做好低档养老式民宿。蓝田县妇女参与民宿经济的可行性如下。

1. 妇女劳动力与精品民宿

针对有资源的镇街，要主动引进社会资本，学习莫干山裸心谷度假山庄的成功经验，在不破坏植被的情况下，呵护山林之美，使山体与房子互相映衬又彼此分离，在不破坏山体和谐中发展精品民宿。利用向阳公司老旧厂房，学习霸王岭雨林老屋酒店的成功经验，改造山体周围的古旧房子，让老屋焕发青春活力，与山体和谐统一，充分体现节能、环保理念，发展特色民宿。县妇联、县就业局应大力开展免费就业培训，根据妇女的特点和民宿企业的用工需求，开展针对性培训、菜单式培训，帮助妇女劳动力提高技能，为精品民宿提供服务、保洁、餐饮、维修等服务。

2. 妇女劳动力与休闲体验民宿

《蓝田县 2017 年旅游工作方案》指出：推进乡村旅游与精品农业、特色农业相融合，利用农产品种养基地、中药材种植基地、苗木花卉基地等资源，打造乡村休闲度假型、生态农业观光型、农事互动参与型、民俗风情体验型等特色民宿。针对这一发展方向，横岭地区是最好的选择，植被覆盖较好，空闲老屋较多，移民搬迁后的空置村落及土地广阔点，依据都市里一些师生和退休老人避暑这一需求，可以建设休闲体验型民宿。可以吃住一体，在农耕园体验农耕，也可以只提供住宿及基本生活必需品，客人自己租地，自己侍弄，自己做饭；还可以把可视农业和民宿结为一体，能亲眼看到自己农作物生长，有闲暇自己来打理，没时间可雇人管理。不管哪种方式都需要大量劳动力的参与，妇女劳动力可以提供家政、代耕、管理等服务，还可以直接提供当地的土特产、无公害食物和蔬菜等。休闲体验民宿的发展为妇女提供就近的就业岗位，做到上班、照顾家庭两不误，实现她们"离土不离家"的就业期望，还可以使农产品直接变成商品，增加生产性收益。

3. 妇女劳动力和低端养老型民宿

在城市化浪潮汹涌而来的同时，逆城镇化的生活方式和市场消费大趋势依然出现，不少的城市人有意愿逆回流，特别是离退休的老人愿意住到农村来养老。《蓝田县 2017 年旅游工作方案》要求：开发温泉养生、中医药养生、避暑养生、美食养生、森林氧吧养生、户外运动养生等健康旅游产品；积极开发老年旅游市场，推进"候鸟式"等新兴旅游养老服务业态发展，创建玉山镇山王村、汤峪镇塘子街村等一批中医药、温泉等养老养生旅游示范基地。以此，就业局应积极宣传小额贷款的办理条件、对象、优惠政策、贷款程序以及政策扶持等，鼓励劳动妇女在政府的资助下，利用闲置的或半闲置的民房改造民宿。如果是贫困户，还可以申请无担保全额贴息贷款，把农宅改造成"外土内洋"的旅馆酒店或养老中心，让农村每个元素都成为市场要素。针对生活能自理的客人提供食品、餐饮、民宿，对于年龄较大或行动不变的客人提供扶助、照料。土地部门也可制定相应政策，搭建平台，鼓励妇女以其土地、闲置房屋，入股投资企业养老民宿获取分红，如其愿意在企业打工，可获取工资性收益，如不愿意在企业打工可为其外出打工解决后顾之忧。这样妇女不但能够获得财产性收益，还能获取工资性收益。养老型民宿的引入会拓宽妇女劳动力的视野，带来新的思考方式和生活方式，滋生新的创业方向。

总之，民宿经济发展已经成为农村经济发展的综合体，是农村产业融合发展的最有效的切入点，把需求旺盛的消费者群体和消费市场吸引到农家门口，可为农村劳动力妇女提供就业岗位，使农产品变商品，增加财产性收益，所以，引导农村妇女积极参与民宿经济必将为蓝田经济注入新的活力。

四 推动陕西农村女性参与民宿经济、脱贫致富的建议

农村女性是新农村建设的主力军，也是社会主义新农村各项事业发展的重要依靠群体，投身民宿经济，必将给广大农村女性走出贫困现状、奔向更加美丽的未来带来希望。如何引导和激励广大农村女性投身农村脱贫和发展建设，是我们当前亟须思考和解决的问题。

（一）必要的政策扶持与倾斜

农村女性参与民宿经济，需要在政策层面给予其更多激励和关注，制定出兼顾男女两性利益和要求的法规和策略，并在新农村建设总体规划、陕西脱贫攻坚目标任务中纳入农村妇女民宿发展的专项板块；在实施层面上也应考虑不同地区实际情况，对差异性和多样性给予尊重和特殊照顾，发挥女性在民宿经营管理中的重要作用。具体说来，要优先为广大农村女性提供良好

的生产条件、优质的市场信息、先进的科学技术、完善的发展补贴等政策支持，为其创业理财提供动力；优化农村女性生产经营和投资与消费的外部环境，建立农村妇女民宿经济发展基金，扩大针对农村女性的小额信贷范围，提供多种形式的保险和保障，及时有效地依法处理和打击个别侵犯其合法权益的不法行为等。

（二）相应的法规与制度之完善

一方面，针对我国民宿经济的法律法规还不完备的现实，参照英国、日本的做法，尽快颁布具有稳定性、长期性和权威性的相关法规条例，解决其经营合法性问题，并设立专门机构进行日常监管，从而从法规层面上对陕西农村女性参与民宿经营的经济行为起到引导、规范和保障的作用。另一方面，制定民宿经济市场规划，对乡村旅游资源进行宏观有机整合，科学地指导和策划民宿旅游开发项目，避免雷同和重复开发。农村女性本身是弱势群体，不能单打独斗，需要相应的组织机构加以长期扶助。而综观目前其他大部分已有的经济组织，都存在自身经济实力不强、难以形成规模、组织化程度不高的普遍问题，应采取相应的措施来建立部分女性参与程度较高的民宿经济行业合作组织，确立女性领导集体核心，充分发挥女先锋、女企业家的带头作用，从而调动更多农村女性参与的积极性，高效、有序地逐步拓展农村女性民宿经济经营领域，帮助她们提升抗御市场风险的能力。

（三）多渠道资金与培训体系的专项支持

陕西农村女性参与民宿经济最大的瓶颈往往在于资金问题，缺乏创业资金并且贷款困难。政府应积极优化投资结构，多渠道开辟融资方式，大胆吸纳民间资本的介入，减少层级管理的弊端，尽可能地为她们提供启动资金。由于农村女性创业技能的高低直接影响到参与民宿经济的结果，因此应加快建立健全民宿经营培训体系，定期组建专门的企业式职业培训，开展精准化的理论培训、政策培训、科技培训、管理培训、法规培训，既提高其技术技能水平，也提高其科技文化素质；要注重教育手段的改进，大力发展现代传播技术，充分运用现代教学手段和内容，全面增强农村女性发现机会、整合资源、创造价值、回馈社会的能力，真正发挥核心作用。

（四）对女性信息资源掌控能力的提升和重构

目前，我国农村农业信息化整体水平不高，女性熟练掌握信息技术的程度非常低。应加快建设信息网络的基础设施，应积极与高等学校、科研院所、行业协会商会、知名企业等进行专项合作，为农村女性单独开辟信息服务体系培训的绿色通道，为其提供电子政务、电子商务、远程教育、移动互联、网络营销等专项信息技术在民宿经济中如何应用的定点定期培训服务，同时配合农村综合信息服务体系的建设工作，积极为女性开辟权威性的全国性民宿综合信息服务平台，吸收她们进入农村基层信息服务站，成为信息员，或在中介机构建立专项服务内容为从事民宿经济经营的农村妇女提供更大范围的免费信息服务等。

（五）全方位精神激励促使女性企业家群体活跃

要强化优秀的农村女性创业家精神在全社会的研究与弘扬。除了传统的积极倡导家庭和社会进一步解放思想，深入转变传统观念，给予农村女性发展的各种必要的环境优化，更要特别增强女性创业者履行社会责任的荣誉感和使命感，引导和支持她们奉献爱心，参与光彩事业、公益慈善事业、"万企帮万村"精准扶贫行动等，在构建和谐劳动关系、促进就业、关爱员工、依法纳税、节约资源、保护生态等各方面都充分发挥农村女性更加重要的作用，帮助她们自觉履行政治责任、经济责任和社会责任。可以通过多种渠道（如宣传等）重点对参与创业的女性群体进行专项表彰和鼓励，如设立年度创业奖、评选创业先锋等，促使更多具有创新创业能力的女性人才脱颖而出，在实践中培养一批具有全球战略眼光、市场开拓精神、管理创新能力和社会责任感的优秀女企业家，同时利用多渠道、多媒体的滚动性宣传来支持她们彰显性别优势、获得主动性话语权，使其在新农村建设、农村脱贫致富的道路上与男性一起建功立业、造福家庭、造福社会。

B.15

子洲县:贫困地区乡村振兴战略
实施新路径

——精准脱贫与灾后重建的启示

李 冰*

摘　要：　乡村振兴是十九大提出的八个重大战略之一。子洲县是国家
主体生态功能区和吕梁山片区扶贫开发重点县,2017年夏天
遭遇历史以来最严重的暴雨洪灾,损失惨重。在脱贫和救灾
过程中,子洲采取高标准、高要求的创新思路,将脱贫与救
灾当作实现子洲长远发展的重要途径。本研究以子洲实践为
案例,提出加强贫困地区规划设计、建立现代产业体系、建
设重点村镇、提升公共服务水平、优化农村生态、创新社会
管理的乡村振兴战略实施新路径。

关键词：　乡村振兴战略　子洲县　精准脱贫　灾后重建

　　乡村振兴是十九大提出的八个重大战略之一。改革起于农村,农村也在
近40年的改革开放中获得翻天覆地的变化,温饱问题得以解决,农民收入
逐年增长,农民生活质量得到极大提高,农村生活环境得到明显改善。但与
城市相比,农村发展速度始终较慢,贫困地区致贫原因多样,易生灾情,农
村发展更慢。陕西子洲县是国家主体生态功能区和吕梁山片区扶贫开发重点

＊　李冰,博士,陕西省社会科学院办公室副主任,副研究员。

县，2016 年，人均 GDP 仅为全省、全国平均水平的 63.4%、59.2%，农民人均纯收入 9046 元，与全省、全国均值相差 350 元和 3317 元。2017 年夏天，子洲遭遇历史以来最严重的暴雨洪灾，损失惨重。在脱贫和救灾过程中，子洲采取高标准、高要求的创新思路，将脱贫与救灾当作实现子洲长远发展的重要途径。乡村振兴战略对于贫困地区乡村发展是最难得的机遇，如何推进值得思考，而子洲县的做法值得总结。

一 乡村振兴战略是贫困地区最大的发展机遇

农村发展滞后是乡村振兴战略提出的主因。农村发展滞后已成不争的事实。农业经营仍以家庭单位为主，规模经营比重较小，现代农业发展缓慢。农村建设滞后于城市，水、电、路、通信网络等基础设施维持落后，农村学生流失、学校空置，医疗卫生人员短缺，医治能力明显不足，农民社保难以维持生计。中青年劳动力纷纷离乡进城，农村仅留老人、妇女、儿童，空心村频频出现。农村发展滞后导致城乡差距愈加明显，2016 年，城乡居民收入比下降到 2.73∶1，但这个计算中农民收入很大一块来自城市的工资性收入，如仅仅计算来自农村的各项收入，那么城乡收入差距仍保持较大距离。现代农业建设需要的劳动力十分短缺，农产品安全问题、生态环境恶化、征地拆迁矛盾、产权纠纷等新问题、新矛盾愈加严重，农村作为国家大厦的支撑作用出现弱化，建设农村、振兴农村已经到了刻不容缓的时候。

乡村振兴战略是满足广大农民日益增长的美好生活需要的重要机遇。十九大报告提出乡村振兴战略，并明确提出要"按照产业兴旺、生态宜居、乡风文明、治理有效、生活富裕的总要求，建立健全城乡融合发展体制机制和政策体系，加快推进农业农村现代化"。显然，乡村振兴战略是通过发展优势产业、推进社会治理、优化农村生态等措施，提升农民收入水平，消除城乡巨大差距，改变农村落后形态，推进农村整体变化，最终实现农业农村现代化。农村始终是城乡建设的重要一环，无论城镇化如何快速发展，在我国巨大人口基数下，农村始终会有大量人口存在，而且，农村广袤土地上蕴藏着可开发的地下、地上丰富的发展资源,利用好这些资源便可创造出巨大的经济价值。十九大报告确立的乡村振兴正是从农村发展实际出发,站在国家整体角度提出的农业农村发展战略,是破解三农问题的重要举措,是建设农村、恢复农村生机的重要路径。

贫困地区又是落后地区中发展更加缓慢的地区,也是更加需要乡村振兴战略实施的地区。贫困地区具有共同的特点。

发展基础较差。产业不成规模或者产业有规模但竞争能力弱。子洲全县产值过亿元的企业寥寥无几,产值规模达千万元的也不多,而且知名度不高,影响力、竞争力并不强,带动县域发展能力极其有限。

资源开发不足。贫困地区资源贫瘠,或者有资源但由于位置偏僻、交通不便,开发、利用远远不够。子洲县最可利用的就是丰富的土地资源,但是土地开发、利用的难度大、周期长,愿意投资者非常少。

要素外流严重。城镇化带来城市繁荣,也造成人才等要素从农村流失、从落后地区流失,创业能人、优质教师、医生、科技人员甚至劳动力等发展要素的离开导致落后地区失去建设活力。子洲县户籍人口31万人,但实际在家的不足一半,农村多数为老人、妇女和儿童。

对外依赖较重。中央、省、市等上级的扶持成为贫困地区实现发展的最重要的途径,也是这些地区的县、区制定规划、谋划将来最主要的抓手。

农村发展滞后。贫困地区由于收入少、能力弱,建设重点放在城镇上,用于发展农村的财力、物力、人力更少。子洲县在推进山区农业现代化的过程中,不得不把主要的创业对象放在在外的子洲人身上。

乡村振兴战略是贫困地区农村最大的发展机遇。中央已经提出乡村振兴的二十字方针。贫困地区实施乡村振兴战略须从当地实际出发,最大化利用中省扶持资源,深挖地区资源形成区域优势,借助各种外力,形成发展的内生能力。

一是合理利用上级扶持。贫困地区谋划发展离不开上级扶持,中省转移支付、项目设置及各类部署、扶持是贫困地区推进建设的最大支撑。子洲县

2016年地方财政收入1.2亿元，而投资支出是自有收入的几十倍，主要来源便是上级的转移支付。所以，贫困地区需要关注、掌握中省各类政策，熟悉各类扶持渠道。

二是培育内生发展动力。从长远看，形成基于自身优势的内生发展能力才是实现既定目标的靠得住的路径。所以，要挖掘区域内自己可以开发的有效资源，利用现代科技和现代的管理技术，依据市场规律，逐步形成具有地方特点的内生发展能力。子洲县在2014年前，就提出推进山区农业现代化建设，实质上就是利用了本区域内最大的资源——土地，通过对土地的开发、利用形成能够实现长远发展的内生增长能力。

三是创新乡村振兴路径。乡村振兴需要从产业建设、社会治理、文化建设、生态优化等方面全面推进，地域不同、基础不一，文化存在差异，乡村振兴战略的实施路径也不一样，都需要有创新，如乡村社会治理中，有的地方提出通过强化传统相约力量，有的地方依靠"乡村说事"制度进行治理。但共同的是规划，必须以县级行政区为单位制定乡村振兴规划，制定主要乡村的建设规划，然后持续不断地推进乡村振兴规划的实施。

二 子洲县精准脱贫与灾后重建的实践

子洲县位于陕西省榆林市南部、陕北黄土高原腹地，是典型的黄土丘陵沟壑区农业县，为国家主体生态功能区和吕梁山片区扶贫开发重点县。截至2017年10月，全县核定贫困村88个，建档立卡贫困人口24785户74476人，贫困人口约占全市的18%，贫困发生率为17.3%。这样一个贫困程度较深的山区县，又在2017年7月26日遭遇历史以来特大暴雨洪涝灾害，县城淹没受灾面积达4平方公里，长时间断水断电断气断讯，城市基本功能丧失殆尽，运转陷入瘫痪。22334公顷农作物受灾，434个养殖场受损，乡镇道路、电力、通信中断，县城7所学校校舍、教学设施等损失惨重，县人民医院大型设备、药品一夜之间全部被毁，瘫痪近半个月，全县受灾人口达到143697人，直接经济损失达到43.79亿元。洪灾直接导致贫困加深，脱贫难度加大,脱贫任务更加艰巨。面对严峻形势,洪灾过后,子洲县迅速行动,提出变压力为动力,将灾后重建与精准脱贫结合起来,利用重建加快脱贫,加快实现实力子洲、幸福子洲的目标。

1. 精准脱贫实践

子洲属于贫困程度较高的县,精准脱贫主要从以下四方面进行。

(1) 发展脱贫致富产业

按照"规划引领、生态先行、产业主导、全民创业、园区示范、基础配套、机制保障"的总体部署,统筹抓好产业体系、生产条件、组织体系、农民技能、技术服务"五位一体"的山区农业现代化建设,大力发展苹果、核桃、黄芪等种植业和家庭适度规模养殖业,至今,全县苹果栽植面积达到19.1万亩,核桃达到19万亩,黄芪保存面积15万亩,羊子饲养量58.2万只。全县214个企业、合作社、大户带动3623户贫困户稳定增收。实施25个贫困村光伏扶贫项目,其中20个村已经并网发电。

(2) 推进"双包双推十覆盖"活动

自2016年起,县委县政府在全县推进"双包双推十覆盖"活动,也就是按照脱贫攻坚要求,由县乡领导和各部门主要负责人包镇、包村,通过全面补齐农村用电、安全饮水、道路硬化、安全住房、通信设施、特色产业、基本保障、生态建设、社会治理、党建工作等十个方面短板,力争通过三年时间,推进全县农村全面脱贫、同步小康。2017年,投入整合资金1.37亿元,基本完成确定的109个"双包双推十覆盖"示范村的基础设施项目建设任务。

(3) 加强民生保障

推进健康扶贫,对贫困人口按人头支付制度改革和"一站式"报销机制,实行新农合、大病救助、民政医疗救助、市级大病统筹和补充医疗保险"五重保障",在乡镇卫生院、县级医院住院实际报销比例分别达到95%、92%以上。加大教育扶贫力度,摸清县内外就读贫困生情况,按照属地管理要求,落实帮扶资金585.32万元。同时,与宝鸡中北铁道教育科技集团、省旅游学校等建立合作办学机制,招收71名贫困学生进行订单培养。实行低保人群动态管理，积极做好贫困户搬迁，确保贫困户搬得出、住得下、能致富。

（4）其他精准脱贫措施

开发扶贫就业岗位，设立并在事业单位公益专岗、贫困村特设专岗、生态护林员岗、环卫工人岗及县内企业就业1004人，实现一人就业创业、全家稳定脱贫目标。在《子洲微讯》、电视台开设的《脱贫攻坚、奋勇争先》等宣传专栏，宣传脱贫致富的好做法、好经验和好典型，在全县各乡镇巡回举办"激发内生动力 合力脱贫攻坚"主题宣传展览，在所有贫困村主要道路、文化广场刷写扶贫扶志扶智的固定标语，营造脱贫攻坚正能量。利用上级下达扶贫资金，整合涉农资金，落实配套资金，切实抓好资金投入保障。

2. 灾后重建实践

2017年7月遭受暴雨洪灾后，子洲第一时间投入自救，同时利用上级救灾帮助，采取多种措施开展救灾救济。

（1）抓基础恢复

暴雨洪灾发生后，面对缺水、道路垮塌等困难，子洲迅速展开恢复自救行动。一是通过调集消防等车辆拉水送水、建设沉砂池应急供水等办法全力保障县城用水，同时修复损毁的农村安全饮水工程320处。二是抢通应急道路，加快公路隐患、桥梁、涵洞、挡墙等的修复，保障交通畅通。三是及时修复李子洲广场附近路面和排水管网、冯家沟防洪洞、何家沟排洪渠等处的受损，完成垃圾填埋场、污水处理厂的应急修复。四是组织精干力量，灾后尽快恢复县城及受灾乡镇的供气、供电及通信。

（2）抓民生保障

暴雨洪灾造成大量群众失去家园，生产设施遭受破坏，子洲以最快的速度恢复生活生产，一是将从上级和社会各界援建援助的资金及时下拨。二是分类施策，对在册贫困户和因灾致贫、因灾返贫的贫困户灾后生活出现问题的，按照民政救助政策予以解决；对种植养殖、农副产品加工等产业受到损失的，按照产业扶贫政策进行二次扶持。三是下拨600万元启动紧急采购程序，确保各中小学校如期开学。加快清淤，尽快恢复因灾受损、停业的县人民医院和县乡村医疗卫生服务机构。从税费减免、优惠政策兑现等方面,帮助 7 家受灾企业、764 户受灾商户和创业大户恢复生产。

(3) 抓安全防范

灾后极易发生二次破坏,让群众遭受更大损失,子洲抓安全、防范次生灾害,一是加强灾后次生灾害督查,逐村逐户排查宣传防灾减灾政策,严防灾后次生灾害发生。二是加强县城危房排查监测鉴定,先后排查出城市危房 33 处 4.9 万平方米,其中 D 级危房 8 处 9000 平方米,确保社会大局稳定。三是加强地质灾害隐患治理,紧急实施县城花豹山等 3 处地质灾害治理工程,完成投资 562 万元。四是加强病险库坝除险,“7·26”洪灾损毁淤地坝 319 座,垮坝 137 座,按次序修复。五是推进灾后防疫常态化机制,实现了疫情零报告。六是积极发挥救灾办作用,及时受理诉求、核查灾情、化解矛盾。

三 子洲实践是贫困地区乡村振兴战略的创新探索

子洲是一个贫困程度较深的落后县,“十二五”后期到“十三五”开始,新一届领导对子洲的现状、优势、发展方式以及未来的期望有了新的思考。2015 年精准脱贫大规模开始后,子洲结合脱贫攻坚的要求和上级的扶持,对子洲的建设、发展提出更切合实际、更高标准的路径和目标。2017 年夏天的暴雨洪灾,子洲及时自救,并得到来自省和社会各界的大力帮助,子洲将此作为实现精准脱贫和建设“实力子洲、美丽子洲”的重大机遇,他们没有简单地救灾,而是将灾后重建与精准脱贫结合起来,与子洲县长远发展结合起来,这既是子洲在清晰认识落后和优势基础上谋划出的发展思路,又是“乡村振兴战略”的先行性探索和实践。

1. 精准脱贫与灾后重建有机结合

灾害本身就是致贫的重要原因,而暴雨洪灾可能是灭顶之灾。2017 年夏天的暴雨洪水导致子洲部分村庄完全淹没,有的养殖户的牲畜完全被冲走,很多农业园区、基地被水冲垮,农作物受到极大损失。在救灾自救和灾后重建时，子洲参照精准脱贫作业方式，第一时间精准识别和统计受灾人群、经济损失，并确定高标准的灾后建设方案。第一时间了解、掌握受灾企业、合作社、种养大户的损失情况，及时制定分类补贴方案，安排灾后生产自救和经营恢复的贷款贴息，帮助受灾企业、合作社等尽快恢复生产。精准脱贫与灾后重建的结合提升了救灾效率，加快了灾后重建的速度，同时也促进了精准脱贫的推进。

2. 将精准脱贫、灾后重建作为重大发展机遇

精准脱贫不是简单地达到脱贫标准线，灾后重建也不是简单地恢复原来的生活、生产，而是将精准脱贫与灾后重建作为最大的发展机遇，放在子洲县长远发展当中。子洲从2014年开始谋划、推行山区农业现代化。精准脱贫开始后，子洲将这一行动作为产业脱贫的重要路径，从而显著提升了扶贫脱贫的标准。因为山区农业现代化是利用子洲丰厚的土地资源，通过对农业生产条件、劳动技能、组织形式、农民素质、生态治理的现代化改造，彻底改善山区农业发展形式，使其按照现代农业的要求发展，加上产业链延伸生成的二、三产业，子洲逐步建成符合市场需求的现代产业体系。所以，无论贫困户还是一般农户，未来都将成为山区现代产业体系中的成员，也能获得比从事传统农业更高、更稳定的收益。

3. 高标准推进精准脱贫和灾后重建

除了教育、医疗、社保等常见的脱贫、救灾手段，子洲在精准脱贫、灾后重建的实施过程中采取更高标准，不仅要脱贫，要重建，而且要将乡村建设得更加美丽，将县城建设得更加现代。"7·26"暴雨洪灾后，子洲县提出与以往不同的灾后重建思路，提出要坚持高标准、高要求、高起点、高质量，立足于为黄土丘陵沟壑区防灾减灾、生态综合治理、现代农业发展、精准脱贫、城镇化建设探索路径，要把子洲建成"陕北黄土高原生态文明建设的示范县"。其中，聘请了熟悉子洲的知名专家对子洲受灾进行科学论证，邀请了国内具有相当实力的规划研究团队为子洲编制防灾规划、县域建设规划。提出要通过3~5年的努力，建设一个生态文明、民生幸福、城镇宜居、社会和谐的新子洲。很明显，子洲没有孤立地去脱贫或者救灾，而是

将脱贫、救灾与乡村振兴、县域发展结合起来,在高水平、高标准前提下,按照乡村振兴和县域长远发展的标准去实施脱贫和救灾,由此达成美丽和实力并济的新子洲的发展目标。

4. 规划设计引领推进精准脱贫和灾后重建

规划是经济社会建设、发展的灵魂,科学性、前瞻性的规划能使县域发展有序、合理。子洲县在推进精准脱贫和灾后重建工作中,始终将规划研究放在重要位置。在产业脱贫实施过程中,子洲县聘请省内知名研究团队对全县农业资源现状、发展路径选择进行通盘研究,提出"五位一体"的山区农业现代化建设路径,确定八年的建设周期。自此,产业扶贫乃至全县农业发展有了明确的方向。"7·26"灾后重建中,子洲更加重视规划设计,聘请国内知名团队编制与灾后重建有关的全县水保生态治理规划、县城防洪总体规划、"三沟"综合治理等6个规划,同时编制"县城总体规划"等建设规划,使全县在灾后重建和县域发展、乡村建设等方面有了清晰的依据。

子洲县无论精准脱贫还是灾后重建,都取得了较好成绩。尤其是在"7·26"暴雨洪灾后,子洲县快速推进的高标准救灾行动,极大地降低损失,也为子洲县的长远建设、发展打下基础,赢得各级领导、广大干部群众的一致好评,子洲的经验既是精准脱贫、灾后重建的经验,也是乡村振兴实践的经验。

四 突破重点推进贫困地区乡村振兴战略实施

乡村振兴战略是新农村建设的升级战略,是对农村全方位、全系统、全领域的全面振兴,是持续增加投资、加快农村建设、恢复农村田园本质、打造群众适宜生活居住的重大战略。乡村振兴战略的实施,是涵盖产业建设、基础设施改善、生态优化、社会治理、公共服务提升等多方面的综合性提升,但在推进过程中,每一方面都有关键环节和重点领域,所以,持续实施乡村振兴战略,应该抓住关键,全面推进。

1. 加强规划设计

一项战略实施的效果如何，规划担负着重要作用。子洲县精准脱贫、灾后重建取得较好成效的一个重要原因便是加强规划引领和设计。县级行政部门是乡村振兴战略的实施和推进主体，推进乡村振兴，首先需要制订科学的乡镇振兴规划。当前，乡村发展变化多样，除少数距离城镇的农村保持繁盛外，多数贫困地区广大农村人口流失、产业落后、村落凋敝、环境污染，甚至出现空心村现象。加强规划设计，应该以县级行政区为界，对域内农村人口、资源、环境、产业发展等做详细调研，根据域内城乡空间结构规划要求，村镇合并现状和趋势，确定未来人口相对集聚的重点村镇、一般村镇和普通村镇分布，乡村振兴规划则对未来人口集聚的村、镇进行重点投资建设，对人口逐步减少、可能成为空心村的减少或不再投资。如部分村具备产业发展潜力，那么就仅进行产业发展需要的建设。乡村振兴规划就是要明确对未来较长时间内形成的村落、集镇进行重点建设。另外，需要重视规划的落实。贫困地区所以贫困、落后的重要原因之一就是不能持之以恒地执行和落实确定的规划。乡村振兴规划制定后，要明确规划任务实施、落实的分解方案，协调人大、政协等监督机构，形成规划实施、落实的综合监督、考评机制，保障规划的落地、实施，保障乡村振兴战略目标的实现。

2. 建立现代产业体系

产业是乡村发展的基础，只有强大的现代产业基础，乡村才有振兴动力。贫困地区多数资源贫乏、发展基础较差，现代产业建设的重点唯有农业。因此，建设现代产业体系，重点在于，一是改革与保障土地产权制度。"三权分置"已不陌生。实际上，在中央提出"三权分置"的理论和政策前，农村已经出现大量的土地经营权出租、转让行为，"三权分置"在实践中已经诞生。所以，土地产权制度改革与保障重点是在制度层面保障农民土地经营权益，提升农民对土地使用权的出租、转让的意愿，促进土地规模经营的形成。二是大力推进农业现代化建设。子洲县挖掘山区农业资源，从2014年就提出推进山区农业现代化，近四年的发展已经使子洲山区现代农业建立雏形，为黄土丘陵沟渠地区推进山区农业转型发展创建新的模式。当前,满足城乡居民不断增长的高品质农产品需求,应以绿色、有机为主要生产方向,大力推进传统农业转型和现代农业建设。在现代农业建设中,农业生产条件改善是现代农业发展的前提,同时要重视培育以农民专业合作社为主的农业经营组织,新型农业经营组织是现代农业发展的动力主体。三是促进三产融合发展。贫困地区农村很难凭空发展起二、三产业,但可以通过延伸农业产业链,发展农产品加工、销售、服务产业,促进一、二、三产业融合发展,以此提升农村现代农业产出、效益和竞争力。

3. 建设重点村镇

城镇化快速推进的同时是乡村逐步衰落,但未来必然有大量农民仍然生活在农村,必然有大量村镇仍然存在,只是人口会逐步转移和重新集聚,人口向大村、集镇转移集聚是乡村发展演变的新趋势,所以,乡村振兴中乡村建设的重点是大村、大镇。一是改善重点村镇基础设施。加大投资,改善重点村镇道路、网络通信、电力设施等,提升重点村镇的设施服务水平。二是建设乡村旅游景区。选择具有历史文化遗迹、红色文化遗迹或其他文化资源的村镇,按照乡村旅游建设需要进行重点打造,丰富城乡空间结构支点。三是建设现代农业集中集聚村镇。对具有交通区位优势、农业发展基础较好的村镇,集中布局现代农业生产、加工、储运、营销产业,让这些村镇既成为现代农业的积聚中心,也成为区域乡村发展中心。

4. 提升公共服务水平

农村公共服务水平较低也是农民不得不离乡进城的重要原因,教学水平较低或者学校关闭导致部分家庭被迫陪学生进城读书。提升公共服务水平,重点在,一是加大村镇教育、医疗卫生投资建设,提升村镇学校硬件设施水平,提高农村教育水平,保障农村学生教育。提升乡镇医院、卫生院、卫生室医治能力,减少农民赴城市医院诊疗支出。二是增强村镇学校师资、医疗卫生人才配备。从待遇、职称、提拔等多角度加大对乡村教师、医疗卫生人员的政策倾斜,留住现有的村镇教师、医生,吸引更多教师、医生到村镇工作。加大城市对乡村的帮扶,创新机制,安排中心城市学校、医院的人才赴村镇支援。三是提升乡村保险水平。按照农民实际生活需要逐步提高新农保返还水平，提升农村老年人收入和生活水平。

5. 优化农村生态

青山绿水、干净空气、田园画卷是乡村的本来特征，也是吸引人们在农村生活、养生的主要原因。但随着经济社会快速发展，农村人口减少，农村生态问题越来越严重，农业生产带来的土地污染，塑料等生活垃圾剧增造成的垃圾污染，水、大气污染以及造成的农产品、食品不安全问题，都让乡村失去居住、生活的吸引力。优化农村生态重点在如下方面。一是综合治理农村环境污染。建立县城、乡镇、大村垃圾处置体系，采用堆肥、简易填埋或者无害化处理等形式对农村垃圾综合处理。二是治理土壤和农村面源污染。开展土壤污染治理与修复，减少农药、化肥使用，建设绿色、有机农业生产基地、园区，开展农村土壤、水、大气环境质量检测，做好畜禽养殖废弃物资源化利用。三是保障农村饮用水安全。建设村镇饮用水源地保护工程，防止水源地污染，在城镇等人口集聚地区建设污水处理系统，减少水源污染。

6. 创新社会管理

伴随着工业化、城镇化的快速发展，农村社会已经发生从索取到给予的巨大转变，农村社会出现诸多新矛盾、新问题，村干部腐败，村霸、地痞横行，赌博、吸毒出现，留守群体被忽视，因征地拆迁、产权争夺造成的群体性事件频发等。创新社会管理，重点在如下方面。一是加大腐败惩治和防范。推进村级党务、政务、财务公开，加强对村组织监督，完善村级腐败防范、惩治体制机制，消除村级腐败，提升农民对基层组织的认可。二是打击农村犯罪。延伸打击触角，加大打击力度，打击横行乡村、欺压群众的村霸、流氓势力，巩固和保障乡村社会长治久安。三是关注留守群体。重视留守老人、儿童实际问题，通过建设农村老人幸福园、结对帮扶留守儿童等方式解决农村留守群体实际困难。四是降低农村群体性事件发生频率。建立农村群体性事件预测、预警机制，畅通农民利益表达渠道，调整农村社会的利益结构，减轻农民负担，加强农村基层组织建设，提高基层干部素质。

B.16

西乡县：实施国土资源政策项目推动
脱贫攻坚工作的实践与探索

汉中市国土资源局课题组*

摘　要：　西乡县通过城乡建设用地增减挂钩试点政策引领撬动，成功
　　　　　将移民（脱贫）搬迁、土地整治等一系列国土资源政策资金
　　　　　进行捆绑使用，不但盘活了建设用地，提高了集体建设土地
　　　　　利用效率，还有力地推动了脱贫攻坚和"三农"工作，彻底
　　　　　改变了农村居民生活。这种"政府牵头、国土驱动，项目组
　　　　　合、资金统筹，因地制宜、产业配套，设施农业、激活土地，
　　　　　村民参与、整体脱贫"的"西乡模式"在全省国土资源系统
　　　　　被大力推广。

关键词：　国土资源政策　西乡县　移民搬迁　脱贫攻坚

"人民对美好生活的向往，就是我们的奋斗目标。""让贫困人口和贫困
地区同全国一道进入全面小康社会是我们党的庄严承诺。"汉中市国土资源
局（简称"国土局"）会同西乡县委、县政府，把农村居民对美好生活的向
往，作为基层工作的共同目标，结合国土资源及相关政策，勇于担当，大胆
探索实践，为脱贫攻坚和决胜全面小康架起了一座新的脱贫桥梁。

---

* 课题组组长：汪宗礼，汉中市国土资源局党组书记，局长；课题组副组长：钟智勇，汉中市
国土资源局党组成员、不动产登记局局长；课题组成员：屈翔、吴辉平、田彦新（执笔）。

一　西乡县国土资源政策支持脱贫攻坚基本情况

西乡县地处汉中盆地东部，总面积 3240 平方公里，其中，山区占 64.79%，丘陵占 28.35%，平川占 6.86%。辖 17 个镇（办）215 个村（居委会）41 万人。全县耕地保有量 63.53 万亩，基本农田保护面积 51.8 万亩，人均耕地 1.5 亩，是汉中市 10 个国定贫困县之一，脱贫攻坚任务十分艰巨。近五年，西乡县通过城乡建设用地增减挂钩（简称"增减挂钩"）政策撬动，统筹结合移民搬迁、土地整治等国土政策及其他行业部门政策，为全县脱贫攻坚筹措农村基础设施及产业发展等资金 16.90 亿元。

（一）增减挂钩项目实施情况

自 2012 年以来，西乡县先后争取周转指标 2085 亩，实施增减挂钩试点工作 4 期，项目覆盖全县 17 个镇（办）142 个村，累计拆除旧宅 3274 户 9587 间，拆旧复垦耕地 1355 宗 2224.76 亩，安置拆旧区村民占用建设用地指标 125 亩，节余建设用地指标 1960 亩。先后为县上茶乡水城、石材园区、学府花园等重点项目建设提供建设用地指标 1158.8 亩，折合资金 10429.2 万元（每亩按 9 万元折算）；给西安市曲江新区流转指标 200 亩，获得收益 4600 万元；县财政直接投入增减挂钩资金 3110 万元；共为全县脱贫攻坚筹措农村基础设施和产业发展资金达 1.81 亿元。

（二）移民（脱贫）搬迁情况

2012～2016 年，西乡县通过实施避灾搬迁、扶贫搬迁、生态搬迁，累计搬迁农户 23749 户 76906 人，建成集中安置点 175 个，安置 20885 户，移民搬迁政策补助支持脱贫攻坚资金达 12.34 亿元；移民搬迁拆除旧宅 1864 户 6907 间，拆旧复垦耕地 1759.4 亩，移民搬迁拆旧腾退的 684 亩建设用地指标已全部用于本县重点建设项目，折合资金 6156 万元（每亩按 9 万元折算）；累计为全县脱贫攻坚筹措村民搬迁补助和农村基础设施及产业发展资金 12.95 亿元。

（三）土地整治项目实施情况

自 2012 年以来，西乡县国土局结合全县精准扶贫及农业产业规划，通过省、市国土部门协调争取相关行业政策支持，共实施各类土地整治项目78 个，总投资 1.48 亿元。其中，实施占补平衡项目 69 个，总投资 4615.92万元，新增耕地 7319 亩；先后申报实施高标准基本农田项目 9 个，争取省财政厅和国土厅项目投资 1.02 亿元，先后对沙河、峡口等 8 个镇 54 个村的"水、田、路、渠、电、林"等设施进行综合治理，已完成投资达 7991.39万元，建成高标准基本农田 7.138 万亩。通过土地整理项目，全县建成堰塘103 口，建设 U 形渠 49.17 千米、浆砌石排灌（洪）渠 15.07 千米，新修田间道路 89.05 千米，新修机耕桥 17 座，修建护田坎 22 千米，整修拦水坝 2座，受益村民达 12.6 万人。

（四）设施农用地实施情况

2014 年，国土资源部和农业部《关于进一步支持设施农业健康发展的通知》印发后，西乡县抢抓政策机遇，进一步加强产业用地和设施农用地的深度融合，先后办理设施农用地 70 宗 2823.84 亩，其中，种植用地 24 宗1504.503 亩；养殖用地 43 宗 1319.337 亩。其中，柳树镇汉中军鑫农业示范园在设施农业政策支持下，占地 1590 亩，先后建成标准化生猪养殖场 55亩、农业设施创新示范区 200 亩、设施蔬菜大棚 200 亩、有机水稻标准化生产示范区 500 亩、露地设施蔬菜 220 亩、花卉苗木果园林带 260 亩、生态农业观光园采摘区 30 亩、认领耕作区 20 亩、现代化育苗温室 3600 平方米、生态农家乐 1200 平方米、蚯蚓养殖大棚 14400 平方米、农产品冷藏保鲜库2000 立方米，配建净菜加工配送中心 1 个。示范园现有固定员工 142 名，其中，吸纳农村贫困就业人口 44 人，每年临时聘用周边村民 20000 余人次，产业辐射反哺农户数千户。

（五）土地流转实施情况

随着农村城镇化水平的不断提高、农村劳动力的转移和农业规模化经营的发展，农业企业、专业合作社和种养大户对农村土地的需求与日俱增，农村土地规模经营已成为农村发展必然趋势，农村集体经济组织和农民土地房屋的资本化、资产化的需求越来越明显。西乡县结合产权制度改革，在确保农村土地承包经营权不变的前提下，按照"依法、自愿、有偿"的原则，稳妥推进农村土地承包经营权流转，积极促进土地、房屋等财产的资本化、资产化。通过大力培育家庭农场、专业合作社、龙头企业等经营主体，广泛尝试经营性流转、股份合作、代耕代种、托管，以及出租、转包、入股、互换等流转形式，稳步推进了农村土地承包经营权流转。2012～2016年，通过镇、村引导和农户自发流转，全县累计流转土地9万多亩，占全县承包土地的40%以上，流转价格按照土地位置、质量、类别的不同，每年最低租金35元/亩，最高租金900元/亩。

（六）地灾防治工作实施情况

2012～2016年，西乡县实施移民搬迁集中安置点护坡（挡墙）项目60个，总投资6537.56万元，60个护坡（挡墙）工程项目已全部竣工并投入使用，覆盖全县15个镇2个街道办60个行政村的60个安置点，惠及搬迁户11284户39494人。

三 西乡县国土资源政策支持脱贫攻坚的成效

五年来，西乡县围绕"一村一品"思路，采取"农户＋合作社＋龙头企业＋市场"模式，竭力打造"镇有主导、村有主品"产业格局，通过因地制宜，大力实施增减挂钩、移民搬迁、土地整治等项目，统筹落实国土资源等多项惠农政策，同步建设产业园区，带动农户发展、农民增收，"三农"发展迅速被驱动，精准扶贫、精准脱贫效果显著。据 2016 年底统计，全县贫困人口从 2012 年初的 32219 户 12.53 万人，锐减到 2016 年底的 19556 户 52839 人，贫困发生率从 2012 年末的 32% 降到 2016 年末的 14.93%。全县建成集中村民安置点 221 个、美丽乡村示范点 23 个。其中，高土坝村是该县最大的移民安置社区，安置村民 1204 户 3621 人，安置的村民既有本镇村民也有外镇村民，还有个别本市外县村民入住该社区，村上通过拆除 300 余间闲置土坯房，复耕土地 90 余亩，在社区建起了汉中雅蔻雨具制品公司、松花变蛋厂、家具厂、编织袋厂、尧柏水泥厂 5 家企业，发展了大棚蔬菜 150 余亩、苗木花卉基地 200 余亩，改造和新建鱼塘 300 余亩，种植莲藕 500 余亩。通过企业与种植户联合，吸纳社区搬迁户及贫困户 700 余人。全县建成村级道路 2534 公里，农村劳动力转移就业 16.25 万人次，农业人口 35.2874 万人，农村居民人均年收入 8875 万元。从调查整体情况看，效果最显著的是西乡县五丰村"三农"发展。

（一）五丰村的产业发展情况

西乡县城南街道办事处五丰村是 1 个丘陵村落，2012 年实施了增减挂钩项目后，市、县国土部门又在该村安排了土地连片整治、移民搬迁等项目。通过增减挂钩、"空心村"整治等多个项目的实施，五丰村先后拆除旧房 181 户 660 多间，拆旧复垦新增土地 111.8 亩，安置村民后还节余了 41 亩建设用地指标，通过节余指标流转撬动资金达 369 万多元，村两委将流转资金全部投入基础设施建设，治理修复农作区 59 口堰塘，新修产业路 3 条 6.81 公里。村支部、村委会通过到四川、广州、山东等地考察增减挂钩试点工作和农村产业发展规划情况，先后筹措争取省、市、县的政策和项目支持及招商引资 3.32 亿元，高起点构思设计并建成了五丰现代农业示范园区，通过多种渠道邀请客商到五丰村实地考察，先后引进 28 家企业入驻园区。在镇、村和园区企业合力持续打造下，园区核心面积已达 2278 亩，建成专业养殖小区 2 个、种猪繁育基地 14 个，规模养殖场达 19 个，养殖百头以上的大户达 125 户，2016 年出栏生猪达 33800 余头；建成荷花园 150 亩、葡萄长廊观光园 200 亩、银杏园 860 亩、花卉苗木示范园 50 亩、生态茶园 2100 亩、蔬菜大棚基地 200 亩、猕猴桃生产基地 300 亩。

（二）五丰村的"五金"模式

在产业发展中，村两委以乡村旅游发展为突破口，以畜禽养殖为切入点，以沼气利用为纽带，对废物进行循环利用，借助合作社载体，推动传统"单向单循环"农业线转向"多向多循环"综合发展型经济链，并逐步形成"五金"模式，即"土地流转得租金、园区务工得薪金、资金入股得股金、三产服务得酬金、订单农业得订金"，从而成功实现了农民土地的资产化、资本化，土地真正变成农民的活资产。农民不但依然拥有土地经营权和集体所有权，继续保留了那份"责任田"，而且充分发挥了土地的作用。截至目前，"五金"模式已激活农户承包地 5200 余亩。

（三）五丰村村民增收情况

通过增减挂钩和土地整治项目的实施，土地质量提高了，数量增加了，农户将旧宅复垦土地和承包土地以流转形式租给五丰现代农业示范园区企业主集中经营，每年每亩耕地可获得 400～800 元的租金；土地经营权出租后，农民劳动力解放出来了，年轻人到外地务工，老年人和妇女留守本村在产业园区从事除草、施肥、产品加工等相关工作获得每月 1500～1800 元不等的收入，园区 28 家企业每年聘用本村员工 500 余人，季节用工 2000 余人次，农民收入翻了几番。

（四）五丰村村民居住条件彻底改善

通过增减挂钩拆旧建新和移民搬迁，全村新建集中安置点 2 个 85 户，分散安置 43 户，村里 110 户土坯房户和危房户住上了砖混房屋，加上勤劳致富农户自建的房屋，全村 972 户村民住上了新修的房屋，部分村民还住进了二层砖混"小洋楼"，农户居住环境得到了很大的变化，绝大部分村民过上了让城里人都羡慕的"楼上楼下、电灯电话"的幸福生活。

（五）五丰村基础服务功能显著增强

村委会建成了设施完备的标准化村级完小和标准化幼儿园，不但保证了本村适龄儿童上学，还为周边村组提供了就近入学的便利，目前村级完小配备老师 19 位，开设 6 个年级 12 个班 400 人，幼儿园配备老师 9 名，开设了 3 个年级 9 个班 220 人；全村建有卫生室两处，不仅方便了村民看病就医及买药，还定期组织老人体检，医疗保险参保率达 98%，医疗卫生服务水平显著提高；全村社会养老保险参保率达 96%，基本实现了老有所依、老有所养；配建了农村信用社，安装了 24 小时自助提款机；村委会以"美丽乡村建设"为契机，以创建 3A 级乡村旅游景区、省级文明社区为目标，建成了村文化广场 3 处 3100 平方米，通过大力倡导积极健康的乡村风尚，广泛传承农耕文化，开展了"乡贤评选"活动，举办了"疱汤宴""垂钓比赛""广场舞比赛"等文化娱乐活动，极大地丰富了村民文化生活，农民文化素养和文化内涵不断提高。

（六）五丰村集体实力明显增强

2012 年，五丰村还很贫困，全村只有 860 户 2800 多人，农户全靠种地维持生计，村民整天拴在"责任田"里，勤劳点能混个温饱，没劳力的连肚子都填不饱。经过五年的持续打造，全村硬化道路 21.74 公里，安装路灯 356 盏，安装供水设施 9 处，农民人均收入从 2012 年的 3857 多元增长到现如今的 17585 元，农民人均纯收入跃居全县之首。现如今，走进西乡县五丰村，当一排排靓丽的村庄、一户户舒适的农家小院映入眼帘时，怎么也不会相信这是一个曾经的贫困村，一些外流人口又陆续回到五丰村，还有一些外村产业个体户也搬进五丰村居住，全村人口很快增长到现在的 1089 户 3529 人。五丰村先后获得"农业部优秀示范合作社""陕西省现代农业园区""陕西省百强示范社""陕西省典型示范社"，以及省级和市级"生态示范村""汉中市先进基层党组织"等荣誉称号，成了远近闻名的"小康村"，习近平总书记讲的人民"美好生活"愿景，在五丰村得到实现。

四 主要做法及取得的工作经验

（一）规划引领，方案科学是基础

顺利实施增减挂钩项目，关键在于实施方案的科学性，确保项目的拆旧区能顺利拆除。为此，西乡县政府在争取立项前期，就成立专门机构，对拆旧区进行了详细的摸底调查，充分征求和听取村民意见，尊重农户意愿，吸收村民合理化建议和诉求，确保项目设计中规划的拆旧区每户都能拆除，保证了实施方案尽善尽美。

（二）领导重视，政府牵头是前提

汉中市委、市政府高度重视，从全市给予政策倾斜；西乡县委、县政府积极协调把节余指标收益优先用于脱贫攻坚，并牵头组织多部门争取资金整体推进项目的实施；上级国土部门开通项目申报、验收、指导通道，不断加大政策和项目支持力度及范围，主动创造和提供发展机遇，是确保工作齐头并进、统筹推进的关键。同时，县政府认识到位，成立相应组织机构，积极督促落实，建立专门工作队伍，政府主要领导亲自抓，形成政府主导，部门、镇、村协同推进的工作格局，架通其他行业配套政策介入支持的桥梁，为扩大整体建设效益和确保各项任务的落实提供了有力的组织保障。

（三）部门协同，政策捆绑是优势

成立县增减挂钩办，以增减挂钩为政策引领，通过移民搬迁、空心村整治等系列政策，统筹农村土坯房改造、农电改造、农畜饮水、美丽乡村建设等多部门政策的支持与倾斜，使项目政策优惠最大化，促进工程建设效果显著化，推动增收产业规模化、现代化。尤其是在节余指标资金管理方面，按市政府文件规定，市、县土地收储机构实行分级负责制，省域内、县域内节余指标使用涉及的项目资金，由县级土地收储机构具体管理；市域内节余指标收益由市土地收储机构统筹监督管理，并将节余指标的纯收益经核算后上缴同级财政。移民搬迁腾退节余指标收益首先保障"十三五"避灾生态类搬迁配套资金和易地扶贫搬迁户产业扶持保障基金，其余部分用于移民（脱贫）搬迁安置区配套项目的补充；省域内流转增减挂钩指标土地收益主要用于扶贫开发项目和易地扶贫搬迁，确保了资金规范高效使用。

（四）党员带头，村民主动是关键

始终坚持把群众利益放在首位，高度重视和尊重农民意愿，在安置区提前谋划增收产业，提前打造居住环境，最大限度地满足村民生活需求和利益诉求。拆旧复垦中充分发挥农村党员力量，鼓励党员带头拆迁，支持农村党员以身说法、示范带动，引导村民主动配合拆迁，对于个别不愿拆迁的农户，采取利用群众做群众工作的办法，组织先进村民开导影响后进村民，确保拆旧复垦等各项工作顺利和谐推进。尤其是在安置点规划中充分考虑村民传统习俗，配套村民婚丧嫁娶办事服务中心，倡导节俭办事新风尚等，使拆迁村民充分感受搬迁带来的巨大实惠和进步，并不断宣讲政策，赢得村民普遍支持，从而使其主动参与、积极配合。

（五）健全制度，规范管理是保障

西乡县政府出台了《西乡县城乡建设用地增减挂钩暨移民搬迁土地综合利用项目工程管理办法》等系列管理办法和规定，汉中市国土局也制定了具体的管理办法，对组织领导机构，工程、资金、指标管理，市域流转、竣工验收等方面进行责任明确，确保城乡建设用地增减挂钩试点各项工作规范运行、顺利推进。

（六）铁军精神，铁军行动是法宝

在基层脱贫攻坚战役中能否取胜，干部的奉献精神、吃苦精神，干部的执行能力、战斗能力、担当意识、创新意识、纪律意识显得尤为关键。在西乡国土资源政策支持脱贫攻坚工作中，基层各单位深入贯彻落实省厅关于打造"国土铁军"的要求，全体干部团结一心、淡泊名利，处处彰显了"铁军本色、铁军能力、铁军作风、铁军担当、铁军操守"，铁军精神、铁军行动已成为推动工作的法宝。

（七）聚焦脱贫，目标一致是动力

县、镇、村充分认识到，在基层农村建成小康的门槛就是脱贫攻坚，要决胜小康必须打赢脱贫攻坚战。为此，地方各级政府及村组紧盯贫困户，锁定脱贫目标，精准施策、精准发力，一方面，公开承诺不让一个贫困村在小康路上落伍，不让一个贫困家庭和贫困群众掉队。另一方面，组织村民外出参观学习，广泛宣传"小康社会"的美好前景，改变村民的生活方式及观念，鼓励村民一起努力、共同实现"小康生活"，成功将决胜小康的压力转化为干群的内生动力，在统一的目标、明晰的思路指引下，集中所有优惠政策，聚合各级干群和全社会各方力量，齐心协力建设小康社会。

五　面临的困难及问题

虽然西乡县通过实施增减挂钩、移民搬迁、土地整治等国土资源政策项目，解决了脱贫攻坚缺资金、发展经济缺土地、农民增收缺项目的问题，确实改善了农村、农业、农民发展环境，也让老百姓实实在在走上了幸福道路。但在国土资源政策支持脱贫攻坚工作中，西乡县仍然存在一些困难及问题。

（一）关于增减挂钩零星小地块拆迁认定问题

根据"二调"规程，400平方米以下建设用地没能上图，但实际拆除了部分农村居民点，因土地调查数据不支持，这一部分不能计入项目拆旧复垦面积，拆旧复垦后农户无法享受相应的拆旧补助政策。

（二）关于增减挂钩零星小地块复垦问题

以山区、丘陵为主的汉中及多山少川地区，普遍存在拆旧地块分散，交通不便，增减挂钩和移民搬迁拆旧区复垦无法进行机械化施工，难以按照工程管理要求实施和验收的问题。

（三）易地搬迁补助资金不能统筹使用问题

按照陕西省补助政策，每人5.5万元中，建房补助2.5万元，基础设施配套2万元，拆旧补助1万元，实践操作十分困难。一是建房补助资金不够或勉强够用，如按每平方米1500元，2.5万元只能建房16.7平方米，即使加上群众2500元自筹，也只能建房18.3平方米；二是基础设施配套平川地区用不完，山区可能不够；但是拆旧补助拆除后才能补助，因大部分没有拆旧，所以几乎没用，闲置在账上，这样资金管得太死，不能统筹使用，不能发挥最大效益。

六　几点建议

（一）建议完善增减挂钩零星小地块拆迁认定政策

对于面积偏小"二调"图上没有的，按照"尊重历史、面对现实"原则，完善增减挂钩项目验收办法，对已形成的零星居民点有多少算多少，如果不计入拆旧面积，势必伤害了群众利益，有失公平，导致项目难以实施。

（二）建议完善增减挂钩零星小地块复垦政策

根据拆旧地块分散实际，对于无法严格执行项目管理的增减挂钩及移民搬迁拆旧复垦区，完善镇、村自发复垦验收的相关规定。

（三）建议完善易地搬迁补助资金统筹使用政策

将易地搬迁群众拆旧补助资金纳入建房资金使用，对每人5.5万元的补助由县区政府按照安置点统一预算、统筹使用，剩余部分用于安置房装修、建立产业扶持基金等，促进群众入住率、就业率的提高。

B.17
陇县：多方共赢的"菜单式"
产业扶贫模式研究

陕西落实新发展理念重大实践协同创新研究中心课题组*

摘　要：　陇县通过顶层设计规划政策体系引领、财政资金撬动多元
化资金投入、推广先进技术支撑产业持续发展、提高政治
站位选拔激励机制保障等举措，把产业扶贫作为脱贫攻坚
的关键点、县域经济发展的契合点、推动追赶超越的发力
点，实践探索形成"菜单式"精准扶贫模式，全县优势特
色产业引领能力明显提升，生产经营主体带动能力明显提
升，贫困群众持续发展能力明显提升。实践表明："菜单
式"扶贫模式的基础是必须坚持尊重群众、激发内生动能；
重点是必须坚持因地制宜、遵循市场规律；关键是必须创
新利益机制、提高扶贫成效；保障是必须坚持技术支持、
增强造血能力。

关键词：　陇县　产业扶贫　"菜单式"扶贫模式

一　"菜单式"产业扶贫背景

农村贫困人口如期脱贫、贫困县全部摘帽、解决区域性整体贫困，是全

---

* 课题执笔人：王建康，陕西省社会科学院科研处处长，研究员；魏雯，陕西省社会科学院农
村发展研究所助理研究员；智敏，陕西省社会科学院农村发展研究所助理研究员；吕晓明，
陕西省社会科学院科研处副处长，助理研究员。

面建成小康社会的底线任务，是党中央做出的庄严承诺。作为以传统农业为主的国家扶贫开发工作重点县和六盘山连片贫困县，陇县辖 10 镇、158 个村、1000 个村民小组、63211 农户、24.27 万农业人口。陇县虽然自然资源丰富，具有发展奶山羊、核桃、食用菌、中蜂、烤烟等特色产品的潜力，但受经济基础薄弱、地方财政困难、产业链条短、技术水平低等制约，资源优势尚未转化为产业竞争优势，影响了农村扶贫人口增收脱贫。经过历届县委县政府的大规模开发式扶贫，陇县贫困人口大量减少，但扶贫开发工作依然面临十分艰巨而繁重的任务，截至 2015 年，建档立卡贫困村 103 个，贫困户 13677 户，贫困人口 49479 人，贫困发生率为 20.4%。随着脱贫攻坚进入啃硬骨头、攻坚拔寨的冲刺期，陇县县委县政府进一步增强脱贫攻坚的紧迫感和主动性，把产业扶贫作为脱贫攻坚的关键点、县域经济发展的契合点、推动追赶超越的发力点，探索实践出"菜单式"精准扶贫模式，努力做到产业选择精准、项目设计精准、支持投向精准、扶贫人口收益精准，聚力打赢脱贫攻坚战，为陇县"十三五"期间决胜脱贫攻坚、实现全面小康提供有力支撑。

二 "菜单式"产业扶贫模式的推进举措

消除贫困、改善民生、实现共同富裕，是社会主义的本质要求，是我们党的重要使命。2015 年以来，陇县深入学习习近平总书记系列重要讲话特别是关于脱贫攻坚重要讲话精神，认真贯彻新发展理念，坚决落实中央、省、市有关决策部署，县委县政府把脱贫攻坚作为全县一号工程来抓，把发展产业作为实现脱贫的根本之策，紧盯"两不愁、三保障"目标，以贫困村为主战场，以贫困人口为主攻对象，探索形成了"菜单式"产业扶贫模式。2017 年以来，把打造"双百"产业扶贫基地、推动农村"三变"改革作为深化"菜单式"产业扶贫模式的核心举措，不断完善政策、资金、技术等保障机制，着力打造"菜单式"扶贫模式升级版。

（一）加强顶层设计规划政策体系引领

陇县县委县政府站在全县脱贫攻坚和经济社会发展大局的高度谋划产业发展，帮助贫困村转变发展理念、明确重点任务，先后编制完成了《"十三五"特色产业精准扶贫规划》《产业脱贫实施方案》《关于进一步推进"菜单式"产业脱贫工作的意见》《"菜单式"脱贫资金切块到镇工作方案》等一系列政策措施。农业局等产业脱贫相关部门，结合自身职能和实际出台具体的实施办法，并落实产业扶贫到村到户清单，明确补助标准。各镇立足自身优势产业资源，分产业、分类型制定出台产业扶贫项目的具体实施方案。各贫困村结合本村实际，制订产业扶贫规划和年度工作计划，对贫困户因户施策，制订了产业发展计划和帮扶措施。三级规划政策体系使"菜单式"精准产业脱贫有章可依，有规可循。

（二）财政资金撬动多元化资金投入

陇县着力改进扶贫资金项目使用方式，最大限度地发挥财政专项扶贫资金的黏合剂和撬动作用。整合各类项目，捆绑资金，靶向投入，县财政每年安排1000万元专项资金，整合涉农资金3.6亿元，原则上按照每个贫困村不少于100万元的规模扶持发展产业。积极探索搭建融资平台，建立信贷风险补偿基金，推动产业扶贫小额信贷贫困户全覆盖，逐村逐户摸清贫困户贷款意愿，列出贷款需求清单，全面开展授信放贷。为进一步提升产业抗风险能力，开办核桃、烤烟等十大农业政策性保险，总保额6.4亿元。对无经营能力的贫困户由村两委会组织，采取"量化到户、股份合作、入股分红、滚动发展"的方式，将获得的小额信贷资金，由龙头企业、农民合作社等统筹集中使用，贫困户享受定期分红。

（三）推广先进技术支撑产业持续发展

围绕奶山羊养殖、核桃种植、苗木花卉种植等特色优势扶贫产业，以贫困群众增强自我发展能力为核心，健全完善县、镇、村、经营主体四级科技推广、科技培训、科技信息交流网络体系。强化与世界奶山羊协会、西北农林科技大学、北京林业大学等协同创新，引进"羊博士、羊硕士"。建成西北农林科技大学旱作农业、核桃试验站及奶牛、奶山羊试验基地，建成宝鸡农民科普大学。制定具有针对性的技术培训方案，推行专家团队指导到村、农技人员包联到户、实用技术培训到人，采取集中办班、现场指导、咨询服务等多种形式，加大面向贫困群众的普及性技术技能培训，将所有发展产业的贫困户全部轮训一遍。目前，已组建7支专家团队，已有100多名专家下村入户，累计培训贫困人口5万人次。

（四）提高政治站位选拔激励机制保障

陇县县委县政府主要领导挂帅，强化责任担当，县脱贫领导小组组建10个专项工作组，34名县级领导分片包抓，3358名机关干部结对帮扶，为脱贫攻坚提供了坚强的组织保证。立足14个产业脱贫成员单位行业特点和自身优势，明确了各自工作职责和任务，每月至少召开一次例会，讨论交流，定期查账，点评工作，夯实了责任，促进了面上工作。把"菜单式"精准扶贫作为选拔干部的重要依据，选派142名扶贫第一书记（扶贫主任），坚持"三真一创"工作法（即真住、真帮、真心，争创脱贫模范），住在贫困户、吃在群众家，成为脱贫攻坚的中坚力量。目前，从第一书记中选拔科级干部27名。选优配强村干部，出台村干部报酬绩效考核办法，把脱贫作为主要依据，村干部年补贴最高达3.8万元，最低1.3万元。

三 "菜单式"产业扶贫模式运行机制

习近平总书记指出，扶贫开发贵在精准，重在精准，成败之举在于精准。陇县坚持"一把钥匙开一把锁"，创造性地开展"菜单式"产业脱贫，精准对接贫困户需求，为贫困户量身定制"菜谱"，确保村村有增收产业、户户有脱贫项目、人人有致富技能。

（一）以扶贫政策为依据，精准"配菜"

科学编制"菜单式"脱贫目录，确定了种植、养殖、就业创业和生态等 4 大类 33 项产业"菜单"，同时结合市场变化和贫困户需求，不断丰富菜单内容。县级部门按照"各炒一盘菜、共做一桌席"的思路，精心配"菜"，供贫困户自主选择，确保扶贫资金效用最大化。

（二）以群众需求为导向，精准"点菜"

按照"一村一品、一户一业、一人一技"的发展思路，瞄准市场需求，根据群众喜好，帮扶干部深入贫困户，指导群众选择产业项目。点菜中，既坚持个性化原则，各取所需，不搞一刀切；又注重集约化发展，联户联村，实施规模经营。既注重短平快的项目；又推广应用新技能，实现产业可持续发展。

（三）以产业项目为支撑，精准"上菜"

整合县财政专项资金、上级切块资金、涉农项目资金，以镇为单位切块下达、组织实施，并引导金融机构扩大信贷规模，支持产业发展。依托干部职业技能和岗位特点，为不同类型贫困户送上私人定制的"精品点心"，扶持发展特色产业，从志愿服务、慈善帮困、就业创业、增收致富等方面为贫困户贴心"上菜"。

（四）以利益联结为核心，精准"用菜"

坚持因地制宜、因业制宜，确定不同的利益联结机制，让贫困户、政府、基地、市场形成最大公约数。陇县探索实践出入股分红、托养代管、合作社带动、能人帮带、自主发展等多种模式，建立市场主体与贫困户增收脱贫紧密利益联结机制，形成"资金跟着穷人走，穷人跟着能人走，能人跟着产业走，产业跟着市场走"的带动效应，8142 户贫困户按需点到了称心"菜"。

（五）以脱贫成效为标准，精准"评菜"

全面实施月通报、季点评、年考核的工作机制，把责任落实到每一个联系单位和联系责任人身上，确保各项产业扶贫措施落到实处、开花结果。实行账单式工作法，加强对镇和部门产业帮扶的过程督导，逐村逐户检验进展、验收成效。目前，共发放产业贷款6940万元，兑付产业直补资金3229万元，7503户"点菜"贫困户产业发展势头良好。

四 "菜单式"产业扶贫模式的成效

近年来，陇县把"菜单式"产业扶贫作为重中之重，不断提高产业扶贫精准度和实效性，为贫困户量身定制产业菜单，打通惠民政策落地生根的"最后一公里"，实现了产业扶贫三个"明显提升"，达到了多方共赢。

（一）优势特色产业引领能力明显提升

统筹推进脱贫攻坚和发展县域特色产业，针对贫困地区特色产业发展薄弱环节和产业发展重点，专门量身设计一批产业扶贫项目，实现所有建档立卡贫困村、所有有发展产业意愿的贫困户"两个全覆盖"，实现了产业扶贫项目和区域优势产业的融合发展。在"菜单式"产业扶贫过程中，以深化农业供给侧结构性改革为重要契机，大力发展现代农业，推进三产融合，初步形成了具有陇县特色的奶畜、核桃、肉畜、烤烟扶贫主导产业，打造了关山奶粉、和氏羊乳、陇州核桃、优质食用菌、陇州辣椒等一大批在国内具有较高知名度的产品。

（二）生产经营主体带动能力明显提升

在贫困地区重点扶持培育龙头企业、农民合作社、产业园区、种养大户，鼓励了贫困户联合组建社会化服务组织，减少了贫困户生产经营中的"单打独斗"，促进了贫困户抱团脱贫，实现了"小农户"和"大市场"的有效对接。目前，3个省级现代农业园区带动全县形成各类园区66个，培育出和氏乳品、关山乳业、绿能牧业等涉农龙头企业25家，涌现宏勃食用菌、金脑袋核桃、盛大烤烟3户全国示范社，众鑫粮食等8户省级百强社和示范社，建设各类家庭农场116户、专业大户601户，把贫困户镶嵌在产业链上、吸附在合作社中。

（三）贫困群众持续发展能力明显提升

"菜单式"扶贫坚持问题导向，针对广大贫困户生产需求，开展了多渠道、多层次、多形式的农民实用技术培训，实现了贫困劳动力人人都能熟练掌握一种以上农业实用技术，全面提升了贫困群众的自我发展能力。截至2017年5月，据测算，贫困群众人均增收523元，增速13.2%，全县49479名贫困群众脱贫退出19575人，贫困发生率降到12.3%，脱贫攻坚取得了决定性成果。

五　经验与启示

决胜脱贫攻坚、矢志追赶超越，实现全面小康，责任重大，使命艰巨。陇县把培育产业作为推动脱贫攻坚的治本之策，因地制宜地探索实践"菜单式"扶贫模式，实现了贫困群众参与产业发展全过程，形成了持续稳定的增收机制，做到了扶真贫、真扶贫、真脱贫。

（一）"菜单式"扶贫模式的基础是必须坚持尊重群众、激发群众内生动能

习近平总书记指出，幸福不会从天而降，好日子是干出来的。产业脱贫群众是主体，政府要找准角色定位，当好"设计师"、"服务员"和组织者，尊重贫困户主体地位，主动问需于民，倾听困难群众的发展意愿，引导群众称心"点菜"，做到"你点我有""你需我供"。发挥各级新闻媒体的主阵地作用，采取群众喜闻乐见的形式宣传党的扶贫工作政策，引导群众发扬"等不是办法、干才有希望"的实干精神，着力扶智扶志，倡导勤劳致富，让党的扶贫政策深入人心，让扶贫脱贫变成群众的自觉行动。

（二）"菜单式"扶贫模式的重点是必须坚持因地制宜、遵循市场规律

习近平总书记指出，要紧紧扭住发展这个促使贫困地区脱贫致富的第一要务，立足资源、市场、人文旅游等优势，因地制宜地找准发展路子。"菜单式"扶贫聚焦贫困村和贫困户产业发展需求，树立"要什么、给什么"的帮扶理念，坚持因村、因户施策，精心"配菜"，着力打造调和众口的"满汉全席"，增强扶贫资金和扶贫项目的针对性、灵活性、实效性和长远性。在此基础上，遵循市场和产业发展规律，促进探索实践出的生态羊乳、"借袋还菇"、中蜂托管等"十大模式"协同推广，实现了贫困户融入生产、加工、储藏、流通、销售等各环节，在分享更多产业增值收益的同时，打造农业全产业链，增强了市场竞争力。

（三）"菜单式"扶贫模式的关键是必须创新利益机制、提高扶贫成效

习近平总书记指出，要探索一些好办法，帮助农牧民更多分享产业利润效益，真正同龙头企业等经营主体形成利益共同体。政府通过"政策专业合作社 + 贫困户""基地 + 贫困户"等模式，吸引贫困农民以资金、土地、劳动力入社入股，依法签订利益共享、风险共担的合作协议，建立与贫困农户利益联结机制。按照资源变股权、资金变股金、农民变股民的扶贫新思路，集团经营性资产、财政支持贫困村集体经济发展取得的集体经济收入等折股量化到贫困户，投资入股龙头企业、合作社发展产业，确保扶贫对象长期稳定精准受益。

（四）"菜单式"扶贫模式的保障是必须坚持技术支持、增强造血能力

习近平总书记指出，脱贫致富终究要靠贫困群众用自己的辛勤劳动来实现。陇县为实现由"输血"向"造血"的根本转变，立足技术精准帮扶，

坚持面向生产实际，做到自主创新和引进利用相结合，对特色产业发展中薄弱环节进行技术改造和提升，研发一批新优品种，创建新的生产模式，全面提升优势特色产业整体发展水平。强化技术支撑，整合培训资源，充分发挥省市科技特派员的作用和技术推广、科研单位作用，构建完善的技术服务推广网络。组织技术人员深入生产一线，对缺技术贫困户发展产业开展一对一技术指导，提高生产水平，群众自我发展能力明显增强，脱贫效益整体提升。

B.18
扶风县东坡村：现阶段贫困户致贫原因分析及脱贫对策思考

胡清升　梁珠荣*

摘　要：　脱贫攻坚是当前党和政府的一项重大政治使命，确保到2020年农村贫困人口实现脱贫，是全面建成小康社会最艰巨的任务，也是以习近平同志为总书记的党中央对全国人民的庄严承诺。本文基于东坡村脱贫攻坚实践，通过对东坡村因病，因残，缺技术、项目、劳动力等致贫原因及脱贫实践中暴露的精准识别不准、贫困户内生动力不强、产业扶贫缺乏市场意识等问题进行分析，从而探索如何扶真贫、真扶贫，以期为党委政府更好地实施精准脱贫提供参考。

关键词：　东坡村　贫困户　致贫原因　脱贫对策

　　党的十八大以来，以习近平同志为总书记的党中央向全国人民庄严承诺，要让贫困人口和贫困地区同全国一道进入全面小康社会，确保到2020年在我国现行标准下农村贫困人口实现脱贫，贫困县全部摘帽。在刚刚召开的中共十九大上，习近平总书记代表全党又再次重申，要坚决打赢脱贫攻坚战，做到脱真贫、真脱贫。有幸参与这场举世瞩目的脱贫攻坚战，更是加深了对当前贫苦地区群众生活、生存环境的理解和对脱贫攻坚必要

---

* 胡清升，陕西省统计局高级统计师；梁珠荣，陕西省统计局统计师。

性、重要性的认识，同时也触发了对贫困背后原因的思考及当前扶贫政策的思考。

一 东坡村发展现状

东坡村位于宝鸡市扶风县杏林镇东南部，全村下辖 9 个村民自治小组，现有农户 649 户，总人口 2465 人。其中，建档立卡贫困户 66 户 208 人。全村耕地面积 2740 亩，人均耕地面积约 1.1 亩。经过近几年多方帮扶，村内现有道路已全部实现硬化，村级主干路与西宝北线 104 省道相连，交通条件十分便利。目前，村民的主要收入来源为外出打工及发展苹果、猕猴桃、猪、羊等种养殖产业，产业发展"小、散、乱"现象严重，管理和销售均无法保证。在当前产业扶贫政策的强力推动下，东坡村产业规模虽较以前有所扩大，村民对产业发展的积极性也有所提高，但受农户自身素养限制及农村留守劳动力短缺等影响，现有产业仍无法形成较大规模，每年向市场提供的产品也均属原始农产品，且产品品质不高，市场前景惨淡，产业收益甚微，若脱离各级政府的扶持政策，现有产业大多将难以为继。

二 贫困户致贫原因分析

古语云："病有标本。知标本者，万举万当；不知标本者，是谓妄行。"搞好脱贫攻坚工作，首先是找准贫困户致贫原因，这样才能因病施治，采取针对性较强的对策。经过与村内贫困户、村两委班子、村民小组长和一般农户的深度交流和多次座谈，梳理归纳了东坡村贫困户如下五种致贫原因。

（一）因病因残致贫

这是当前东坡村致贫的首要因素。在现有 66 户贫困户中，有 30 户 102 人皆因病或因残致贫，占贫困户总户数的 45.5%、总人口的 49%，均接近一半。深入了解这类群体后发现，这类家庭中都存在重大疾病患者或残疾人、体弱多病、丧失劳动能力的成员，不仅对家庭创收几无贡献，反而增加了家庭开支，占用了家庭主要劳动力部分创收时间，导致家庭长期入不敷出，甚至债台高筑，从而使家庭陷入贫困。这类家庭大多创收能力不强，加之家庭开支较大，因此很难通过自身努力脱贫，即使短期脱贫也极易返贫。

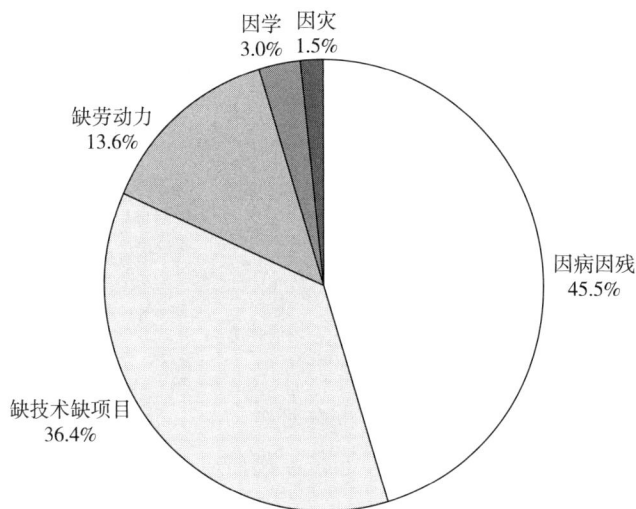

图 1　东坡村各类贫困户占比

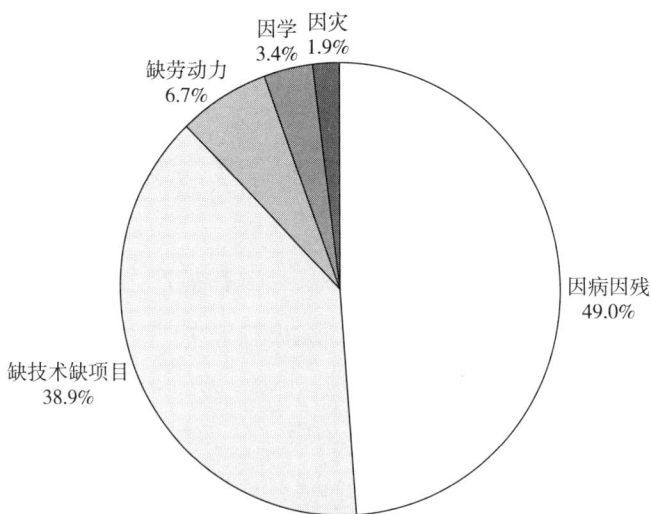

图 2　东坡村各类贫困人口占比

（二）缺技术缺项目致贫

这类贫困户在东坡村占比也较大，在全村66户贫困户中，有24户81人由于缺技术缺项目致贫，占贫困户总户数的36.4%、总人口的38.9%。这类群体普遍受教育程度不高，长期依靠传统农业为生，谋生手段单一。受自身能力和家庭经济条件限制，这类家庭中虽大多有全劳动能力成员，但因缺乏技术、项目、启动资金，且不具备产业发展的投资眼光，甚至常常对发展产业持怀疑或抵触情绪，故迟迟不能摆脱贫困。

（三）缺劳动力致贫

这类群体大多数为无子女赡养的孤寡老人，需要社会保障政策兜底。目前，东坡村贫困户中有9户14人均属于此类情况。这类群体虽占比不大，但一旦致贫很难脱贫，在现有的扶持政策和措施下，基本上只能通过低保五保等托底政策维持家庭最低生活保障，实现由输血式扶贫向造血式扶贫转变几无可能。

（四）因学致贫

这类群体家庭均有两个以上子女上学，且多为单亲家庭或家庭主要劳动力创收能力不强，在庞大的教育开支面前，常常入不敷出。东坡村现有此类贫困户2户7人。近年来，随着省市教育扶贫力度不断加大，贫困户用于子女教育方面的开支锐减；同时，随着此类贫困户子女逐渐由校园走向社会，从原来的消费者转变为创收者，贫困户家庭境况不断转好，脱贫人数不断增多。

（五）因灾致贫

此类贫困户大多是由突发性灾难，如车祸、自然灾害、重大疾病等导致债台高筑或意外身亡。目前东坡村此类贫困户仅有1户4人。这类群体在遭遇天灾人祸后，家庭常常背负高额债务，甚至家庭主要劳动力缺失，生产生活陷入困境且自救无力，即使享受过各类扶贫政策短期内也很难实现脱贫。

三 当前扶贫工作中存在的问题

当前，中省脱贫攻坚力度不断加大，扶贫政策层出不穷并不断得到修正完善，扶贫成效也越来越得到社会认可，但在政策执行过程中，扶贫工作依然暴露出一些问题，如精准识别不准、贫困户内生动力不足等。从东坡村扶贫实践及周边村镇了解的情况看，当前扶贫工作主要存在以下几类问题。

（一）精准识别难度较大，识别信息准确性不高

影响贫困户识别的因素很多，但归纳起来主要有以下三方面。首先是农户参与度不高，包括贫困户和非贫困户在内的农户对精准扶贫及建档立卡态度都较冷漠，认为此项工作就是国家想给部分农户一些扶持，了解不了解，积极不积极，该给谁还给谁，对结果影响不大，因此不感兴趣。即使在精准扶贫中享受过诸多优惠政策的贫困户，也只关心最终给他多少钱和物，对帮扶干部的政策宣讲缺乏兴趣。其次是裙带关系严重，在农村这个小天地中，大多数农户之间都存在千丝万缕的联系，村干部也属于其中一员，很难超然脱俗。在村民对政策了解不多、参与热情不高的大背景下，少数党性原则不强的村干部便会在精准识别过程中夹带私情，从而出现关系扶贫、亲情扶贫。最后是贫困户贫困程度难以界定，由于农民收入渠道较多，一些隐性收入难以核算，加之农户参与热情不高，蓄意隐瞒家庭收入的情况时有发生，这就导致对贫困家庭贫困程度的界定多数停留在主观印象层面，很难通过建档立卡信息得出公正判断。

（二）贫困户发展意愿不强，脱贫内生动力不足

由于贫困户自身素养偏低和长期生存环境影响，少数贫困户从来没有离开过家，难以突破外出就业的巨大"心理挑战"，不肯外出务工；有些贫困

户家庭生活没有目标，致富没有规划，更缺乏脱贫的信心；有些贫困户不仅缺乏技能，且学习意愿不强；更有极少数贫困户存在严重的"等、靠、要"思想，毫无脱贫愿望。

（三）产业扶贫缺乏市场意识，扶贫资金使用效率低

当前的产业扶贫中，大多数贫困户发展的都是种养殖产业和小型加工业，由于规划指导不足，产业发展常常呈现"小、散、乱"现象，加之贫困户市场意识淡薄，规模化经营理念缺失，管理松散，向市场提供的产品及服务质量不高，市场竞争力不强，受益普遍偏低。虽然政府给予发展产业的贫困户一定补助，但由于贫困户所发展的产业收益有限，相当一部分贫困户对产业发展被动接受，甚至利用政府扶持政策套取扶贫资金。同时，由于村委会成员普遍缺乏对产业项目的甄别与选择能力，各级政府及帮扶单位援助的扶贫资金要么"趴在国库睡大觉"，要么被以撒胡椒面的方式让贫困户利益均沾，甚至被用来对原有基础设施进行重复建设，资金使用效率偏低。

（四）移民搬迁千篇一律，政策执行困难重重

贫困户危房改造及移民搬迁本来是帮助危房贫困户解决现有住房的一项惠民政策，但具体执行过程中我们发现，一些贫困户对政府依赖思想严重，不提前支付补助款便不肯动工，一些已经建好房且领到补助款的贫困户仍继续伸手向政府索要装修费，导致政策推行困难重重；同时，由于各地对集中建设新农村期望值较高，致使移民搬迁实施过程中不注重实际，千篇一律搞集中建房、农民上楼等形象工程，不仅给搬迁户日常生产造成不便，也增加了搬迁户装修、水、电、物业等日常生活成本，导致贫困户搬迁热情不高，甚至出现消极抵制情绪。

（五）贫困户与非贫困户关系紧张，村民对脱贫工作看法不一

当前农村的主体依然是广大非贫困户，各级政府在把大多数精力放到脱贫攻坚和贫困户身上的同时，对整村集体发展和非贫困户的关注便会少很

多，当各类优惠政策集中抛向贫困户时，非贫困户难免会心生嫉妒和不满，尤其是看到一些贫困户游手好闲、不劳而获，一夜之间便可以赶上自己几年的劳动成果，不满的情绪便更加暴涨，从而导致贫困户与非贫困户之间关系紧张，非贫困户经常对村内的工作投反对票，影响甚至减缓整村发展。

（六）干部素质水平参差不齐，脱贫难度不断加大

由于生存压力加大和利益驱动，年轻农户纷纷选择外出务工谋生，致使村内中壮年劳动力偏少，村委会班子成员年龄老化，且大多受教育程度不高，很难适应新形势变化，更谈不上依据村情制订脱贫计划，带领村民脱贫致富。省市县镇选派的一大批第一书记和驻村工作队虽极大地改善了村委会的人员结构及知识面貌，但由于群众基础及驻村工作时限等因素，第一书记和驻村工作队推动整村发展的作用有限，帮助村内发展的方式基本上停留在要钱要物要项目上，很难在短期内培养并带强一批新农村建设的生力军，加之当前村集体经济和产业发展面临人、财、物齐缺困境，现有贫困户脱贫难度越来越大，要如期实现贫困户整体脱贫困难重重。

（七）各类考核及检查指导纷繁复杂，基层干部群众疲于应付

当前驻村扶贫工作中，最大的感受是来自中省市县镇的检查纷繁复杂，几乎周周有检查，多的时候甚至天天有检查，搞得基层焦头烂额，疲于应付。更有甚者，脱贫攻坚相关部门深夜查岗并入户查看贫困户帮扶资料，虽然这些对脱贫攻坚的急切心情和工作认真负责的态度值得称赞，但这种做法却严重影响了基层干部群众的正常生活。同时，面对国家及省上布置的工作任务，市县镇政府经常标准不一、朝令夕改，导致基层反复做无用功，不仅消磨了基层干部群众脱贫攻坚的热情，也极大地占用了他们思考发展和推动脱贫实践的精力和时间。

四 对后期脱贫工作的思考

通过脱贫攻坚工作亲身经历和调查走访，笔者深深地体会到党在新时期

推行脱贫攻坚的重要性，同时也清醒地认识到，扶贫政策要做到灵活变通，不能一刀切。正如省委原书记娄勤俭说的那样，"陕西的区域发展非常不平衡，脱贫攻坚政策一下来，大家都照着去做，这显然不行。比如，将陕南移民搬迁的做法照搬到关中，是行不通的。每个地方扶贫对象不一样，工作方法也应该不一样。要根据各个地方的特点、发展阶段、发展规律找到行之有效的办法"。结合亲身经历和实际，对做好下阶段脱贫攻坚工作提出以下思考建议。

（一）严把精准识别关，做到扶真贫

借助各类场合向农户宣讲贫困户精准识别标准，并结合实际向农户解读政策，告知精准扶贫的重大意义及与每个农户家庭的关系，争取绝大多数农户都参与到这项工作中来，把识别权交给广大农户，充分调动他们的积极性，让他们根据长期了解的情况，并结合贫困户精准识别标准来帮助我们评判识别贫困户，从而有效降低村委会和驻村工作队识别的误差；对广大农户评选出的贫困户，村委会和驻村工作队要进一步进行核实走访，剔除明显富裕户，补充真正贫困但无人推选的农户，并将确定的名单张榜公示，接受群众监督；同时，将贫困户名单上报上级政府部门进行比对，剔除财政供养人员、有车辆人员。对最终确定的贫困户名单要实行动态管理，及时根据标准调出或调入贫困户，并全过程接受群众监督，保证调整工作公平公正。

（二）把扶贫同扶智、扶志结合起来，增强贫困户脱贫内生动力

正如习近平总书记说的那样，"脱贫攻坚进行到现阶段，外力能做的基本已经到了极限，剩下的事只有通过内外结合，充分调动内因，从内突破"。在下阶段脱贫攻坚工作中，要更紧密把扶贫同扶智、扶志结合起来，改变过去简单给钱、给物、给牛羊的做法，多采用生产奖补、劳务补助、以工代赈等机制，不大包大揽，不包办代替，最大限度地遏制"等、靠、要"的错误思想，教育和引导广大群众用自己的辛勤劳动实现脱贫致富，增强广大贫困户内生动力，提高自我发展能力。同时，要深入研究并用足用好

"资源变资产、资金变股金、农民变股东"的"三变"改革新模式,充分调动并盘活农民的各类资源,尤其是赖以生存的土地资源,多渠道增加农民收入,让农户尤其是广大贫困户实实在在感受到政策红利,从而积极投入生产,尽早脱贫。

(三)围绕镇域县域经济整体布局,让产业扶贫和扶贫资金真正发挥效益

产业扶贫要结合当地资源禀赋、生产条件和市场需求发展,不能一哄而上,避免只见花钱不见挣钱;各级党委政府要积极引导各村镇产业自觉融入镇域经济、县域经济的大盘子中,不搞重复建设,不造过剩产能,通过区域经济对贫困村集体经济、个体经济的协同带动,做大做强村集体经济、个体经济,从而增加就业岗位,带动贫困户增收。扶贫资金的使用上要有效进行整合,注重打造镇域县域经济的规模效应,品牌效益,并借助电商、大数据及"互联网+"等元素,帮助农户做好产中管理和产后销售,减少流通环节,拓展销售渠道,增强市场竞争力。

(四)因地因人制定帮扶对策,做到真扶贫

要结合贫困地区及贫困户个体实际,因地因人制宜,科学施策,既突出重点,集中解决致贫的共性问题,又注重实际,根据不同情况和问题制定出个性化对策,做到措施到户精准,提高帮扶工作的针对性和实效性。尤其是对移民搬迁等执行层面差别较大的政策措施,要做到在统一规划、标准和补贴等前提下,充分放开放活,提高贫困户参与积极性和满意度,使惠民政策实实在在用到实处。

(五)积极调动各方力量参与扶贫,努力营造脱贫攻坚良好氛围

要通过多种形式,积极发动和引导社会各界力量广泛参与扶贫,扩大实施具有陕西特色的"3+X"帮扶体系,拓展帮扶渠道和项目、资金来源,帮助贫困户早日实现脱贫。同时,通过各方参与扶贫,增进广大人民群众尤

其是非贫困户对脱贫攻坚工作的理解和支持，有效缓解和排除社会矛盾，营造脱贫攻坚良好氛围。在脱贫攻坚实施过程中，要注意将贫困户脱贫与整村发展有效结合，改变过去脱贫政策只针对贫困户，让一批想干事、能干事、干成事的能人脱颖而出，用他们干出的实绩影响并带动广大贫困户早日脱贫。

（六）加强人才储备和培养，选优配强村级领导班子

有效运用"三项机制"、绩效考核等人才管理培养激励机制，选优配强村级领导班子及驻村工作队、第一书记，并着重加强对村委会原有成员的教育培养，不断提高他们把握全局和带领群众致富的能力；同时，通过村集体经济和个体经济的发展，及时寻找和发现能人，并争取纳入村委会领导班子，在让能人找到更大舞台发挥价值的同时，也为村委会提供人才储备，实现能人对贫困户及整村发展的辐射带动作用。

（七）精简各类考核检查指导，留足时间让基层专注发展

习近平总书记曾多次强调，扶贫工作是一点点干出来的。过多的考核检查指导只会减缓脱贫步伐，对考核检查指导本应有的督促激励作用也是一种削弱。后期应尽可能压缩不必要的考核检查指导，并及时统一各项任务标准，避免基层做无用功。同时，要创新考核模式及检查指导的方式，尽可能不给基层干部和农户添麻烦，让他们腾出更多的时间专注发展，思考并实现早日脱贫。

参考文献

习近平：《更好推进精准扶贫精准脱贫　确保如期实现脱贫攻坚目标》，新华网，2017 年 2 月 22 日。

《习近平新论断：扶贫先扶志、扶贫必扶智和精准扶贫》，中国网，2016 年 1 月 3 日。

鲁春艳：《实施精准扶贫、精准脱贫的难点及对策建议》，《农业经济》2016 年第7 期。

张笑芸、唐燕：《创新扶贫方式，实现精准扶贫》，《资源开发与市场》2014 年第9 期。

唐守详、韩智伟：《产业扶贫是实现精准扶贫之主策》，《理论观察》2017 年第 1 期。

莫光辉：《精准扶贫视域下的产业扶贫实践与路径优化》，《云南大学学报》2017 年第 1 期。

B.19
神木市纳林采当村：乡村振兴战略背景下整村推进扶贫开发的实践与启示

张　敏　白永清*

摘　要： 党的十九大报告明确提出实施乡村振兴战略，对未来我国农业农村发展提出了新的定位和要求。对于贫困地区来说，如何实现乡村振兴和同步全面建成小康社会的双重任务，是摆在基层干部面前亟待解决的重大问题。本文以神木纳林采当村整村推进脱贫攻坚为例，探讨以脱贫攻坚为统揽实施乡村振兴战略的有效路径，提出统筹推进脱贫攻坚与乡村振兴的思路及对策建议。

关键词： 乡村振兴战略　脱贫攻坚　整村推进　神木

一　乡村振兴战略背景下整村推进扶贫开发的意义

习近平总书记在党的十九大报告中首次提出了实施乡村振兴战略，这不仅是在新时代下解决我国"三农"问题、全面激发农村发展新活力的重大举措，也是对未来农业农村发展提出的新定位和新要求。对于贫困地区来说，要实现乡村振兴战略和全面建成小康社会的目标，一方面，必须以打赢脱贫攻坚战为基础和前提，为乡村振兴夯实发展根基；另一方面，要在脱贫

---

* 张敏，博士，陕西省社会科学院农村发展研究所助理研究员；白永清，神木市中鸡镇党委书记。

攻坚过程中积极探索乡村振兴战略实施的有效路径，促进脱贫攻坚与乡村振兴紧密结合，加快推进贫困地区农业农村现代化。

整村推进扶贫开发是以村级社会、经济、文化全面发展为目标，以贫困人口收入增加和贫困村经济发展为核心任务，通过政府引导、资源整合、产业开发、资金投入、基础设施建设等一系列举措，实现由"输血式"扶贫向"造血式"扶贫转变。在乡村振兴战略背景下，整村推进扶贫模式正好契合了这一战略对农村产业、生态、乡风、治理、生活等方面发展的要求，不仅从根本上能够解决贫困人口的温饱问题，而且能够建立和完善贫困村可持续发展的长效机制，提高贫困地区的自我发展能力，从根本上巩固脱贫攻坚成果。

二　神木纳林采当村推进脱贫攻坚的实践

1. 纳林采当村基本情况

纳林采当村位于神木市中鸡镇西南 20 公里处，距全国最大的沙漠淡水湖红碱淖仅 8 公里。全村土地面积 88 平方公里，耕地面积 6893 亩（其中，水地 1769 亩），属于北部风沙草滩区。村民的主要收入来源于养羊和种植玉米、土豆等农作物，该村是典型的纯农业村。全村 7 个村民小组，共 493 户 1623 人，其中在家的有 326 户 652 人，外出打工的有 971 人。全村建档立卡的贫困户为 43 户 99 人，其中 2017 年在册贫困户为 18 户 42 人。贫困户中的低保户为 10 户 23 人，五保户为 1 户 1 人，孤儿有 1 户 2 人。

2. 脱贫攻坚的主要做法及成效

纳林采当村是中鸡镇最大的行政村，也是全镇唯一的贫困村，自然条件差，基础设施落后，缺少年轻劳动力，同时也是集体经济"空壳村"。在实施精准扶贫精准脱贫的进程中，纳林采当村高起点谋划、高标准实施，通过"招商引资＋产业转型＋美丽乡村＋精神扶贫＋幸福康养"的"五维一体"扶贫模式，2017 年实现人均纯收入 13600 元，预计 2017 年底摘掉贫困村的帽子。通过引进恒源集团农丰农业公司和长青健康科技有限公司在村里建设种养殖基地，一方面，给村民提供了致富增收渠道，激发了村民主动要求致富的内生动力，为加快脱贫攻坚创造了条件；另一方面，给全村经济社会发展带来了新技术、新观念、新思路和新气象，加快了市场信息的有效传递和资源要素的双向流动，盘活了村里的各类资源，带动了基础设施条件的改善，全村呈现出欣欣向荣的景象。

（1）主动谋划招商引资，带动村民增收致富

自 2015 年以来，在镇村的共同努力下，纳林采当村充分挖掘土地资源优势，采取土地流转模式将闲置土地集中起来，吸引企业前来投资开发，先后引进恒源集团农丰农业公司、长青健康科技有限责任公司在村上建设各自的种养殖基地。截至 2017 年 10 月底，两家公司共投入资金近 7000 多万元，新建标准化圈舍 21000 平方米，自动化猪圈 7600 平方米，10 个大型日光温室。此外，新建的办公楼、职工宿舍及库房等设施建筑面积达 3600 平方米。目前，全村共有 126 个村民在种养殖基地打工，其中 4 名饲养员每月工资达到 3900 元，收入最低的季节工每月工资为 4500 元，按最少两个月计算年收入也可以达到 9000 元，村民收入得到大幅提高。在种养殖基地打工的建档立卡贫困户有 35 户 67 人，人均年收入达到 11000 元。

（2）积极调整种养结构，加快推动产业转型

为了搭上恒源集团农丰农业公司和长青健康科技有限责任公司在村上建立种养殖基地的这班"致富车"，纳林采当村党支部书记于 2017 年 3 月组织村两委班子成员，先后到河南开封、甘肃民乐县学习考察大蒜种植经验。村两委班子成员五人自筹资金 20 万元，引进适合本村种植的大蒜新品种，同时以每亩每年 80～150 元的价格向村民流转了 110 亩土地，试种的 40 多亩大蒜一举成功，每亩产量达到 2500 斤、纯收入超过 1 万元。大蒜试种成功后，村上又成立了专业合作社，采取村民入股的方式筹集资金 90 万元，建立了 70 个大棚和 10 个蒙古包，其中 20 个大棚和所有蒙古包用于发展集体经济，其余大棚计划试种秋冬大蒜、草莓、西红柿等农作物，依托临近红碱淖景区的地理位置优势，开展采摘、农事体验、农家乐等休闲活动，吸引景区游客前来观光消费，增加村民收入。此外，纳林采当村还一改多年单一

种植玉米的传统耕种方式，试种新品种玉米 4000 多亩、饲草 2000 多亩。其中，长青公司采用"磁化水膜下滴灌水肥一体化"技术在 400 亩沙地上进行高产玉米试验，每亩产值高达 2500 元，远远超过传统种植模式产值，极大地激发了村民学习科学种植的热情。通过更多的示范引领，纳林采当村的村民走上了一条靠产业转型升级致富的路子。

（3）重点改善基础设施条件，高标准打造美丽乡村

纳林采当村以改善基础设施条件为抓手，多方筹措资金积极推进美丽乡村建设，全面改善人居环境，提升村民幸福指数。

一是切实改善村里交通条件和村民生产生活条件。自 2015 年以来，在镇党委、政府的大力支持和帮助下，纳林采当村争取上级各类资金共计 2700 多万元，修通了连接全村 7 个村民小组的 6.3 公里砂砾石公路，新修了到庙壕村 17.9 公里、到锦界镇窝兔采当村 6.4 公里的高标准油路，并分别与锦大公路、红（碱淖）店（塔）公路连接，为引进企业投资建设种养殖基地、争取省级美丽乡村建设项目，奠定了坚实的基础。

二是大力实施农田水利灌溉工程。三年来全村共投入资金 840 多万元，已打深井 15 眼、多管井 200 多眼，可灌溉农田 6200 亩。同时，争取资金 400 多万元实施农电改造提升工程，解决了村民抽水浇地电压不足问题。通过维修改造全村 7 个村民小组的自来水管网，全力解决村民安全饮水问题。

三是高标准推进美丽乡村建设。按照统筹办、镇政府、村民各 1/3 的"三三三制"筹资模式，共筹集资金 1000 多万元，对过村公路两边近 200 户村民住房实施了改造，按照统一样式在房屋屋顶搭建彩钢瓦，粉刷院墙和门面。同时，还争取资金 340 多万元，新建公共文化娱乐广场 4000 平方米为村民提供休闲娱乐场所，安装太阳能路灯 260 盏方便群众出行，新建垃圾池 2000 平方米解决村里生活垃圾处理问题，实现垃圾集中收集、统一清运、统一处理。此外，村委会还增设图书室，购置文娱活动器材，通过多种形式丰富村民的文化生活。目前，纳林采当村的主干道路已经全部实现硬化、绿化、亮化，村容村貌干净整洁，房屋整齐统一，村民幸福指数得到极大

提升。

（4）开创精神扶贫，激发村民的内生动力

随着全村经济收入不断增加，纳林采当村加大了对村民精神扶贫的力度，通过开展各种精神扶贫活动助力乡风文明建设，提升村民素质，激发村民内生动力。除了全镇中小学生在学校诵读中华传统国学经典外，纳林采当村大力开展道德讲堂活动，引导村民"学模范、走正道、做好人"，向受到镇上表彰的模范党员学习，用言行塑造良好的家风家训，形成子女敬老孝亲、邻里互帮互助、勤劳致富、崇德向善的氛围。纳林采当村的敬老院还被打造为全镇的传统"孝"文化教育基地，成为组织全镇村干部学习取经的样本，养老院通过建立"感恩堂"让村里年轻人为老年人服务，培养年轻人树立敬老孝亲、关爱老人的思想观念。此外，纳林采当村进一步完善乡村治理机制，通过成立红白理事会、民事纠纷调解组、道德讲堂宣讲组，制定村规民约，广泛开展宣讲古今中外孝老爱亲故事的活动，大力宣传道德模范先进事迹，有效地化解了村里各类矛盾，三年来村上没有上报过一起矛盾纠纷。目前，纳林采当村邻里和睦、互帮互助、互敬互让，形成了良好的社会道德氛围，全村"争当文明户""争做文明人"蔚然成风。

（5）创新康体养老模式，破解贫困村康养难题

纳林采当村把老年人、孤寡老人的养老和全村脱贫工作紧密结合起来，争取帮扶单位资助建立老年公寓，对全村34名70岁以上的老人、孤寡老人和残疾人实行集中供养。中鸡镇还动员爱心企业和企业家为敬老院出钱捐物，尽最大努力创造舒适的生活条件。截至目前，敬老院已收到各界捐款共计52万元，为老人们的吃、穿、看病等费用提供了坚实的物质保障。此外，敬老院利用村集体提供的10多亩种植基地，鼓励老人们自己动手种植农作物、从事养殖业，实现自给自足，形成了"农业＋休闲＋养老＋医疗"的新型康体养老模式。纳林采当村通过"村办＋公助＋自筹＋慈善捐助＋企业帮扶"和"半农半养"筹资运营机制，探索出一条全新的健康养老路径，为贫困村破解养老难题提供了有益借鉴。

三 统筹推进脱贫攻坚与乡村振兴的对策建议

党的十九报告明确提出了乡村振兴战略的总要求，即"产业兴旺、生态宜居、乡风文明、治理有效、生活富裕"。这是决胜全面建成小康社会需要坚定不移实施的国家战略之一，也是在深刻把握我国社会主要矛盾转化的新特点下，解决发展不平衡不充分问题的必然选择。对于农村贫困地区来说，普遍面临基础设施差、产业基础薄弱、公共服务缺口大、教育文化程度低等问题，脱贫攻坚的目标不仅是要确保2020年贫困人口如期脱贫，同时也要统筹推进乡村振兴战略落地生根，实现农业增效、农民增收、农村繁荣。本文结合纳林采当村脱贫攻坚的实践，提出乡村振兴战略背景下整村推进脱贫攻坚的几点启示，为加快推进农业农村现代化提供借鉴。

1. 超前谋划实施乡村振兴战略，助力贫困村脱贫攻坚

实施乡村振兴战略是从根本上解决"三农"问题的新思路和新举措，事关决胜全面建成小康社会、农业农村现代化进程、农村繁荣稳定和经济社会发展全局，必须高度重视，摆上重要议事日程。尤其是贫困地区的广大干部群众，要深刻领会和把握实施乡村振兴战略的重大意义及内涵，坚持以脱贫攻坚统揽贫困村经济社会发展全局，以产业发展、生态改善、乡风文明、乡村治理、农民增收为抓手，统筹考虑自然条件、资源禀赋等各方面因素，高起点谋划，扎实推进，在脱贫攻坚过程中落实乡村振兴战略实施的总体要求。第一书记、驻村扶贫工作队、包村干部及村两委班子四支队伍要着眼于全局和长远，从战略高度谋划脱贫攻坚工作，深入研究乡村振兴战略的实施路径，将乡村振兴战略与精准扶贫脱贫、美丽乡村建设、新型城镇化、农村三产融合结合起来，制订乡村的整体发展规划和长远规划，为全面建成更高质量的小康社会、实现农业农村现代化奠定坚实基础。

2. 以重大项目引领实现整村带动，打造宜居宜业美丽乡村

牢固树立全局一盘棋的工作意识，整合各类项目和资源，按照"整体规划、因地制宜、重点突出，整体推进"的发展思路，以农村基础设

施、民生工程建设、产业发展等重大项目为引领实现整村带动，全力打造宜居宜业的美丽乡村。优先推进基础设施和公共服务建设项目，强化村庄道路、公共服务设施、给排水设施、生活垃圾和污水处理设施、村级文化活动场所建设，全面改善村庄人居环境，提高群众生活质量。立足本地发展实际，充分挖掘当地资源禀赋和特色优势，抢抓乡村振兴战略机遇，结合脱贫攻坚工作主动谋划具有一定发展基础、市场前景好、发展潜力大、带动能力强的产业项目，积极开展招商引资引进龙头企业，延伸特色产业链链条，带动村民增收致富。鼓励村集体经济组织参与项目的运营开发，使村民与村集体成为项目的利益共同体，共同推进项目建设。

3. 着力推进一二三产业融合发展，培育农业农村发展新动能

坚持粮食安全底线，依托当地资源禀赋和区域特色，围绕农业供给侧改革调整生产结构，优化村域农业产业布局，加快调整农业产业结构，重点发展具有特色、优势明显、竞争力强的特色农业产业，提高农业产业化经营水平，增加绿色农产品、优质农产品和特色农产品供给。根据村庄的人文历史、风俗习惯、传统文化、民居风貌、生产经营等特点，因村制宜，实施"一村一品"强村富民工程，打造类似于袁家村、马嵬驿这样的全国知名商业品牌。打破传统思维和产业界限，以特色农业为主导积极探索一二三产业之间的融合发展路径，推进农业与旅游文化、教育培训、健康养老等产业深度融合，拓展农业多种功能，培育新型业态和新经济增长点，进一步拓宽农民致富增收渠道。把握新时代下休闲农业和乡村旅游业发展的难得机遇，盘活农民闲置房屋、村内集体建设用地、"四荒地"（荒山、荒沟、荒丘、荒滩）等资产资源，规范有序地发展休闲观光、乡村旅游等农业新业态，打造独具特色、功能齐全、环境优美、文化内涵丰富、绿色生态的休闲产品和体验活动。充分利用互联网思维和手段，加快推进"互联网＋"农业发展，重新塑造现代农业产业链模式和商业运作模式，引导农户参与农村电子商务产业链建设，实现小农户与现代农业发展的有机结合、小生产与大市场的有效对接。

4. 发挥基层党建的核心引领作用，实施人才队伍振兴计划

深化党建引领，发挥农村基层党组织的战斗堡垒作用，着力选优配强基层党组织带头人队伍，动员农村致富带头人、外出务工经商人员、返乡创业人员、大学毕业生、复员退伍军人等优秀人才回村参选村党组织带头人，培养造就一支"懂农业、爱农村、爱农民"的"三农"工作队伍，持续激发村两委班子和致富带头人干事创业的活力。以壮大村集体经济为突破口，强化党建引领与"三变"改革深度融合，积极推行"党支部＋'三变'改革＋集体经济＋农户"的工作模式，采取创办集体企业或合作社、建设绿色农产品基地、开发优势资源、招商引资项目带动、扶贫开发带动等多种形式发展村组集体经济，搭建致富增收新平台，激发农业农村发展的内在活力。启动实施人才队伍振兴计划，重点突出对本土人才的培养，积极组织开展种养殖、农产品加工、电子商务、休闲农业和乡村旅游等实用技术和劳务技能的培训，邀请专家学者、专业人员进村指导授课，同时选派优秀的青年农民"走出去"学习生产技术和经营管理经验，为脱贫攻坚和乡村振兴提供强有力的人才支撑。

5. 创新农村基层社会治理，加强道德建设推进乡风文明

随着我国新型城镇化和城乡一体化的加速推进，传统的乡村治理模式已经难以适应新形势下乡村社会转型发展的要求，推动农村基层社会治理创新已成为一项迫切的任务。十九大报告提出要健全自治、法治、德治相结合的乡村治理体系，这不仅是实施乡村振兴战略的内在要求和重要组成部分，更是为重构乡村秩序、推进农村乡风文明提供了基本遵循。大力推进乡村自治是"三治合一"的核心，必须把服务村民、造福村民作为基层社会治理的出发点和落脚点，引导村民参与治理、共享治理成果，切实保护村民利益，充分发挥乡贤作用，通过乡（村）贤参事会、村民议事会、乡风评议会等组织，帮助村两委班子共同管理村务，了解村民的诉求，及时调解乡村社会矛盾和冲突。完善乡村治理法治化建设，不断改善乡村法治环境，通过短信、宣传标语、设置法律咨询点开展普法宣传，运用法治思维和手段化解农村社会矛盾，维护乡村社会和谐稳定、长治久安。深化村民德治建设，完善村规民约，提升村民的道德修养和文明素质，从源头上预防农村社会矛盾的产生，大力弘扬中华优秀传统文化，积极开展社会主义核心价值观宣传教育，凝聚向上、向善的道德力量，促进乡风文明。

参考文献

任燕顺：《对整村推进扶贫开发模式的实践探索与理论思考——以甘肃省为例》，《农业经济问题》2007 年第 8 期。

凌经球：《探索深度贫困山区脱贫攻坚的可行路径——广西河池市大安乡"整乡推进"脱贫攻坚的实践及启示》，《党政研究》2017 年第 5 期。

张展智、左停、徐贤坤：《广西参与式农村发展模式研究——以犁田尾村开展参与式整村推进扶贫为例》，《经济与社会发展》2012 年第 1 期。

邓希：《民族地区整村推进扶贫模式浅析——以湖北来凤县为例》，《民族论坛》2014 年第 10 期。

詹国辉、张新文：《乡村振兴下传统村落的共生性发展研究——基于江苏 S 县的分析》，《求实》2017 年第 11 期。

唐皇凤：《社会主要矛盾转化与新时代我国国家治理现代化的战略选择》，《新疆师范大学学报》（哲学社会科学版）2018 年第 4 期。

B.20
西安高科集团："一村一企"
精准脱贫帮扶实践与探索

胡炘 王伟*

摘　要：　西安高科集团通过脱贫攻坚的战场，探索出以"三变"改革为核心的产业帮扶、以"扶智扶志"为引领的培育内生动力帮扶、以"结对帮扶"为依托的强化扶贫干部责任帮扶、以"志愿活动"为载体的勇于干事铁军作风帮扶，在"一村一企"精准脱贫帮扶实践中做出了新的探索，对全省企业精准帮扶具有启发意义。

关键词：　高科集团　一村一企　精准帮扶

　　西安高科集团2013～2015年完成西安市户县17个村"两联一包"帮扶任务后，2016年7月下旬和2017年5月底先后承担了户县（2017年8月正式改称"鄠邑区"）玉蝉镇5个贫困村、森林旅游景区管理局2个省定贫困村"驻村联户"脱贫攻坚任务。自开展"驻村联户"脱贫攻坚工作以来，特别是在对口帮扶鄠邑区精准脱贫的实践中，高科集团始终坚持"一村一企"全方位帮扶模式，组织旗下7家公司，一对一帮扶鄠邑区7个贫困村，在促进建立产业发展项目、强化基础设施建设、整治村容村貌、提升文化教育水平、结对帮扶贫困户等方面，"一村一企"帮扶取得阶段性成效。截至

---

　　* 胡炘，博士，副教授，高级经济师，西安高科（集团）公司副总经理；王伟，硕士，高级政工师，西安高科（集团）公司党委办公室主任助理。

2017年12月31日，高科集团7家扶贫单位已累计投入帮扶资金近500万元，各驻村第一书记及工作队累计驻村工作时间共计1586天。

一 以"三变"改革为核心的产业帮扶

为全面深入地掌握帮扶村情况，高科集团7家扶贫单位对口鄠邑区7个贫困村，均深入开展了村情、村貌实地调研，并绘制成民情基础图、帮扶情况图、组织机构图、河长路长图和产业发展图，同步形成民情档案、民情花名册等材料，结合贫困户数据审核情况，按照五个"一口清"的标准，建立了信息准确完备的村情、民情二维码信息库，实现了脱贫攻坚信息的动态管理及数据更新的长效机制，为精准扶贫工作的开展奠定了坚实基础。

在扶贫工作实践中，高科集团7家帮扶单位因地制宜，按照扶贫工作规划要求，积极开展重点突出又各具特色的产业帮扶工作，深入推进"资源变股权、资金变股金、农民变股民"的"三变"改革。

（一）村集体经济合作社精准脱贫帮扶举措

高新地产公司将中蜂产业作为涝峪口村集体经济合作社发展方向，通过产业扶贫，促进村集体增收、贫困户脱贫。通过"合作社＋村集体＋贫困户＋村民＋帮扶企业"的新型经济模式，出资41万元为村集体、贫困户购置蜂群资产，村集体及贫困户将中蜂资产以股金形式交由四平合作社进行"合作代养"，最后按照股金金额及分红比例进行现金分红，形成"扶贫资金→资产→股金→分红"的扶贫产业创新模式。截至目前，蜂群通过繁殖，加上合作社自有蜂群，已实现400箱的产业规模，目前为秦岭北麓单点规模化养殖第一；蜂群已产出近2000斤原蜜，实现经济产值近10万元，实现了当年投入、当年见效的产业发展目标。

（二）综合产业精准脱贫帮扶举措

紫薇地产公司在水磨头村确立了"光伏产业＋苗木种植产业＋油坊特

色产业"的产业帮扶规划。一是通过为贫困户安装光伏设备,将光伏电站所发电量全额并入国家电网,以电力部门每月反补电费的形式提高贫困户的家庭收入。紫薇地产光伏扶贫是鄠邑区首家,覆盖5户低保贫困家庭,并分别于8月底、10月底两次完成设备安装调试、并网发电,目前已产生收益;二是建立30亩生态苗木种植基地,苗圃收益的60%将由村委会返给贫困户,同时苗圃基地为贫困户提供就业岗位和土地流转收入,10月已开始种植营养钵和大田苗等,12月底按期完成计划种植规模,预计2018年上半年可实现收益,可带动16户贫困户达到"3015"的年收入脱贫线;三是投入10万元资金扩大水磨头村油坊产能,并带动8人脱贫,预计2018年可实现收益。

(三)多主体联合带动精准脱贫帮扶举措

高科房产公司立足孙家硇村实际,探索出"帮扶企业 + 临时支部 + 致富能手 + 贫困户"的产业模式,最终确定了扶贫产业项目——草花种植项目。"草花种植项目"(一期)已于2017年6月全面完工,总计投资35万余元,预计草花年产量在50万盆。草花种植项目于十一国庆期间的销售旺季售出草花20余万盆,累计销售30余万盆。9月29日,全村贫困户到村委会领取了共计51400元的项目利润补贴,同时还提取了部分项目利润,为全村462户村民购买了中秋慰问品。

高科鱼化公司结合焦家庄村实际,形成了"帮扶单位 + 村两委会""村两委会 + 合作社 + 贫困户 + 农户"的特色产业模式,将村9户贫困户纳入村集体合作社中,分配给每户贫困户3%的股份,每年可从中领取一笔可观的收益分红。同时,合作社将20%的收益用于提升基础设施建设和村内临时应急救助,可以壮大村产业及带动村脱贫致富奔小康。焦家庄村产业基地占地总面积70亩,目前已完成55亩的土地征用。蓝莓种植10亩,葡萄种植10亩,大棚蔬菜种植8亩,油菜种植8亩,投入30万元,发展方向为观光农业产业园。2017年焦家庄村"户太八号"葡萄销售2000余箱,共带来收入10余万元;10个蔬菜大棚已销售10000余斤蔬菜;

目前蓝莓地块已完成均撒硫黄粉，改善土壤酸碱度等初步工作，为下一步种植做好基础准备。

（四）农民专业合作社精准脱贫帮扶举措

高科国际社区公司与新义村两委协商，确定了以经济作物种植为主的产业扶持方向，并成立了户县瑞民种植合作社。合作社注册资金40万元，主要以苗木花卉种植、销售，家禽、家畜养殖及销售，以及为合作社成员提供与农业生产相关的技术及信息咨询服务为主要内容。目前，合作社第一个产业发展项目——苗木种植项目已经展开，并已完成63.3亩土地共5个地块的围建以及部分苗木栽种工作。同时，增加短期草花种植产业，形成产业长短期结合，使合作社实现"两条腿"走路，尽快产生经济效益。

（五）"产业＋基础设施建设"精准脱贫帮扶举措

高科幕墙门窗公司经与鄠邑区森林旅游景区管理局和紫峪村三委会商议，初步制定了"3＋1"的帮扶方案，涵盖了从基础设施建设到村整体旅游产业发展、加工制造产业发展、村民技能培训等多方面产业扶贫项目。在新村旅游产业方面，完善新村基础设施，提升新村旅游环境，就近销售"山货"农产品，结合美丽乡村、美丽人家指导思想，发展新村特色农家乐，带动紫峪村旅游产业发展。特色农家乐项目农户选择正在考察摸底中。在中蜂养殖产业方面，村上提交的中蜂养殖合作社申请已经获批，并按照参与农户数量每户获赠中蜂10箱，结合原自有中蜂养殖户，目前中蜂养殖合作社框架已经形成。

高科新达公司在鄠邑区森林旅游景区管理局沙窝村确定了中蜂养殖为主导产业，向中蜂养殖合作社捐赠标准蜂箱150只及蜂蜜生产加工工具一批，价值约2.25万元；捐赠蜂场运输小轿车（公司调配）一辆，价值约2.5万元；向10户返贫户各捐赠蜂群15群共计150群，价值12万元；向中蜂养殖合作社赠送产品包装盒约3.2万元；帮助合作社销售蜂蜜逾2000斤，实现收入8万余元；同时还完善了村基础设施建设，协调解决了新村村民吃水问题，完成了老旧房屋拆除工作，并对 7 户易地搬迁户进行了屋顶防雨防漏处理。帮扶工作积极有效，得到了景区管理局、村三委会及广大村民的高度认可。

二　以"扶智扶志"为引领的培育内生动力帮扶

扶贫先扶志，扶贫必扶智。高科集团及下属 7 家帮扶单位，注重物质帮助的同时，强化精神扶持，促进 7 个贫困村所有贫困户满怀信心打赢脱贫攻坚战。

（一）开展形式多样技能培训

各帮扶单位开展形式多样的技能培训，让贫困户有一技之长，提升脱贫致富的能力和素质。高新地产公司邀请专家开展葡萄标准化种植培训 1 次、中蜂养殖技能培训 6 次；高科鱼化公司驻村工作队、村两委会联合鄠邑区相关部门组织开展农业相关专题培训活动 4 次；高科房产公司搭建了"农业知识、劳动技能培训课堂"，投资 2.5 万余元购置了计算机、音响、电视、课桌椅、黑板等设备及书籍，为广大村民营造一个良好的学习环境；高科新达公司针对健康、就业、异地搬迁等方面新出的政策，多次举行座谈会，为贫困户耐心宣传、讲解。

（二）营造团结和谐的村风家风

各帮扶单位积极开展各类文体活动，营造健康向上、团结和谐的村风家风，弘扬开拓进取、奋发有为的创业精神。其中，高新地产公司驻村工作队自拉设备，为村民播放 5 次主旋律电影；高科房产公司为弘扬传统文化，倡导敬老、爱老、养老、助老的良好风气，与村两委共同举办了重阳节"老人宴"及善行义举表彰大会，为"好媳妇""好婆婆""美丽庭院"等五位道德模范村民颁发了荣誉证书及奖品；高科国际社区公司开展文化下乡活动，联合鄠邑区人民剧团为新义村村民表演了四场折子戏及一场本戏。

（三）完善相关配套设施

各公司积极在扶贫村里建立村文化广场、农家书屋，悬挂宣传标语、横幅，用户县农民画美化街道、村道，营造脱贫攻坚的良好氛围。高新地产公司组织全体员工开展图书募捐，累计募捐达到700余册，有力地扩充了村农家书屋藏书量，方便村民学习；高科幕墙门窗公司设立大型宣传广告牌、指路牌三块，设立脱贫攻坚宣传广告牌12块，悬挂标语、横幅等，进一步激发了贫困户脱贫致富的内在动力。

三　以"结对帮扶"为依托的强化扶贫干部责任帮扶

高科集团及所属各帮扶单位积极开展"一对一"结对帮扶工作，强化了干部员工责任担当和工作效能，为精准扶贫、精准脱贫找到精准路径。

高科集团及下属7家帮扶单位对口7个贫困村98个贫困户"一对一"帮扶干部，坚持每周入户一次，按照"一户一策"的原则，分别为贫困户制定了帮扶计划书，签订了帮扶责任书，帮助贫困户解决实际困难和问题，并积极争取、落实各项扶贫政策。

各单位帮扶干部坚持进村入户，为贫困户打扫卫生、修缮房屋，送政策、送服务、送信心，切实解决了贫困户住房、用电用水、看病住院等各类问题。

各单位帮扶干部借助节假日，动员、带领家人到贫困户家里"走亲戚"、唠家常，拉近与贫困户的距离，进一步增强了帮扶干部与贫困户的感情。在过去的一年里，各单位驻村工作队队员和"一对一"帮扶干部，没有一个提条件、发牢骚，扎实的工作作风赢得了广大村民的认可。

四　以"志愿活动"为载体的勇于干事铁军作风帮扶

脱贫攻坚，成在众人合力。高科集团7家帮扶单位，始终把脱贫攻坚作为最重要的民生任务来抓，持续不断践行国企社会责任。自 2017 年以来，高科集团超过 500 名志愿者深入 7 个扶贫村，开展各类志愿扶贫活动。脱贫攻坚战场已经成为锻炼、检验高科铁军作风的练兵场。

（一）定期开展青年志愿者脱贫攻坚活动

根据高科集团脱贫攻坚工作整体安排，高科集团团委于 2017 年 9 月启动了"高科新青年助推脱贫攻坚志愿者行动"。各帮扶单位基层团组织在"十一"国庆和中秋佳节来临前，分别带领优秀团员青年及志愿者前往集团公司在鄠邑区的 7 个帮扶村，到公共场所、村内街道及部分结对帮扶贫困户家中开展垃圾捡拾、大擦洗、大清理活动，以及关爱留守老人儿童、送医下乡义诊和医疗卫生知识、健康饮食习惯、防范电信诈骗等宣传服务活动，受到广大村民肯定和好评，活动取得良好成效和反响。集团公司脱贫攻坚志愿者行动将按季度持续组织开展。

（二）联合举办义教行动

高科集团团委携手紫薇地产公司及各帮扶单位，组织团员青年及志愿者分别前往鄠邑区太平学校、水磨头村小学，与西安市教育局联合市文明办、团市委举办第七届"扶智立志 梦想接力"义教行动——通过现场传授及观摩，为来自贫困地区的小学教师带来先进的教育理念和优秀教学模式，切实提升贫困地区学校教学质量，为当地持续脱贫不返贫打下坚实基础。

（三）开展扶贫慰问活动

各单位驻村工作队队员、"一对一"帮扶干部、扶贫志愿者队伍在传统节日、"国家扶贫日"，积极开展扶贫慰问活动，为贫困户、低保户、五保户送去棉被、取暖电器等过冬物资，并叮嘱贫困户家庭电器安全使用、保重身体等，确保贫困户能够安全温暖过冬，真情帮扶得到了贫困户的一致认可。

附　录

Appendix

B.21
陕西各地市产业扶贫
典型经验与做法

　　产业扶贫是脱贫攻坚的治本之策、根本之举，是脱贫攻坚的重点，也是难点。自 2017 年以来，陕西省各地市从抓产业、抓带动、抓机制入手，加快推进产业扶贫工作，取得了一定成效。各地市在产业扶贫中形成的好思路、好做法、好典型、好模式，为全省产业扶贫精准脱贫工作起到积极促进作用。

　　榆林市：

　　自 2016 年开始，榆林市按照以工哺农思路，积极实施光伏扶贫项目，启动了首批 152 个村级光伏扶贫示范电站建设，总规模 3 万千瓦左右，覆盖贫困村 149 个，受益贫困户达到 6710 户。

　　在光伏扶贫项目推进过程中，榆林通过构建"政府、企业、贫困村、贫困户"光伏脱贫利益共同体，由市县政府财政出资 50% 作为电站建设基础资金，市级国有企业出资剩余 50% 的项目建设资金，并对光伏电站统一建设、统一管理、统一结算运营。电站建成后，分前 5 年、6～15 年、15 年之后三个阶段实行差别化的帮扶政策，分别按总收入的 58%、50%、45% 用于项目所在村的精准帮扶和村级经济社会发展，预计村集体年收入 10 万元，贫困户每户每年收入能达到 3000 元。

下一步，榆林市将在 152 个示范项目建设的基础上，在全市 927 个建档立卡贫困村中选择具备上网和用地条件的行政村全面推广光伏扶贫项目。力争到 2020 年底，全市村村实现光伏项目收益全覆盖，稳步发展壮大村集体经济，让农民在农村产业发展中实现持续增收。

延安市：

延安作为世界苹果最佳优生区，经过 30 年发展，种植面积达到 365 万亩，产量达到 332 万吨，已经成为延安最大的农业主导产业，也成为延安老百姓脱贫致富的一项主要产业。

实施脱贫攻坚以来，延安结合农村"三变"改革，实施苹果产业北移工程，大力发展山地苹果，通过现代农业园区、龙头企业、合作社等新型经营主体引导贫困户通过土地流转、土地入股、劳务输出、配套服务等形式参与苹果产业发展，形成了"支部 + 贫困户""支部 + 合作社 + 企业 + 贫困户""互联网 + 贫困户"等 9 种式，实现了 1.59 万户、4.93 万有劳动能力贫困人口产业扶持全覆盖，延安贫困发生率也从 2016 年的 13% 下降到 2017 年的 3.86%。

下一步，延安将加强苹果产业产后整理，加快推进苹果种植与加工储藏、采摘旅游等产业融合发展，提升延安苹果在国内外的竞争力，不断做大做强苹果产业。在苹果产业带动下，延安所有贫困户有望在 2018 年底前全部率先脱贫，并实现长久稳定增收。

铜川市：

开展脱贫攻坚工作以来，铜川市坚持把产业扶贫作为打赢脱贫攻坚战的基础工程，按照"长短结合、多措并举、因地制宜、因户施策"的原则，加大产业项目建设，全市 2 万多贫困户户均有了 2 个以上脱贫项目，产业对贫困户的增收贡献率达到 80% 以上，探索形成了 11 类 27 种产业扶贫典型模式，实现让每个贫困户手里有产业，脱贫有办法。

推进产业扶贫项目建设中，铜川采取项目、模式、政策"三明确"，资金、服务、包抓"三到户"，企业、大户、能人"三带动"，组织领导、经济组织、服务体系"三健全"，政治意识、示范引领、考核问责"三到位"的"五个三"举措，确定入库项目共计 313 个，项目总投资 6.9 亿元，已实施项目 161 个，项目总投资 2.62 亿元。同时，选派 532 名科技特派员、185 名驻村果农技术教员等扶贫队伍在全市开展"地毯式"的产业扶贫科技帮扶，实现了产业覆盖到村、项目精准到户、技术培训到人。

今后，铜川将在深化产业扶贫方式、深化产业扶贫措施、搭建产业扶贫平台、完善产业扶贫体系上下功夫，开展扶技扶心扶智、项目产业到户、帮扶主体提升、利益联结帮带、典型示范引领、优势品牌创建、产业融合升级、三变改革深化等八项行动，使 11 类 27 种产业扶贫典型模式不断向纵深推进，让更多贫困户通过产业发展实现脱贫致富。

渭南市：

渭南在产业扶贫中抓住"产业覆盖、精准帮扶、联结机制"三个关键，因地制宜培育苹果、酥梨、冬枣、花椒、柿子、蔬菜、生猪、奶牛、奶羊、肉牛、肉羊等主导产业和核桃、桃、李子、樱桃、中药材、黄花菜等特色产业，推进农产品深加工园区建设，支持农产品深加工产业发展，积极探索产业发展与建档立卡贫困户脱贫的利益联结机制，找准产业项目与贫困户增收的契合点，通过订单生产、土地托管、股权合作、吸纳就业等方式累计带动贫困户 14.65 万户，促进贫困户精准受益，基本实现了对贫困户的产业全覆盖。

下一步，渭南将进一步凝聚产业扶贫工作合力，统筹用好产业扶贫资金，深入推进农村"三变"改革和产业扶贫项目落实，加快推进种养业、农产品加工业、休闲农业一二三产融合发展，做强做靓白水苹果、蒲城酥梨、大荔冬枣、韩城花椒、富平奶山羊等主导产业和特色产业品牌，搞好产业脱贫技术服务，增强贫困户产业发展能力，继续探索和完善贫困户在产业发展中的长效利益联结机制，推进现代农业和产业扶贫协同发展，让贫困户在产业发展中精准、持续受益。

商洛市：

自 2017 年以来，商洛市围绕解决贫困户产业发展缺项目、缺资金、缺销路等难题，探索出以龙头企业带动、专业合作社带动、产业大户带动、创新普惠型金融扶贫为主要内容的"三带一创"产业精准扶贫模式，把贫困户镶进产业链，让贫困户实现土地流转得租金、务工就业得薪金、订单生产得定金、联股分红得股金。目前，全市培育新型农业经营主体 6186 个，产业脱贫参与率达 90%，带动 467 个贫困村、6.2 万户、19.9 万人发展特色产业，实现了村有合作社，户有增收项目。

此外，商洛还根据地理、气候适合不同种类物种生长的自然条件，按照"因地制宜、精准施策、分类指导、长短结合、三产融合"的原则，把发展特色脱贫产业作为重要抓手，既发展核桃、板栗、中药材、食用菌、茶叶、生猪、烤烟等一批可持续发展的优势特色产业，还发展了蜜蜂、魔芋、油用牡丹、林麝、鼯鼠等小众产业，形成了"一村一品""一镇一业"的产业发展格局，为贫困户开辟了稳定增收渠道。

宝鸡市：

产业脱贫关乎长远、关乎根本，必须要抓实抓好。实施脱贫攻坚以来，宝鸡始终把产业扶贫作为推动农村产业结构调整重要举措，依托贫困地区资源禀赋，因地制宜规划和布局产业。初步形成了北部山区以奶山羊、肉羊、中蜂养猪、干杂果种植、光伏发电，川塬地区以苹果、猕猴桃时令果蔬种植、生猪养殖，南部山区以高山菜、干杂果种植，城市近郊、旅游景区周边以休闲农业为特色的规模化、板块化、特色化产业发展格局。

在推进产业扶贫过程中，宝鸡突出抓特色，每家每户的发展产业不搞一刀切，既发展苹果、猕猴桃等联村、联镇、联县的规模化"大产业"和长效产业，也鼓励贫困户引导贫困群众大力发展投资少、见效快的中蜂养殖等见效快的特色"小产业"。还通过政策引导、资金扶持等措施加大对龙头企业、农民合作社、家庭农场等新型经营主体的培育力度，引导 1345 个新型经营主体与贫困户通过订单生产、入股分红、劳动务工等形式建立稳定的产业带动关系，参与产业发展过程，分享产业发展收益，实现产业对贫困户精准全覆盖。

此外，宝鸡还根据市场规律和消费市场的变化，积极推进以绿色种植、绿色养殖、绿色加工为主的生态农业发展，通过品种、品质、品牌提升和一二三产业融合发展来满足广大消费者差异化需求，不但提高了农产品质量效益和产业发展水平，还有力地带动了产业结构调整和农民增收，预计2017年全市将有1.89万户贫困户依靠产业增收脱贫。

下一步，宝鸡将认真学习贯彻十九大精神，积极实施乡村振兴战略，将产业脱贫与区域经济发展、城镇化建设、农村"三变"改革、信息化发展相结合，在推进农业产业向质量效益型、科技创新型、绿色环保型的现代农业转变中带动贫困户增收脱贫，同步进入小康社会。

咸阳市：

近年来，咸阳市财政每年拿出3000万元专项资金从培育电商企业、培训从业人员、加强网络基础设施和物流体系建设等方面入手，大力发展电子商务产业，全市电子商务产业呈现出蓬勃发展态势。目前，咸阳注册登记的电商企业达到2800余家，网上销售产品达2100多个，销售总量超过160亿元；与中国银行合作成立的"公益中行"电商精准扶贫平台交易额累计9064万元，消费群正加速由中行30万员工向中国银行优质客户及普通消费者拓展；武功、泾阳、三原、旬邑、淳化5个县还成功创建国家电子商务示范县。

随着电子商务的发展，咸阳马栏红苹果、武功猕猴桃、礼泉御石榴、淳化荞面等农产品纷纷触电上网，卖到了全国。在电子商务的带动下，咸阳的农业生产的组织化、规模化、标准化、品牌化水平得到了明显提升，为农村地区尤其是贫困地区的发展注入了强劲动力。形成了"买西北、卖全国，卖什么、造什么"武功电商发展模式，探索出了"平台＋助理人＋贫困户""电商龙头企业＋专业合作社＋贫困户""贫困户发展自营电商"等三种可复制、可推广的电商扶贫好做法。

其中，"平台＋助理人＋贫困户"模式是依托"公益中行"电商精准扶贫平台，面向中国银行员工及客户群销售农产品，政府从龙头企业、扶贫干部中筛选了 154 个电子商务助理人，帮助贫困户销售农产品，解决了贫困群众电子商务运营能力不足的问题。"电商龙头企业 + 专业合作社 + 贫困户"模式是由武功县电商龙头企业陕西美农与武功县花田喜柿专业合作社联手发展黑柿子产业，陕西美农负责投资及农产品的包装和销售，合作社负责组织土地流转以及种植、管理，政府负责配套种植基地基础设施，24 户 104 名贫困群众每人以 5000 元产业扶贫资金入股，每人每年可分红 500 元，既让贫困群众有了持续增收的产业，也促进了电商企业的全产业链构建。

此外，对 600 多名有意愿有能力的贫困户，咸阳市采取技能培训指导、配置硬件设备、提供货源资金的方式，支持他们在农村淘宝等电商平台进行自营电商创业，这些创业者平均月收入达到 1500 元，有 200 多户贫困群众注册成立了电商企业，实现了一人创业全家脱贫。

今后，咸阳将继续加大对电商发展的支持力度，把电商扶贫与农业供给侧结构性改革、农村"三变"改革结合起来，用电子商务驱动农业产业结构调整，以农业产业结构调整提升农业组织化规模化品牌化程度。通过培育壮大新型经营主体，健全现代农业生产服务体系，把更多的贫困群众组织现代农业发展中来，促进农业与电子商务、电子商务与扶贫产业的深度融合。同时，鼓励电子商务龙头企业与贫困群众建立更加紧密的利益联结，像编辫子一样把贫困户和电子商务连接起来，把他们组织到全国乃至世界的大市场中去，带领他们早日脱贫致富。

安康市：

安康市委市政府始终把产业脱贫作为脱贫攻坚的首要任务，依托绿水青山和土地富硒等自然资源优势，把富硒产业作为带动贫困户脱贫的首位产业来抓。按照各区县独特的区域特征和资源禀赋，既发展短平快的特色产业，实现贫困村、贫困户产业全覆盖，又立足长远培育大产业。其中，县级围绕"一县一业""一村一品"抓培育，市级层面聚焦生猪、富硒茶、魔芋、核桃、生态渔业五大特色产业抓培育。目前，全市生猪总量稳定在 530 万头，稳居全省第二，规模养殖场 529 个，稳居全省第一；茶叶 83 万亩，位居全省第二；魔芋 36 万亩，位居全省第一；核桃 170 万亩，位居全省第二；水产品产量 4 万吨，位居全省第一。

在推动富硒产业发展中，安康通过做实园区承载、做实龙头带动、做实科技支撑、做实品牌打造、做实利益联结、做实循环发展、做实合力推进，富硒产业连年保持 30% 以上的超高速增长，富硒食品产值突破了 300 亿元，成为带动贫困户脱贫的大产业。同时，还探索出了"龙头企业＋农业园区＋贫困户""农业园区＋'三变'＋贫困户"的模式，带动贫困户参与产业发展，享受产业收益，实现 70% 以上的贫困群众依靠富硒产业脱贫。

下一步，安康将认真贯彻落实党的十九大精神，以深化农业供给侧结构性改革为主线，大力实施乡村振兴战略，把产业兴旺、产业脱贫作为首要任务，围绕培育大产业、扶强大龙头、做亮大品牌、建立大机制、实现大扶贫，继续推动富硒产业做大做强，为打赢脱贫攻坚、实现追赶超越、建成小康社会打下坚实的产业基础。

汉中市：

汉中把产业扶贫作为脱贫攻坚的治本之策，抓住农村"三变"改革机遇，因地制宜布局产业，实施"农业倍增工程"，打造"十大优质农产品基地"，全力推进脱贫产业发展。全市粮油种植面积稳定在百万亩以上，良种茶园面积达到 115 亩左右，蔬菜种植面积达到百万亩，水果种植面积达到 50 万亩以上，生猪总饲养量达到 700 万头，中蜂养殖超过 9 万箱，建成市级以上休闲农业示范点 127 个，实现了产业对贫困户全覆盖，贫困户户均有两个以上脱贫产业。

在培育壮大特色主导脱贫产业的同时，汉中把破解"小农户"和"大市场"对接作为重中之重，通过培育壮大龙头企业、农业专业合作社和农村集体经济组织等新型经营主体，鼓励新型经营主体加快发展以农产品产地初加工和精深加工为重点的农产品加工业，以农村电商为重点的农产品流通业，休闲观光农业为重点的农村服务业，延长农业产业链条，加快一二三产业融合发展，把小农户组织起来，和大市场进行无缝对接。目前，汉中全市已经培育了 6107 个新型经营主体，带动了 7.3 万户贫困户在产业链上受益，新型经营主体带动贫困户覆盖面达到 80% 左右。建成了国家级休闲农业和乡村旅游示范点 18 个，省级旅游特色名镇（村）31 个，休闲农业经营主体 1766 个、"农家乐" 1120 个，带动 3.2 万贫困户年人均增收 3000 多元。

汉中地理位置特别，生态环境优良，历史文化资源丰富，山、林、田、湖、草一样都不缺，百万亩油菜花海、百万亩生态茶园、城固桔园、洋县梨园、西乡樱桃沟等在省内外具有很高的知名度。随着"西成高铁"开通运营，汉中高速、高铁、机场立体交通网络已经全面形成，人流、物流和信息流也将加速向汉中聚集，这为脱贫产业持续发展，特别是休闲观光农业的发展带来了难得的历史机遇。

下一步，汉中将深入贯彻党的十九大精神，大力实施乡村振兴战略，紧紧围绕农业供给侧结构性改革，把农业和康养等产业结合起来，通过金融、资本市场的支持，让农业新型经营主体得到更大的发展，推进"小农户"和"大市场"更有效的对接，带动贫困群众增收脱贫，实现农民朋友共同富裕。

西安市：

西安市始终把发展产业作为脱贫增收的根本举措，根据大城市和大农村并存的实际，紧紧围绕"服务城市，富裕农民，优化生态"的思路，大力发展精准农业、智慧农业、休闲农业、创意农业等新都市型现代农业带动贫困户增收脱贫。通过规划建设农业园区，培育龙头企业、农业合作社、专业大户等经营主体，加大技术服务和政策资金扶持，形成了"一区三带七板块"产业体系，实现了对有需求和发展能力的 10811 户在册贫困户产业扶贫全覆盖。

下一步，西安将坚持以十九大精神为指引，按照产业兴旺、生态宜居、乡风文明、治理有效、生活富裕的总要求，以培育壮大新型经营主体和现代农业园区为载体，强力推进"十百千万"产业扶贫工程（即扶持乡村旅游、苗木花卉等十大主导产业，培育 100 家以上新型经营主体和现代农业园区，发展 1000 户以上增收示范户，带动 10000 户以上有劳动能力贫困户脱贫增收），整合资金资源，聚合政策效应，促进产业聚集，延伸产业链条，提高标准化水平、产品质量和市场竞争力，探索建立产业脱贫长效机制，带动贫困群众稳定脱贫增收。

❖ 皮书起源 ❖

"皮书"起源于十七、十八世纪的英国，主要指官方或社会组织正式发表的重要文件或报告，多以"白皮书"命名。在中国，"皮书"这一概念被社会广泛接受，并被成功运作、发展成为一种全新的出版形态，则源于中国社会科学院社会科学文献出版社。

❖ 皮书定义 ❖

皮书是对中国与世界发展状况和热点问题进行年度监测，以专业的角度、专家的视野和实证研究方法，针对某一领域或区域现状与发展态势展开分析和预测，具备原创性、实证性、专业性、连续性、前沿性、时效性等特点的公开出版物，由一系列权威研究报告组成。

❖ 皮书作者 ❖

皮书系列的作者以中国社会科学院、著名高校、地方社会科学院的研究人员为主，多为国内一流研究机构的权威专家学者，他们的看法和观点代表了学界对中国与世界的现实和未来最高水平的解读与分析。

❖ 皮书荣誉 ❖

皮书系列已成为社会科学文献出版社的著名图书品牌和中国社会科学院的知名学术品牌。2016年，皮书系列正式列入"十三五"国家重点出版规划项目；2013~2018年，重点皮书列入中国社会科学院承担的国家哲学社会科学创新工程项目；2018年，59种院外皮书使用"中国社会科学院创新工程学术出版项目"标识。

中国皮书网

（网址：www.pishu.cn）

发布皮书研创资讯，传播皮书精彩内容
引领皮书出版潮流，打造皮书服务平台

栏目设置

关于皮书：何谓皮书、皮书分类、皮书大事记、皮书荣誉、
　　　　　皮书出版第一人、皮书编辑部

最新资讯：通知公告、新闻动态、媒体聚焦、网站专题、视频直播、下载专区

皮书研创：皮书规范、皮书选题、皮书出版、皮书研究、研创团队

皮书评奖评价：指标体系、皮书评价、皮书评奖

互动专区：皮书说、社科数托邦、皮书微博、留言板

所获荣誉

2008 年、2011 年，中国皮书网均在全国新闻出版业网站荣誉评选中获得"最具商业价值网站"称号；

2012 年，获得"出版业网站百强"称号。

网库合一

2014 年，中国皮书网与皮书数据库端口合一，实现资源共享。

社长致辞

蓦然回首，皮书的专业化历程已经走过了二十年。20年来从一个出版社的学术产品名称到媒体热词再到智库成果研创及传播平台，皮书以专业化为主线，进行了系列化、市场化、品牌化、数字化、国际化、平台化的运作，实现了跨越式的发展。特别是在党的十八大以后，以习近平总书记为核心的党中央高度重视新型智库建设，皮书也迎来了长足的发展，总品种达到600余种，经过专业评审机制、淘汰机制遴选，目前，每年稳定出版近400个品种。"皮书"已经成为中国新型智库建设的抓手，成为国际国内社会各界快速、便捷地了解真实中国的最佳窗口。

20年孜孜以求，"皮书"始终将自己的研究视野与经济社会发展中的前沿热点问题紧密相连。600个研究领域，3万多位分布于800余个研究机构的专家学者参与了研创写作。皮书数据库中共收录了15万篇专业报告，50余万张数据图表，合计30亿字，每年报告下载量近80万次。皮书为中国学术与社会发展实践的结合提供了一个激荡智力、传播思想的入口，皮书作者们用学术的话语、客观翔实的数据谱写出了中国故事壮丽的篇章。

20年跨步千里，"皮书"始终将自己的发展与时代赋予的使命与责任紧紧相连。每年百余场新闻发布会，10万余次中外媒体报道，中、英、俄、日、韩等12个语种共同出版。皮书所具有的凝聚力正在形成一种无形的力量，吸引着社会各界关注中国的发展，参与中国的发展，它是我们向世界传递中国声音、总结中国经验、争取中国国际话语权最主要的平台。

皮书这一系列成就的取得，得益于中国改革开放的伟大时代，离不开来自中国社会科学院、新闻出版广电总局、全国哲学社会科学规划办公室等主管部门的大力支持和帮助，也离不开皮书研创者和出版者的共同努力。他们与皮书的故事创造了皮书的历史，他们对皮书的拳拳之心将继续谱写皮书的未来！

现在，"皮书"品牌已经进入了快速成长的青壮年时期。全方位进行规范化管理，树立中国的学术出版标准；不断提升皮书的内容质量和影响力，搭建起中国智库产品和智库建设的交流服务平台和国际传播平台；发布各类皮书指数，并使之成为中国指数，让中国智库的声音响彻世界舞台，为人类的发展做出中国的贡献——这是皮书未来发展的图景。作为"皮书"这个概念的提出者，"皮书"从一般图书到系列图书和品牌图书，最终成为智库研究和社会科学应用对策研究的知识服务和成果推广平台这整个过程的操盘者，我相信，这也是每一位皮书人执着追求的目标。

"当代中国正经历着我国历史上最为广泛而深刻的社会变革，也正在进行着人类历史上最为宏大而独特的实践创新。这种前无古人的伟大实践，必将给理论创造、学术繁荣提供强大动力和广阔空间。"

在这个需要思想而且一定能够产生思想的时代，皮书的研创出版一定能创造出新的更大的辉煌！

社会科学文献出版社社长
中国社会学会秘书长

2017年11月

社会科学文献出版社简介

社会科学文献出版社（以下简称"社科文献出版社"）成立于1985年，是直属于中国社会科学院的人文社会科学学术出版机构。成立至今，社科文献出版社始终依托中国社会科学院和国内外人文社会科学界丰厚的学术出版和专家学者资源，坚持"创社科经典，出传世文献"的出版理念、"权威、前沿、原创"的产品定位以及学术成果和智库成果出版的专业化、数字化、国际化、市场化的经营道路。

社科文献出版社是中国新闻出版业转型与文化体制改革的先行者。积极探索文化体制改革的先进方向和现代企业经营决策机制，社科文献出版社先后荣获"全国文化体制改革工作先进单位"、中国出版政府奖·先进出版单位奖，中国社会科学院先进集体、全国科普工作先进集体等荣誉称号。多人次荣获"第十届韬奋出版奖""全国新闻出版行业领军人才""数字出版先进人物""北京市新闻出版广电行业领军人才"等称号。

社科文献出版社是中国人文社会科学学术出版的大社名社，也是以皮书为代表的智库成果出版的专业强社。年出版图书2000余种，其中皮书400余种，出版新书字数5.5亿字，承印与发行中国社科院属期刊72种，先后创立了皮书系列、列国志、中国史话、社科文献学术译库、社科文献学术文库、甲骨文书系等一大批既有学术影响又有市场价值的品牌，确立了在社会学、近代史、苏东问题研究等专业学科及领域出版的领先地位。图书多次荣获中国出版政府奖、"三个一百"原创图书出版工程、"五个'一'工程奖"、"大众喜爱的50种图书"等奖项，在中央国家机关"强素质·做表率"读书活动中，入选图书品种数位居各大出版社之首。

社科文献出版社是中国学术出版规范与标准的倡议者与制定者，代表全国50多家出版社发起实施学术著作出版规范的倡议，承担学术著作规范国家标准的起草工作，率先编撰完成《皮书手册》对皮书品牌进行规范化管理，并在此基础上推出中国版芝加哥手册——《社科文献出版社学术出版手册》。

社科文献出版社是中国数字出版的引领者，拥有皮书数据库、列国志数据库、"一带一路"数据库、减贫数据库、集刊数据库等4大产品线11个数据库产品，机构用户达1300余家、海外用户百余家，荣获"数字出版转型示范单位""新闻出版标准化先进单位""专业数字内容资源知识服务模式试点企业标准化示范单位"等称号。

社科文献出版社是中国学术出版走出去的践行者。社科文献出版社海外图书出版与学术合作业务遍及全球40余个国家和地区，并于2016年成立俄罗斯分社，累计输出图书500余种，涉及近20个语种，累计获得国家社科基金中华学术外译项目资助76种、"丝路书香工程"项目资助60种、中国图书对外推广计划项目资助71种以及经典中国国际出版工程资助28种，被五部委联合认定为"2015-2016年度国家文化出口重点企业"。

如今，社科文献出版社完全靠自身积累拥有固定资产3.6亿元，年收入3亿元，设置了七大出版分社、六大专业部门，成立了皮书研究院和博士后科研工作站，培养了一支近400人的高素质与高效率的编辑、出版、营销和国际推广队伍，为未来成为学术出版的大社、名社、强社，成为文化体制改革与文化企业转型发展的排头兵奠定了坚实的基础。

宏 观 经 济 类

经济蓝皮书

2018 年中国经济形势分析与预测

李平 / 主编　2017 年 12 月出版　定价：89.00 元

◆　本书为总理基金项目，由著名经济学家李扬领衔，联合中国社会科学院等数十家科研机构、国家部委和高等院校的专家共同撰写，系统分析了 2017 年的中国经济形势并预测 2018 年中国经济运行情况。

城市蓝皮书

中国城市发展报告 No.11

潘家华　单菁菁 / 主编　2018 年 9 月出版　估价：99.00 元

◆　本书是由中国社会科学院城市发展与环境研究中心编著的，多角度、全方位地立体展示了中国城市的发展状况，并对中国城市的未来发展提出了许多建议。该书有强烈的时代感，对中国城市发展实践有重要的参考价值。

人口与劳动绿皮书

中国人口与劳动问题报告 No.19

张车伟 / 主编　2018 年 10 月出版　估价：99.00 元

◆　本书为中国社会科学院人口与劳动经济研究所主编的年度报告，对当前中国人口与劳动形势做了比较全面和系统的深入讨论，为研究中国人口与劳动问题提供了一个专业性的视角。

中国省域竞争力蓝皮书

中国省域经济综合竞争力发展报告（2017～2018）

李建平 李闽榕 高燕京 / 主编 2018 年 5 月出版 估价：198.00 元

◆ 本书融多学科的理论为一体，深入追踪研究了省域经济发展与中国国家竞争力的内在关系，为提升中国省域经济综合竞争力提供有价值的决策依据。

金融蓝皮书

中国金融发展报告（2018）

王国刚 / 主编 2018 年 2 月出版 估价：99.00 元

◆ 本书由中国社会科学院金融研究所组织编写，概括和分析了 2017 年中国金融发展和运行中的各方面情况，研讨和评论了 2017 年发生的主要金融事件，有利于读者了解掌握 2017 年中国的金融状况，把握 2018 年中国金融的走势。

区域经济类

京津冀蓝皮书

京津冀发展报告（2018）

祝合良 叶堂林 张贵祥 / 等著 2018 年 6 月出版 估价：99.00 元

◆ 本书遵循问题导向与目标导向相结合、统计数据分析与大数据分析相结合、纵向分析和长期监测与结构分析和综合监测相结合等原则，对京津冀协同发展新形势与新进展进行测度与评价。

社 会 政 法 类

社会蓝皮书

2018 年中国社会形势分析与预测

李培林　陈光金　张翼 / 主编　2017 年 12 月出版　定价：89.00 元

◆　本书由中国社会科学院社会学研究所组织研究机构专家、高校学者和政府研究人员撰写，聚焦当下社会热点，对 2017 年中国社会发展的各个方面内容进行了权威解读，同时对 2018 年社会形势发展趋势进行了预测。

法治蓝皮书

中国法治发展报告 No.16（2018）

李林　田禾 / 主编　2018 年 3 月出版　估价：118.00 元

◆　本年度法治蓝皮书回顾总结了 2017 年度中国法治发展取得的成就和存在的不足，对中国政府、司法、检务透明度进行了跟踪调研，并对 2018 年中国法治发展形势进行了预测和展望。

教育蓝皮书

中国教育发展报告（2018）

杨东平 / 主编　2018 年 4 月出版　估价：99.00 元

◆　本书重点关注了 2017 年教育领域的热点，资料翔实，分析有据，既有专题研究，又有实践案例，从多角度对 2017 年教育改革和实践进行了分析和研究。

社会体制蓝皮书

中国社会体制改革报告 No.6（2018）

龚维斌 / 主编　2018 年 3 月出版　估价：99.00 元

◆　本书由国家行政学院社会治理研究中心和北京师范大学中国社会管理研究院共同组织编写，主要对 2017 年社会体制改革情况进行回顾和总结，对 2018 年的改革走向进行分析，提出相关政策建议。

社会心态蓝皮书

中国社会心态研究报告（2018）

王俊秀　杨宜音 / 主编　2018 年 12 月出版　估价：99.00 元

◆　本书是中国社会科学院社会学研究所社会心理研究中心"社会心态蓝皮书课题组"的年度研究成果，运用社会心理学、社会学、经济学、传播学等多种学科的方法进行了调查和研究，对于目前中国社会心态状况有较广泛和深入的揭示。

华侨华人蓝皮书

华侨华人研究报告（2018）

贾益民 / 主编　2018 年 1 月出版　估价：139.00 元

◆　本书关注华侨华人生产与生活的方方面面。华侨华人是中国建设 21 世纪海上丝绸之路的重要中介者、推动者和参与者。本书旨在全面调研华侨华人，提供最新涉侨动态、理论研究成果和政策建议。

民族发展蓝皮书

中国民族发展报告（2018）

王延中 / 主编　2018 年 10 月出版　估价：188.00 元

◆　本书从民族学人类学视角，研究近年来少数民族和民族地区的发展情况，展示民族地区经济、政治、文化、社会和生态文明"五位一体"建设取得的辉煌成就和面临的困难挑战，为深刻理解中央民族工作会议精神、加快民族地区全面建成小康社会进程提供了实证材料。

产 业 经 济 类

房地产蓝皮书

中国房地产发展报告 No.15（2018）

李春华　王业强 / 主编　2018 年 5 月出版　估价：99.00 元

◆　2018 年《房地产蓝皮书》持续追踪中国房地产市场最新动态，深度剖析市场热点，展望 2018 年发展趋势，积极谋划应对策略。对 2017 年房地产市场的发展态势进行全面、综合的分析。

新能源汽车蓝皮书

中国新能源汽车产业发展报告（2018）

中国汽车技术研究中心　日产（中国）投资有限公司

东风汽车有限公司 / 编著　2018 年 8 月出版　估价：99.00 元

◆　本书对中国 2017 年新能源汽车产业发展进行了全面系统的分析，并介绍了国外的发展经验。有助于相关机构、行业和社会公众等了解中国新能源汽车产业发展的最新动态，为政府部门出台新能源汽车产业相关政策法规、企业制定相关战略规划，提供必要的借鉴和参考。

行 业 及 其 他 类

旅游绿皮书

2017 ~ 2018 年中国旅游发展分析与预测

中国社会科学院旅游研究中心 / 编　2018 年 2 月出版　估价：99.00 元

◆　本书从政策、产业、市场、社会等多个角度勾画出 2017 年中国旅游发展全貌，剖析了其中的热点和核心问题，并就未来发展作出预测。

民营医院蓝皮书
中国民营医院发展报告（2018）

薛晓林/主编　2018年1月出版　估价：99.00元

◆　本书在梳理国家对社会办医的各种利好政策的前提下，对我国民营医疗发展现状、我国民营医院竞争力进行了分析，并结合我国医疗体制改革对民营医院的发展趋势、发展策略、战略规划等方面进行了预估。

会展蓝皮书
中外会展业动态评估研究报告（2018）

张敏/主编　2018年12月出版　估价：99.00元

◆　本书回顾了2017年的会展业发展动态，结合"供给侧改革"、"互联网+"、"绿色经济"的新形势分析了我国展会的行业现状，并介绍了国外的发展经验，有助于行业和社会了解最新的展会业动态。

中国上市公司蓝皮书
中国上市公司发展报告（2018）

张平　王宏淼/主编　2018年9月出版　估价：99.00元

◆　本书由中国社会科学院上市公司研究中心组织编写的，着力于全面、真实、客观反映当前中国上市公司财务状况和价值评估的综合性年度报告。本书详尽分析了2017年中国上市公司情况，特别是现实中暴露出的制度性、基础性问题，并对资本市场改革进行了探讨。

工业和信息化蓝皮书
人工智能发展报告（2017～2018）

尹丽波/主编　2018年6月出版　估价：99.00元

◆　本书国家工业信息安全发展研究中心在对2017年全球人工智能技术和产业进行全面跟踪研究基础上形成的研究报告。该报告内容翔实、视角独特，具有较强的产业发展前瞻性和预测性，可为相关主管部门、行业协会、企业等全面了解人工智能发展形势以及进行科学决策提供参考。

国际问题与全球治理类

世界经济黄皮书

2018 年世界经济形势分析与预测

张宇燕 / 主编　2018 年 1 月出版　估价：99.00 元

◆　本书由中国社会科学院世界经济与政治研究所的研究团队撰写，分总论、国别与地区、专题、热点、世界经济统计与预测等五个部分，对 2018 年世界经济形势进行了分析。

国际城市蓝皮书

国际城市发展报告（2018）

屠启宇 / 主编　2018 年 2 月出版　估价：99.00 元

◆　本书作者以上海社会科学院从事国际城市研究的学者团队为核心，汇集同济大学、华东师范大学、复旦大学、上海交通大学、南京大学、浙江大学相关城市研究专业学者。立足动态跟踪介绍国际城市发展时间中，最新出现的重大战略、重大理念、重大项目、重大报告和最佳案例。

非洲黄皮书

非洲发展报告 No.20（2017 ~ 2018）

张宏明 / 主编　2018 年 7 月出版　估价：99.00 元

◆　本书是由中国社会科学院西亚非洲研究所组织编撰的非洲形势年度报告，比较全面、系统地分析了 2017 年非洲政治形势和热点问题，探讨了非洲经济形势和市场走向，剖析了大国对非洲关系的新动向；此外，还介绍了国内非洲研究的新成果。

国别类

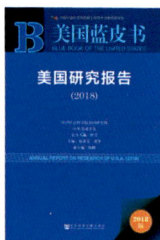

美国蓝皮书

美国研究报告（2018）

郑秉文　黄平／主编　2018年5月出版　估价：99.00元

◆　本书是由中国社会科学院美国研究所主持完成的研究成果，它回顾了美国2017年的经济、政治形势与外交战略，对美国内政外交发生的重大事件及重要政策进行了较为全面的回顾和梳理。

德国蓝皮书

德国发展报告（2018）

郑春荣／主编　2018年6月出版　估价：99.00元

◆　本报告由同济大学德国研究所组织编撰，由该领域的专家学者对德国的政治、经济、社会文化、外交等方面的形势发展情况，进行全面的阐述与分析。

俄罗斯黄皮书

俄罗斯发展报告（2018）

李永全／编著　2018年6月出版　估价：99.00元

◆　本书系统介绍了2017年俄罗斯经济政治情况，并对2016年该地区发生的焦点、热点问题进行了分析与回顾；在此基础上，对该地区2018年的发展前景进行了预测。

文 化 传 媒 类

新媒体蓝皮书

中国新媒体发展报告 No.9（2018）

唐绪军 / 主编　2018 年 6 月出版　估价：99.00 元

◆　本书是由中国社会科学院新闻与传播研究所组织编写的关于新媒体发展的最新年度报告，旨在全面分析中国新媒体的发展现状，解读新媒体的发展趋势，探析新媒体的深刻影响。

移动互联网蓝皮书

中国移动互联网发展报告（2018）

余清楚 / 主编　　2018 年 6 月出版　估价：99.00 元

◆　本书着眼于对 2017 年度中国移动互联网的发展情况做深入解析，对未来发展趋势进行预测，力求从不同视角、不同层面全面剖析中国移动互联网发展的现状、年度突破及热点趋势等。

文化蓝皮书

中国文化消费需求景气评价报告（2018）

王亚南 / 主编　2018 年 2 月出版　估价：99.00 元

◆　本书首创全国文化发展量化检测评价体系，也是至今全国唯一的文化民生量化检测评价体系，对于检验全国及各地"以人民为中心"的文化发展具有首创意义。

地方发展类

北京蓝皮书

北京经济发展报告（2017～2018）

杨松/主编　2018年6月出版　估价：99.00元

◆　本书对2017年北京市经济发展的整体形势进行了系统性的分析与回顾，并对2018年经济形势走势进行了预测与研判，聚焦北京市经济社会发展中的全局性、战略性和关键领域的重点问题，运用定量和定性分析相结合的方法，对北京市经济社会发展的现状、问题、成因进行了深入分析，提出了可操作性的对策建议。

温州蓝皮书

2018年温州经济社会形势分析与预测

蒋儒标　王春光　金浩/主编　2018年4月出版　估价：99.00元

◆　本书是中共温州市委党校和中国社会科学院社会学研究所合作推出的第十一本温州蓝皮书，由来自党校、政府部门、科研机构、高校的专家、学者共同撰写的2017年温州区域发展形势的最新研究成果。

黑龙江蓝皮书

黑龙江社会发展报告（2018）

王爱丽/主编　2018年6月出版　估价：99.00元

◆　本书以千份随机抽样问卷调查和专题研究为依据，运用社会学理论框架和分析方法，从专家和学者的独特视角，对2017年黑龙江省关系民生的问题进行广泛的调研与分析，并对2017年黑龙江省诸多社会热点和焦点问题进行了有益的探索。这些研究不仅可以为政府部门更加全面深入了解省情、科学制定决策提供智力支持，同时也可以为广大读者认识、了解、关注黑龙江社会发展提供理性思考。

宏观经济类

城市蓝皮书
中国城市发展报告（No.11）
著(编)者：潘家华 单菁菁
2018年9月出版 / 估价：99.00元
PSN B-2007-091-1/1

城乡一体化蓝皮书
中国城乡一体化发展报告（2018）
著(编)者：付崇兰
2018年9月出版 / 估价：99.00元
PSN B-2011-226-1/2

城镇化蓝皮书
中国新型城镇化健康发展报告（2018）
著(编)者：张占斌
2018年8月出版 / 估价：99.00元
PSN B-2014-396-1/1

创新蓝皮书
创新型国家建设报告（2018~2019）
著(编)者：詹正茂
2018年12月出版 / 估价：99.00元
PSN B-2009-140-1/1

低碳发展蓝皮书
中国低碳发展报告（2018）
著(编)者：张希良 齐晔
2018年6月出版 / 估价：99.00元
PSN B-2011-223-1/1

低碳经济蓝皮书
中国低碳经济发展报告（2018）
著(编)者：薛进军 赵忠秀
2018年11月出版 / 估价：99.00元
PSN B-2011-194-1/1

发展和改革蓝皮书
中国经济发展和体制改革报告No.9
著(编)者：邹东涛 王再文
2018年1月出版 / 估价：99.00元
PSN B-2008-122-1/1

国家创新蓝皮书
中国创新发展报告（2017）
著(编)者：陈劲　2018年3月出版 / 估价：99.00元
PSN B-2014-370-1/1

金融蓝皮书
中国金融发展报告（2018）
著(编)者：王国刚
2018年2月出版 / 估价：99.00元
PSN B-2004-031-1/7

经济蓝皮书
2018年中国经济形势分析与预测
著(编)者：李平　2017年12月出版 / 定价：89.00元
PSN B-1996-001-1/1

经济蓝皮书春季号
2018年中国经济前景分析
著(编)者：李扬　2018年5月出版 / 估价：99.00元
PSN B-1999-008-1/1

经济蓝皮书夏季号
中国经济增长报告（2017~2018）
著(编)者：李扬　2018年9月出版 / 估价：99.00元
PSN B-2010-176-1/1

经济信息绿皮书
中国与世界经济发展报告（2018）
著(编)者：杜平
2017年12月出版 / 估价：99.00元
PSN G-2003-023-1/1

农村绿皮书
中国农村经济形势分析与预测（2017~2018）
著(编)者：魏后凯 黄秉信
2018年4月出版 / 估价：99.00元
PSN G-1998-003-1/1

人口与劳动绿皮书
中国人口与劳动问题报告No.19
著(编)者：张车伟　2018年11月出版 / 估价：99.00元
PSN G-2000-012-1/1

新型城镇化蓝皮书
新型城镇化发展报告（2017）
著(编)者：李伟 宋敏 沈体雁
2018年3月出版 / 估价：99.00元
PSN B-2005-038-1/1

中国省域竞争力蓝皮书
中国省域经济综合竞争力发展报告（2016~2017）
著(编)者：李建平 李闽榕 高燕京
2018年2月出版 / 估价：198.00元
PSN B-2007-088-1/1

中小城市绿皮书
中国中小城市发展报告（2018）
著(编)者：中国城市经济学会中小城市经济发展委员会
中国城镇化促进会中小城市发展委员会
《中国中小城市发展报告》编纂委员会
中小城市发展战略研究院
2018年11月出版 / 估价：128.00元
PSN G-2010-161-1/1

区域经济类

东北蓝皮书
中国东北地区发展报告（2018）
著(编)者：姜晓秋　　2018年11月出版 / 估价：99.00元
PSN B-2006-067-1/1

金融蓝皮书
中国金融中心发展报告（2017~2018）
著(编)者：王力 黄育华　　2018年11月出版 / 估价：99.00元
PSN B-2011-186-6/7

京津冀蓝皮书
京津冀发展报告（2018）
著(编)者：祝合良 叶堂林 张贵祥
2018年6月出版 / 估价：99.00元
PSN B-2012-262-1/1

西北蓝皮书
中国西北发展报告（2018）
著(编)者：任宗哲 白宽犁 王建康
2018年4月出版 / 估价：99.00元
PSN B-2012-261-1/1

西部蓝皮书
中国西部发展报告（2018）
著(编)者：璋勇 任保平　　2018年8月出版 / 估价：99.00元
PSN B-2005-039-1/1

长江经济带产业蓝皮书
长江经济带产业发展报告（2018）
著(编)者：吴传清　　2018年11月出版 / 估价：128.00元
PSN B-2017-666-1/1

长江经济带蓝皮书
长江经济带发展报告（2017~2018）
著(编)者：王振　　2018年11月出版 / 估价：99.00元
PSN B-2016-575-1/1

长江中游城市群蓝皮书
长江中游城市群新型城镇化与产业协同发展报告（2018）
著(编)者：杨刚强　　2018年11月出版 / 估价：99.00元
PSN B-2016-578-1/1

长三角蓝皮书
2017年创新融合发展的长三角
著(编)者：刘飞跃　　2018年3月出版 / 估价：99.00元
PSN B-2005-038-1/1

长株潭城市群蓝皮书
长株潭城市群发展报告（2017）
著(编)者：张萍 朱有志　　2018年1月出版 / 估价：99.00元
PSN B-2008-109-1/1

中部竞争力蓝皮书
中国中部经济社会竞争力报告（2018）
著(编)者：教育部人文社会科学重点研究基地南昌大学中国
　　　　　中部经济社会发展研究中心
2018年12月出版 / 估价：99.00元
PSN B-2012-276-1/1

中部蓝皮书
中国中部地区发展报告（2018）
著(编)者：宋亚平　　2018年12月出版 / 估价：99.00元
PSN B-2007-089-1/1

区域蓝皮书
中国区域经济发展报告（2017~2018）
著(编)者：赵弘　　2018年5月出版 / 估价：99.00元
PSN B-2004-034-1/1

中三角蓝皮书
长江中游城市群发展报告（2018）
著(编)者：秦尊文　　2018年9月出版 / 估价：99.00元
PSN B-2014-417-1/1

中原蓝皮书
中原经济区发展报告（2018）
著(编)者：李英杰　　2018年6月出版 / 估价：99.00元
PSN B-2011-192-1/1

珠三角流通蓝皮书
珠三角商圈发展研究报告（2018）
著(编)者：王先庆 林至颖　　2018年7月出版 / 估价：99.00元
PSN B-2012-292-1/1

社会政法类

北京蓝皮书
中国社区发展报告（2017~2018）
著(编)者：于燕燕　　2018年9月出版 / 估价：99.00元
PSN B-2007-083-5/8

殡葬绿皮书
中国殡葬事业发展报告（2017~2018）
著(编)者：李伯森　　2018年4月出版 / 估价：158.00元
PSN G-2010-180-1/1

城市管理蓝皮书
中国城市管理报告（2017-2018）
著(编)者：刘林 刘承水　　2018年5月出版 / 估价：158.00元
PSN B-2013-336-1/1

城市生活质量蓝皮书
中国城市生活质量报告（2017）
著(编)者：张连城 张平 杨春学 郎丽华
2018年2月出版 / 估价：99.00元
PSN B-2013-326-1/1

城市政府能力蓝皮书
中国城市政府公共服务能力评估报告（2018）
著(编)者：何艳玲　2018年4月出版 / 估价：99.00元
PSN B-2013-338-1/1

创业蓝皮书
中国创业发展研究报告（2017～2018）
著(编)者：黄群慧 赵卫星 钟宏武
2018年11月出版 / 估价：99.00元
PSN B-2016-577-1/1

慈善蓝皮书
中国慈善发展报告（2018）
著(编)者：杨团　2018年6月出版 / 估价：99.00元
PSN B-2009-142-1/1

党建蓝皮书
党的建设研究报告No.2（2018）
著(编)者：崔建民 陈东平　2018年1月出版 / 估价：99.00元
PSN B-2016-523-1/1

地方法治蓝皮书
中国地方法治发展报告No.3（2018）
著(编)者：李林 田禾　2018年3月出版 / 估价：118.00元
PSN B-2015-442-1/1

电子政务蓝皮书
中国电子政务发展报告（2018）
著(编)者：李季　2018年8月出版 / 估价：99.00元
PSN B-2003-022-1/1

法治蓝皮书
中国法治发展报告No.16（2018）
著(编)者：吕艳滨　2018年3月出版 / 估价：118.00元
PSN B-2004-027-1/3

法治蓝皮书
中国法院信息化发展报告 No.2（2018）
著(编)者：李林 田禾　2018年2月出版 / 估价：108.00元
PSN B-2017-604-3/3

法治政府蓝皮书
中国法治政府发展报告（2018）
著(编)者：中国政法大学法治政府研究院
2018年4月出版 / 估价：99.00元
PSN B-2015-502-1/2

法治政府蓝皮书
中国法治政府评估报告（2018）
著(编)者：中国政法大学法治政府研究院
2018年9月出版 / 估价：168.00元
PSN B-2016-576-2/2

反腐倡廉蓝皮书
中国反腐倡廉建设报告 No.8
著(编)者：张英伟　2018年12月出版 / 估价：99.00元
PSN B-2012-259-1/1

扶贫蓝皮书
中国扶贫开发报告（2018）
著(编)者：李培林 魏后凯　2018年12月出版 / 估价：128.00元
PSN B-2016-599-1/1

妇女发展蓝皮书
中国妇女发展报告 No.6
著(编)者：王金玲　2018年9月出版 / 估价：158.00元
PSN B-2006-069-1/1

妇女教育蓝皮书
中国妇女教育发展报告 No.3
著(编)者：张李玺　2018年10月出版 / 估价：99.00元
PSN B-2008-121-1/1

妇女绿皮书
2018年：中国性别平等与妇女发展报告
著(编)者：谭琳　2018年12月出版 / 估价：99.00元
PSN G-2006-073-1/1

公共安全蓝皮书
中国城市公共安全发展报告（2017～2018）
著(编)者：黄育华 杨文明 赵建辉
2018年6月出版 / 估价：99.00元
PSN B-2017-628-1/1

公共服务蓝皮书
中国城市基本公共服务力评价（2018）
著(编)者：钟君 刘志昌 吴正杲
2018年12月出版 / 估价：99.00元
PSN B-2011-214-1/1

公民科学素质蓝皮书
中国公民科学素质报告（2017～2018）
著(编)者：李群 陈雄 马宗文
2018年1月出版 / 估价：99.00元
PSN B-2014-379-1/1

公益蓝皮书
中国公益慈善发展报告（2016）
著(编)者：朱健刚 胡小军　2018年2月出版 / 估价：99.00元
PSN B-2012-283-1/1

国际人才蓝皮书
中国国际移民报告（2018）
著(编)者：王辉耀　2018年2月出版 / 估价：99.00元
PSN B-2012-304-3/4

国际人才蓝皮书
中国留学发展报告（2018）No.7
著(编)者：王辉耀 苗绿　2018年12月出版 / 估价：99.00元
PSN B-2012-244-2/4

海洋社会蓝皮书
中国海洋社会发展报告（2017）
著(编)者：崔凤 宋宁而　2018年3月出版 / 估价：99.00元
PSN B-2015-478-1/1

行政改革蓝皮书
中国行政体制改革报告No.7（2018）
著(编)者：魏礼群　2018年6月出版 / 估价：99.00元
PSN B-2011-231-1/1

华侨华人蓝皮书
华侨华人研究报告（2017）
著(编)者：贾益民　2018年1月出版 / 估价：139.00元
PSN B-2011-204-1/1

环境竞争力绿皮书
中国省域环境竞争力发展报告（2018）
著(编)者：李建平 李闽榕 王金南
2018年11月出版 / 估价：198.00元
PSN G-2010-165-1/1

环境绿皮书
中国环境发展报告（2017~2018）
著(编)者：李波 2018年4月出版 / 估价：99.00元
PSN G-2006-048-1/1

家庭蓝皮书
中国"创建幸福家庭活动"评估报告（2018）
著(编)者：国务院发展研究中心"创建幸福家庭活动评估"课题组
2018年12月出版 / 估价：99.00元
PSN B-2015-508-1/1

健康城市蓝皮书
中国健康城市建设研究报告（2018）
著(编)者：王鸿春 盛继洪 2018年12月出版 / 估价：99.00元
PSN B-2016-564-2/2

健康中国蓝皮书
社区首诊与健康中国分析报告（2018）
著(编)者：高和荣 杨叔禹 姜杰
2018年4月出版 / 估价：99.00元
PSN B-2017-611-1/1

教师蓝皮书
中国中小学教师发展报告（2017）
著(编)者：曾晓东 鱼霞 2018年6月出版 / 估价：99.00元
PSN B-2012-289-1/1

教育扶贫蓝皮书
中国教育扶贫报告（2018）
著(编)者：司树杰 王文静 李兴洲
2018年12月出版 / 估价：99.00元
PSN B-2016-590-1/1

教育蓝皮书
中国教育发展报告（2018）
著(编)者：杨东平 2018年4月出版 / 估价：99.00元
PSN B-2006-047-1/1

金融法治建设蓝皮书
中国金融法治建设年度报告（2015~2016）
著(编)者：朱小黄 2018年6月出版 / 估价：99.00元
PSN B-2017-633-1/1

京津冀教育蓝皮书
京津冀教育发展研究报告（2017~2018）
著(编)者：方中雄 2018年4月出版 / 估价：99.00元
PSN B-2017-608-1/1

就业蓝皮书
2018年中国本科生就业报告
著(编)者：麦可思研究院 2018年6月出版 / 估价：99.00元
PSN B-2009-146-1/2

就业蓝皮书
2018年中国高职高专生就业报告
著(编)者：麦可思研究院 2018年6月出版 / 估价：99.00元
PSN B-2015-472-2/2

科学教育蓝皮书
中国科学教育发展报告（2018）
著(编)者：王康友 2018年10月出版 / 估价：99.00元
PSN B-2015-487-1/1

劳动保障蓝皮书
中国劳动保障发展报告（2018）
著(编)者：刘燕斌 2018年9月出版 / 估价：158.00元
PSN B-2014-415-1/1

老龄蓝皮书
中国老年宜居环境发展报告（2017）
著(编)者：党俊武 周燕珉 2018年1月出版 / 估价：99.00元
PSN B-2013-320-1/1

连片特困区蓝皮书
中国连片特困区发展报告（2017~2018）
著(编)者：游俊 冷志明 丁建军
2018年4月出版 / 估价：99.00元
PSN B-2013-321-1/1

流动儿童蓝皮书
中国流动儿童教育发展报告（2017）
著(编)者：杨东平 2018年1月出版 / 估价：99.00元
PSN B-2017-600-1/1

民调蓝皮书
中国民生调查报告（2018）
著(编)者：谢耘耕 2018年12月出版 / 估价：99.00元
PSN B-2014-398-1/1

民族发展蓝皮书
中国民族发展报告（2018）
著(编)者：王延中 2018年10月出版 / 估价：188.00元
PSN B-2006-070-1/1

女性生活蓝皮书
中国女性生活状况报告No.12（2018）
著(编)者：韩湘景 2018年7月出版 / 估价：99.00元
PSN B-2006-071-1/1

汽车社会蓝皮书
中国汽车社会发展报告（2017~2018）
著(编)者：王俊秀 2018年1月出版 / 估价：99.00元
PSN B-2011-224-1/1

青年蓝皮书
中国青年发展报告（2018）No.3
著(编)者：廉思 2018年4月出版 / 估价：99.00元
PSN B-2013-333-1/1

青少年蓝皮书
中国未成年人互联网运用报告（2017~2018）
著(编)者：季为民 李文革 沈杰
2018年11月出版 / 估价：99.00元
PSN B-2010-156-1/1

人权蓝皮书
中国人权事业发展报告No.8（2018）
著(编)者：李君如　2018年9月出版 / 估价：99.00元
PSN B－2011－215－1/1

社会保障绿皮书
中国社会保障发展报告No.9（2018）
著(编)者：王延中　2018年1月出版 / 估价：99.00元
PSN G－2001－014－1/1

社会风险评估蓝皮书
风险评估与危机预警报告（2017~2018）
著(编)者：唐钧　2018年8月出版 / 估价：99.00元
PSN B－2012－293－1/1

社会工作蓝皮书
中国社会工作发展报告（2016~2017）
著(编)者：民政部社会工作研究中心
2018年8月出版 / 估价：99.00元
PSN B－2009－141－1/1

社会管理蓝皮书
中国社会管理创新报告No.6
著(编)者：连玉明　2018年11月出版 / 估价：99.00元
PSN B－2012－300－1/1

社会蓝皮书
2018年中国社会形势分析与预测
著(编)者：李培林 陈光金 张翼
2017年12月出版 / 定价：89.00元
PSN B－1998－002－1/1

社会体制蓝皮书
中国社会体制改革报告No.6（2018）
著(编)者：龚维斌　2018年3月出版 / 估价：99.00元
PSN B－2013－330－1/1

社会心态蓝皮书
中国社会心态研究报告（2018）
著(编)者：王俊秀　2018年12月出版 / 估价：99.00元
PSN B－2011－199－1/1

社会组织蓝皮书
中国社会组织报告（2017-2018）
著(编)者：黄晓勇　2018年1月出版 / 估价：99.00元
PSN B－2008－118－1/2

社会组织蓝皮书
中国社会组织评估发展报告（2018）
著(编)者：徐家良　2018年12月出版 / 估价：99.00元
PSN B－2013－366－2/2

生态城市绿皮书
中国生态城市建设发展报告（2018）
著(编)者：刘举科 孙伟平 胡文臻
2018年9月出版 / 估价：158.00元
PSN G－2012－269－1/1

生态文明绿皮书
中国省域生态文明建设评价报告（ECI 2018）
著(编)者：严耕　2018年12月出版 / 估价：99.00元
PSN G－2010－170－1/1

退休生活蓝皮书
中国城市居民退休生活质量指数报告（2017）
著(编)者：杨一帆　2018年5月出版 / 估价：99.00元
PSN B－2017－618－1/1

危机管理蓝皮书
中国危机管理报告（2018）
著(编)者：文学国 范正青
2018年8月出版 / 估价：99.00元
PSN B－2010－171－1/1

学会蓝皮书
2018年中国学会发展报告
著(编)者：麦可思研究院
2018年12月出版 / 估价：99.00元
PSN B－2016－597－1/1

医改蓝皮书
中国医药卫生体制改革报告（2017~2018）
著(编)者：文学国 房志武
2018年11月出版 / 估价：99.00元
PSN B－2014－432－1/1

应急管理蓝皮书
中国应急管理报告（2018）
著(编)者：宋英华　2018年9月出版 / 估价：99.00元
PSN B－2016－562－1/1

政府绩效评估蓝皮书
中国地方政府绩效评估报告 No.2
著(编)者：贠杰　2018年12月出版 / 估价：99.00元
PSN B－2017－672－1/1

政治参与蓝皮书
中国政治参与报告（2018）
著(编)者：房宁　2018年8月出版 / 估价：128.00元
PSN B－2011－200－1/1

政治文化蓝皮书
中国政治文化报告（2018）
著(编)者：邢元敏 魏大鹏 龚克
2018年8月出版 / 估价：128.00元
PSN B－2017－615－1/1

中国传统村落蓝皮书
中国传统村落保护现状报告（2018）
著(编)者：胡彬彬 李向军 王晓波
2018年12月出版 / 估价：99.00元
PSN B－2017－663－1/1

中国农村妇女发展蓝皮书
农村流动女性城市生活发展报告（2018）
著(编)者：谢丽华　2018年12月出版 / 估价：99.00元
PSN B－2014－434－1/1

宗教蓝皮书
中国宗教报告（2017）
著(编)者：邱永辉　2018年8月出版 / 估价：99.00元
PSN B－2008－117－1/1

产业经济类

保健蓝皮书
中国保健服务产业发展报告 No.2
著(编)者：中国保健协会　中共中央党校
2018年7月出版 / 估价：198.00元
PSN B-2012-272-3/3

保健蓝皮书
中国保健食品产业发展报告 No.2
著(编)者：中国保健协会
　　　　　中国社会科学院食品药品产业发展与监管研究中心
2018年8月出版 / 估价：198.00元
PSN B-2012-271-2/3

保健蓝皮书
中国保健用品产业发展报告 No.2
著(编)者：中国保健协会
　　　　　国务院国有资产监督管理委员会研究中心
2018年3月出版 / 估价：198.00元
PSN B-2012-270-1/3

保险蓝皮书
中国保险业竞争力报告（2018）
著(编)者：保监会　2018年12月出版 / 估价：99.00元
PSN B-2013-311-1/1

冰雪蓝皮书
中国冰上运动产业发展报告（2018）
著(编)者：孙承华 杨占武 刘戈 张鸿俊
2018年9月出版 / 估价：99.00元
PSN B-2017-648-3/3

冰雪蓝皮书
中国滑雪产业发展报告（2018）
著(编)者：孙承华 伍斌 魏庆华 张鸿俊
2018年9月出版 / 估价：99.00元
PSN B-2016-559-1/3

餐饮产业蓝皮书
中国餐饮产业发展报告（2018）
著(编)者：邢颖
2018年6月出版 / 估价：99.00元
PSN B-2009-151-1/1

茶业蓝皮书
中国茶产业发展报告（2018）
著(编)者：杨江帆 李闽榕
2018年10月出版 / 估价：99.00元
PSN B-2010-164-1/1

产业安全蓝皮书
中国文化产业安全报告（2018）
著(编)者：北京印刷学院文化产业安全研究院
2018年12月出版 / 估价：99.00元
PSN B-2014-378-12/14

产业安全蓝皮书
中国新媒体产业安全报告（2016～2017）
著(编)者：肖丽　2018年6月出版 / 估价：99.00元
PSN B-2015-500-14/14

产业安全蓝皮书
中国出版传媒产业安全报告（2017～2018）
著(编)者：北京印刷学院文化产业安全研究院
2018年3月出版 / 估价：99.00元
PSN B-2014-384-13/14

产业蓝皮书
中国产业竞争力报告 （2018）No.8
著(编)者：张其仔　2018年12月出版 / 估价：168.00元
PSN B-2010-175-1/1

动力电池蓝皮书
中国新能源汽车动力电池产业发展报告（2018）
著(编)者：中国汽车技术研究中心
2018年8月出版 / 估价：99.00元
PSN B-2017-639-1/1

杜仲产业绿皮书
中国杜仲橡胶资源与产业发展报告（2017～2018）
著(编)者：杜红岩 胡文臻 俞锐
2018年1月出版 / 估价：99.00元
PSN G-2013-350-1/1

房地产蓝皮书
中国房地产发展报告No.15（2018）
著(编)者：李春华 王业强
2018年5月出版 / 估价：99.00元
PSN B-2004-028-1/1

服务外包蓝皮书
中国服务外包产业发展报告（2017～2018）
著(编)者：王晓红 刘德军
2018年6月出版 / 估价：99.00元
PSN B-2013-331-2/2

服务外包蓝皮书
中国服务外包竞争力报告（2017～2018）
著(编)者：刘春生 王力 黄育华
2018年12月出版 / 估价：99.00元
PSN B-2011-216-1/2

工业和信息化蓝皮书
世界信息技术产业发展报告（2017～2018）
著(编)者：尹丽波　2018年6月出版 / 估价：99.00元
PSN B-2015-449-2/6

工业和信息化蓝皮书
战略性新兴产业发展报告（2017～2018）
著(编)者：尹丽波　2018年6月出版 / 估价：99.00元
PSN B-2015-450-3/6

客车蓝皮书
中国客车产业发展报告（2017～2018）
著(编)者：姚蔚　2018年10月出版／估价：99.00元
PSN B-2013-361-1/1

流通蓝皮书
中国商业发展报告（2018～2019）
著(编)者：王雪峰 林诗慧
2018年7月出版／估价：99.00元
PSN B-2009-152-1/2

能源蓝皮书
中国能源发展报告（2018）
著(编)者：崔民选 王军生 陈义和
2018年12月出版／估价：99.00元
PSN B-2006-049-1/1

农产品流通蓝皮书
中国农产品流通产业发展报告（2017）
著(编)者：贾敬敦 张东科 张玉玺 张鹏毅 周伟
2018年1月出版／估价：99.00元
PSN B-2012-288-1/1

汽车工业蓝皮书
中国汽车工业发展年度报告（2018）
著(编)者：中国汽车工业协会
　　　　　中国汽车技术研究中心
　　　　　丰田汽车公司
2018年5月出版／估价：168.00元
PSN B-2015-463-1/2

汽车工业蓝皮书
中国汽车零部件产业发展报告（2017～2018）
著(编)者：中国汽车工业协会
　　　　　中国汽车工程研究院深圳市沃特玛电池有限公司
2018年9月出版／估价：99.00元
PSN B-2016-515-2/2

汽车蓝皮书
中国汽车产业发展报告（2018）
著(编)者：中国汽车工程学会
　　　　　大众汽车集团（中国）
2018年11月出版／估价：99.00元
PSN B-2008-124-1/1

世界茶业蓝皮书
世界茶业发展报告（2018）
著(编)者：李闽榕 冯廷佺
2018年5月出版／估价：168.00元
PSN B-2017-619-1/1

世界能源蓝皮书
世界能源发展报告（2018）
著(编)者：黄晓勇　2018年6月出版／估价：168.00元
PSN B-2013-349-1/1

体育蓝皮书
国家体育产业基地发展报告（2016～2017）
著(编)者：李颖川　2018年4月出版／估价：168.00元
PSN B-2017-609-5/5

体育蓝皮书
中国体育产业发展报告（2018）
著(编)者：阮伟 钟秉枢
2018年12月出版／估价：99.00元
PSN B-2010-179-1/5

文化金融蓝皮书
中国文化金融发展报告（2018）
著(编)者：杨涛 金巍
2018年5月出版／估价：99.00元
PSN B-2017-610-1/1

新能源汽车蓝皮书
中国新能源汽车产业发展报告（2018）
著(编)者：中国汽车技术研究中心
　　　　　日产（中国）投资有限公司
　　　　　东风汽车有限公司
2018年8月出版／估价：99.00元
PSN B-2013-347-1/1

薏仁米产业蓝皮书
中国薏仁米产业发展报告No.2（2018）
著(编)者：李发耀 石明 秦礼康
2018年8月出版／估价：99.00元
PSN B-2017-645-1/1

邮轮绿皮书
中国邮轮产业发展报告（2018）
著(编)者：汪泓　2018年10月出版／估价：99.00元
PSN G-2014-419-1/1

智能养老蓝皮书
中国智能养老产业发展报告（2018）
著(编)者：朱勇　2018年10月出版／估价：99.00元
PSN B-2015-488-1/1

中国节能汽车蓝皮书
中国节能汽车发展报告（2017～2018）
著(编)者：中国汽车工程研究院股份有限公司
2018年9月出版／估价：99.00元
PSN B-2016-565-1/1

中国陶瓷产业蓝皮书
中国陶瓷产业发展报告（2018）
著(编)者：左和平 黄速建
2018年10月出版／估价：99.00元
PSN B-2016-573-1/1

装备制造业蓝皮书
中国装备制造业发展报告（2018）
著(编)者：徐东华　2018年12月出版／估价：118.00元
PSN B-2015-505-1/1

行业及其他类

"三农"互联网金融蓝皮书
中国"三农"互联网金融发展报告（2018）
著(编)者：李勇坚 王弢
2018年8月出版 / 估价：99.00元
PSN B－2016－560－1/1

SUV蓝皮书
中国SUV市场发展报告（2017～2018）
著(编)者：靳军　2018年9月出版 / 估价：99.00元
PSN B－2016－571－1/1

冰雪蓝皮书
中国冬季奥运会发展报告（2018）
著(编)者：孙承华 伍斌 魏庆华 张鸿俊
2018年9月出版 / 估价：99.00元
PSN B－2017－647－2/3

彩票蓝皮书
中国彩票发展报告（2018）
著(编)者：益彩基金　2018年4月出版 / 估价：99.00元
PSN B－2015－462－1/1

测绘地理信息蓝皮书
测绘地理信息供给侧结构性改革研究报告（2018）
著(编)者：库热西·买合苏提
2018年12月出版 / 估价：168.00元
PSN B－2009－145－1/1

产权市场蓝皮书
中国产权市场发展报告（2017）
著(编)者：曹和平　2018年5月出版 / 估价：99.00元
PSN B－2009－147－1/1

城投蓝皮书
中国城投行业发展报告（2018）
著(编)者：华景斌
2018年11月出版 / 估价：300.00元
PSN B－2016－514－1/1

大数据蓝皮书
中国大数据发展报告（No.2）
著(编)者：连玉明　2018年5月出版 / 估价：99.00元
PSN B－2017－620－1/1

大数据应用蓝皮书
中国大数据应用发展报告No.2（2018）
著(编)者：陈军君　2018年8月出版 / 估价：99.00元
PSN B－2017－644－1/1

对外投资与风险蓝皮书
中国对外直接投资与国家风险报告（2018）
著(编)者：中债资信评估有限责任公司
　　　　　中国社会科学院世界经济与政治研究所
2018年4月出版 / 估价：189.00元
PSN B－2017－606－1/1

工业和信息化蓝皮书
人工智能发展报告（2017～2018）
著(编)者：尹丽波　2018年6月出版 / 估价：99.00元
PSN B－2015－448－1/6

工业和信息化蓝皮书
世界智慧城市发展报告（2017～2018）
著(编)者：尹丽波　2018年6月出版 / 估价：99.00元
PSN B－2017－624－6/6

工业和信息化蓝皮书
世界网络安全发展报告（2017～2018）
著(编)者：尹丽波　2018年6月出版 / 估价：99.00元
PSN B－2015－452－5/6

工业和信息化蓝皮书
世界信息化发展报告（2017～2018）
著(编)者：尹丽波　2018年6月出版 / 估价：99.00元
PSN B－2015－451－4/6

工业设计蓝皮书
中国工业设计发展报告（2018）
著(编)者：王晓红 于炜 张立群　2018年9月出版 / 估价：168.00元
PSN B－2014－420－1/1

公共关系蓝皮书
中国公共关系发展报告（2018）
著(编)者：柳斌杰　2018年11月出版 / 估价：99.00元
PSN B－2016－579－1/1

管理蓝皮书
中国管理发展报告（2018）
著(编)者：张晓东　2018年10月出版 / 估价：99.00元
PSN B－2014－416－1/1

海关发展蓝皮书
中国海关发展前沿报告（2018）
著(编)者：干春晖　2018年6月出版 / 估价：99.00元
PSN B－2017－616－1/1

互联网医疗蓝皮书
中国互联网健康医疗发展报告（2018）
著(编)者：芮晓武　2018年6月出版 / 估价：99.00元
PSN B－2016－567－1/1

黄金市场蓝皮书
中国商业银行黄金业务发展报告（2017～2018）
著(编)者：平安银行　2018年3月出版 / 估价：99.00元
PSN B－2016－524－1/1

会展蓝皮书
中外会展业动态评估研究报告（2018）
著(编)者：张敏 任中峰 聂鑫焱 牛盼强
2018年12月出版 / 估价：99.00元
PSN B－2013－327－1/1

基金会蓝皮书
中国基金会发展报告（2017~2018）
著(编)者：中国基金会发展报告课题组
2018年4月出版 / 估价：99.00元
PSN B－2013－368－1/1

基金会绿皮书
中国基金会发展独立研究报告（2018）
著(编)者：基金会中心网　中央民族大学基金会研究中心
2018年6月出版 / 估价：99.00元
PSN G－2011－213－1/1

基金会透明度蓝皮书
中国基金会透明度发展研究报告（2018）
著(编)者：基金会中心网
　　　　清华大学廉政与治理研究中心
2018年9月出版 / 估价：99.00元
PSN B-2013-339-1/1

建筑装饰蓝皮书
中国建筑装饰行业发展报告（2018）
著(编)者：葛道顺 刘晓一
2018年10月出版 / 估价：198.00元
PSN B-2016-553-1/1

金融监管蓝皮书
中国金融监管报告（2018）
著(编)者：胡滨 2018年5月出版 / 估价：99.00元
PSN B-2012-281-1/1

金融蓝皮书
中国互联网金融行业分析与评估（2018～2019）
著(编)者：黄国平 伍旭川 2018年12月出版 / 估价：99.00元
PSN B-2016-585-7/7

金融科技蓝皮书
中国金融科技发展报告（2018）
著(编)者：李扬 孙国峰 2018年10月出版 / 估价：99.00元
PSN B-2014-374-1/1

金融信息服务蓝皮书
中国金融信息服务发展报告（2018）
著(编)者：李平 2018年5月出版 / 估价：99.00元
PSN B-2017-621-1/1

京津冀金融蓝皮书
京津冀金融发展报告（2018）
著(编)者：王爱俭 王璟怡 2018年10月出版 / 估价：99.00元
PSN B-2016-527-1/1

科普蓝皮书
国家科普能力发展报告（2018）
著(编)者：王康友 2018年5月出版 / 估价：138.00元
PSN B-2017-632-4/4

科普蓝皮书
中国基层科普发展报告（2017～2018）
著(编)者：赵立新 陈玲 2018年9月出版 / 估价：99.00元
PSN B-2016-568-3/4

科普蓝皮书
中国科普基础设施发展报告（2017～2018）
著(编)者：任福君 2018年6月出版 / 估价：99.00元
PSN B-2010-174-1/3

科普蓝皮书
中国科普人才发展报告（2017～2018）
著(编)者：郑念 任嵘嵘 2018年7月出版 / 估价：99.00元
PSN B-2016-512-2/4

科普能力蓝皮书
中国科普能力评价报告（2018～2019）
著(编)者：李富强 李群 2018年8月出版 / 估价：99.00元
PSN B-2016-555-1/1

临空经济蓝皮书
中国临空经济发展报告（2018）
著(编)者：连玉明 2018年9月出版 / 估价：99.00元
PSN B-2014-421-1/1

旅游安全蓝皮书
中国旅游安全报告（2018）
著(编)者：郑向敏 谢朝武 2018年5月出版 / 估价：158.00元
PSN B-2012-280-1/1

旅游绿皮书
2017～2018年中国旅游发展分析与预测
著(编)者：宋瑞 2018年2月出版 / 估价：99.00元
PSN G-2002-018-1/1

煤炭蓝皮书
中国煤炭工业发展报告（2018）
著(编)者：岳福斌 2018年12月出版 / 估价：99.00元
PSN B-2008-123-1/1

民营企业社会责任蓝皮书
中国民营企业社会责任报告（2018）
著(编)者：中华全国工商业联合会
2018年12月出版 / 估价：99.00元
PSN B-2015-510-1/1

民营医院蓝皮书
中国民营医院发展报告（2017）
著(编)者：薛晓林 2018年1月出版 / 估价：99.00元
PSN B-2012-299-1/1

闽商蓝皮书
闽商发展报告（2018）
著(编)者：李闽榕 王日根 林琛
2018年12月出版 / 估价：99.00元
PSN B-2012-298-1/1

农业应对气候变化蓝皮书
中国农业气象灾害及其灾损评估报告（No.3）
著(编)者：矫梅燕 2018年1月出版 / 估价：118.00元
PSN B-2014-413-1/1

品牌蓝皮书
中国品牌战略发展报告（2018）
著(编)者：汪同三 2018年10月出版 / 估价：99.00元
PSN B-2016-580-1/1

企业扶贫蓝皮书
中国企业扶贫研究报告（2018）
著(编)者：钟宏武 2018年12月出版 / 估价：99.00元
PSN B-2016-593-1/1

企业公益蓝皮书
中国企业公益研究报告（2018）
著(编)者：钟宏武 汪杰 黄晓娟
2018年12月出版 / 估价：99.00元
PSN B-2015-501-1/1

企业国际化蓝皮书
中国企业全球化报告（2018）
著(编)者：王辉耀 苗绿 2018年11月出版 / 估价：99.00元
PSN B-2014-427-1/1

企业蓝皮书
中国企业绿色发展报告No.2（2018）
著(编)者：李红玉 朱光辉
2018年8月出版 / 估价：99.00元
PSN B-2015-481-2/2

企业社会责任蓝皮书
中资企业海外社会责任研究报告（2017～2018）
著(编)者：钟宏武 叶柳红 张蒽
2018年1月出版 / 估价：99.00元
PSN B-2017-603-2/2

企业社会责任蓝皮书
中国企业社会责任研究报告（2018）
著(编)者：黄群慧 钟宏武 张蒽 汪杰
2018年11月出版 / 估价：99.00元
PSN B-2009-149-1/2

汽车安全蓝皮书
中国汽车安全发展报告（2018）
著(编)者：中国汽车技术研究中心
2018年8月出版 / 估价：99.00元
PSN B-2014-385-1/1

汽车电子商务蓝皮书
中国汽车电子商务发展报告（2018）
著(编)者：中华全国工商业联合会汽车经销商商会
　　　　　北方工业大学
　　　　　北京易观智库网络科技有限公司
2018年10月出版 / 估价：158.00元
PSN B-2015-485-1/1

汽车知识产权蓝皮书
中国汽车产业知识产权发展报告（2018）
著(编)者：中国汽车工程研究院股份有限公司
　　　　　中国汽车工程学会
　　　　　重庆长安汽车股份有限公司
2018年12月出版 / 估价：99.00元
PSN B-2016-594-1/1

青少年体育蓝皮书
中国青少年体育发展报告（2017）
著(编)者：刘扶民 杨桦　2018年1月出版 / 估价：99.00元
PSN B-2015-482-1/1

区块链蓝皮书
中国区块链发展报告（2018）
著(编)者：李伟　2018年9月出版 / 估价：99.00元
PSN B-2017-649-1/1

群众体育蓝皮书
中国群众体育发展报告（2017）
著(编)者：刘国永 戴健　2018年5月出版 / 估价：99.00元
PSN B-2014-411-1/3

群众体育蓝皮书
中国社会体育指导员发展报告（2018）
著(编)者：刘国永 王欢　2018年4月出版 / 估价：99.00元
PSN B-2016-520-3/3

人力资源蓝皮书
中国人力资源发展报告（2018）
著(编)者：余兴安　2018年11月出版 / 估价：99.00元
PSN B-2012-287-1/1

融资租赁蓝皮书
中国融资租赁业发展报告（2017～2018）
著(编)者：李光荣 王力　2018年8月出版 / 估价：99.00元
PSN B-2015-443-1/1

商会蓝皮书
中国商会发展报告No.5（2017）
著(编)者：王钦敏　2018年7月出版 / 估价：99.00元
PSN B-2008-125-1/1

商务中心区蓝皮书
中国商务中心区发展报告No.4（2017～2018）
著(编)者：李国红 单菁菁　2018年9月出版 / 估价：99.00元
PSN B-2015-444-1/1

设计产业蓝皮书
中国创新设计发展报告（2018）
著(编)者：王晓红 张立群 于炜
2018年11月出版 / 估价：99.00元
PSN B-2016-581-2/2

社会责任管理蓝皮书
中国上市公司社会责任能力成熟度报告No.4（2018）
著(编)者：肖红军 王晓光 李伟阳
2018年12月出版 / 估价：99.00元
PSN B-2015-507-2/2

社会责任管理蓝皮书
中国企业公众透明度报告No.4（2017～2018）
著(编)者：黄速建 熊梦 王晓光 肖红军
2018年4月出版 / 估价：99.00元
PSN B-2015-440-1/2

食品药品蓝皮书
食品药品安全与监管政策研究报告（2016～2017）
著(编)者：唐民皓　2018年6月出版 / 估价：99.00元
PSN B-2009-129-1/1

输血服务蓝皮书
中国输血行业发展报告（2018）
著(编)者：孙俊　2018年12月出版 / 估价：99.00元
PSN B-2016-582-1/1

水利风景区蓝皮书
中国水利风景区发展报告（2018）
著(编)者：董建文 兰思仁
2018年10月出版 / 估价：99.00元
PSN B-2015-480-1/1

私募市场蓝皮书
中国私募股权市场发展报告（2017～2018）
著(编)者：曹和平　2018年12月出版 / 估价：99.00元
PSN B-2010-162-1/1

碳排放权交易蓝皮书
中国碳排放权交易报告（2018）
著(编)者：孙永平　2018年11月出版 / 估价：99.00元
PSN B-2017-652-1/1

碳市场蓝皮书
中国碳市场报告（2018）
著(编)者：定金彪　2018年11月出版 / 估价：99.00元
PSN B-2014-430-1/1

体育蓝皮书
中国公共体育服务发展报告（2018）
著(编)者：戴健　2018年12月出版 / 估价：99.00元
PSN B-2013-367-2/5

土地市场蓝皮书
中国农村土地市场发展报告（2017～2018）
著(编)者：李光荣　2018年3月出版 / 估价：99.00元
PSN B-2016-526-1/1

土地整治蓝皮书
中国土地整治发展研究报告（No.5）
著(编)者：国土资源部土地整治中心
2018年7月出版 / 估价：99.00元
PSN B-2014-401-1/1

土地政策蓝皮书
中国土地政策研究报告（2018）
著(编)者：高延利 李宪文　2017年12月出版 / 估价：99.00元
PSN B-2015-506-1/1

网络空间安全蓝皮书
中国网络空间安全发展报告（2018）
著(编)者：惠志斌 覃庆玲
2018年11月出版 / 估价：99.00元
PSN B-2015-466-1/1

文化志愿服务蓝皮书
中国文化志愿服务发展报告（2018）
著(编)者：张永新 良警宇　2018年11月出版 / 估价：128.00元
PSN B-2016-596-1/1

西部金融蓝皮书
中国西部金融发展报告（2017～2018）
著(编)者：李忠民　2018年8月出版 / 估价：99.00元
PSN B-2010-160-1/1

协会商会蓝皮书
中国行业协会商会发展报告（2017）
著(编)者：景朝阳 李勇　2018年4月出版 / 估价：99.00元
PSN B-2015-461-1/1

新三板蓝皮书
中国新三板市场发展报告（2018）
著(编)者：王力　2018年8月出版 / 估价：99.00元
PSN B-2016-533-1/1

信托市场蓝皮书
中国信托业市场报告（2017～2018）
著(编)者：用益金融信托研究院
2018年1月出版 / 估价：198.00元
PSN B-2014-371-1/1

信息化蓝皮书
中国信息化形势分析与预测（2017～2018）
著(编)者：周宏仁　2018年8月出版 / 估价：99.00元
PSN B-2010-168-1/1

信用蓝皮书
中国信用发展报告（2017～2018）
著(编)者：章政 田侃　2018年4月出版 / 估价：99.00元
PSN B-2013-328-1/1

休闲绿皮书
2017～2018年中国休闲发展报告
著(编)者：宋瑞　2018年7月出版 / 估价：99.00元
PSN G-2010-158-1/1

休闲体育蓝皮书
中国休闲体育发展报告（2017～2018）
著(编)者：李相如 钟秉枢
2018年10月出版 / 估价：99.00元
PSN B-2016-516-1/1

养老金融蓝皮书
中国养老金融发展报告（2018）
著(编)者：董克用 姚余栋
2018年9月出版 / 估价：99.00元
PSN B-2016-583-1/1

遥感监测绿皮书
中国可持续发展遥感监测报告（2017）
著(编)者：顾行发 汪克强 潘教峰 李闽榕 徐东华 王琦安
2018年6月出版 / 估价：298.00元
PSN B-2017-629-1/1

药品流通蓝皮书
中国药品流通行业发展报告（2018）
著(编)者：佘鲁林 温再兴
2018年7月出版 / 估价：198.00元
PSN B-2014-429-1/1

医疗器械蓝皮书
中国医疗器械行业发展报告（2018）
著(编)者：王宝亭 耿鸿武
2018年10月出版 / 估价：99.00元
PSN B-2017-661-1/1

医院蓝皮书
中国医院竞争力报告（2018）
著(编)者：庄一强 曾益新　2018年3月出版 / 估价：118.00元
PSN B-2016-528-1/1

瑜伽蓝皮书
中国瑜伽业发展报告（2017~2018）
著(编)者：张永建 徐华锋 朱泰余
2018年6月出版 / 估价：198.00元
PSN B-2017-625-1/1

债券市场蓝皮书
中国债券市场发展报告（2017～2018）
著(编)者：杨农　2018年10月出版 / 估价：99.00元
PSN B-2016-572-1/1

志愿服务蓝皮书
中国志愿服务发展报告（2018）
著(编)者：中国志愿服务联合会
2018年11月出版 / 估价：99.00元
PSN B-2017-664-1/1

中国上市公司蓝皮书
中国上市公司发展报告（2018）
著(编)者：张鹏 张平 黄胤英
2018年9月出版 / 估价：99.00元
PSN B-2014-414-1/1

中国新三板蓝皮书
中国新三板创新与发展报告（2018）
著(编)者：刘平安 闻召林
2018年8月出版 / 估价：158.00元
PSN B-2017-638-1/1

中医文化蓝皮书
北京中医药文化传播发展报告（2018）
著(编)者：毛嘉陵 2018年5月出版 / 估价：99.00元
PSN B-2015-468-1/2

中医文化蓝皮书
中国中医药文化传播发展报告（2018）
著(编)者：毛嘉陵 2018年7月出版 / 估价：99.00元
PSN B-2016-584-2/2

中医药蓝皮书
北京中医药知识产权发展报告No.2
著(编)者：汪洪 屠志涛 2018年4月出版 / 估价：168.00元
PSN B-2017-602-1/1

资本市场蓝皮书
中国场外交易市场发展报告（2016～2017）
著(编)者：高峦 2018年3月出版 / 估价：99.00元
PSN B-2009-153-1/1

资产管理蓝皮书
中国资产管理行业发展报告（2018）
著(编)者：郑智 2018年7月出版 / 估价：99.00元
PSN B-2014-407-2/2

资产证券化蓝皮书
中国资产证券化发展报告（2018）
著(编)者：纪志宏 2018年11月出版 / 估价：99.00元
PSN B-2017-660-1/1

自贸区蓝皮书
中国自贸区发展报告（2018）
著(编)者：王力 黄育华 2018年6月出版 / 估价：99.00元
PSN B-2016-558-1/1

国际问题与全球治理类

"一带一路"跨境通道蓝皮书
"一带一路"跨境通道建设研究报告（2018）
著(编)者：郭业洲 2018年8月出版 / 估价：99.00元
PSN B-2016-557-1/1

"一带一路"蓝皮书
"一带一路"建设发展报告（2018）
著(编)者：王晓泉 2018年6月出版 / 估价：99.00元
PSN B-2016-552-1/1

"一带一路"投资安全蓝皮书
中国"一带一路"投资与安全研究报告（2017～2018）
著(编)者：邹统钎 梁昊光 2018年4月出版 / 估价：99.00元
PSN B-2017-612-1/1

"一带一路"文化交流蓝皮书
中阿文化交流发展报告（2017）
著(编)者：王辉 2018年9月出版 / 估价：99.00元
PSN B-2017-655-1/1

G20国家创新竞争力黄皮书
二十国集团（G20）国家创新竞争力发展报告（2017～2018）
著(编)者：李建平 李闽榕 赵新力 周天勇
2018年7月出版 / 估价：168.00元
PSN Y-2011-229-1/1

阿拉伯黄皮书
阿拉伯发展报告（2016～2017）
著(编)者：罗林 2018年3月出版 / 估价：99.00元
PSN Y-2014-381-1/1

北部湾蓝皮书
泛北部湾合作发展报告（2017～2018）
著(编)者：吕余生 2018年12月出版 / 估价：99.00元
PSN B-2008-114-1/1

北极蓝皮书
北极地区发展报告（2017）
著(编)者：刘惠荣 2018年7月出版 / 估价：99.00元
PSN B-2017-634-1/1

大洋洲蓝皮书
大洋洲发展报告（2017～2018）
著(编)者：喻常森 2018年10月出版 / 估价：99.00元
PSN B-2013-341-1/1

东北亚区域合作蓝皮书
2017年"一带一路"倡议与东北亚区域合作
著(编)者：刘亚政 金美花
2018年5月出版 / 估价：99.00元
PSN B-2017-631-1/1

东盟黄皮书
东盟发展报告（2017）
著(编)者：杨晓强 庄国土
2018年3月出版 / 估价：99.00元
PSN Y-2012-303-1/1

东南亚蓝皮书
东南亚地区发展报告（2017～2018）
著(编)者：王勤 2018年12月出版 / 估价：99.00元
PSN B-2012-240-1/1

非洲黄皮书
非洲发展报告No.20（2017～2018）
著(编)者：张宏明 2018年7月出版 / 估价：99.00元
PSN Y-2012-239-1/1

非传统安全蓝皮书
中国非传统安全研究报告（2017～2018）
著(编)者：潇枫 罗中枢 2018年8月出版 / 估价：99.00元
PSN B-2012-273-1/1

国际安全蓝皮书
中国国际安全研究报告（2018）
著（编）者：刘慧　2018年7月出版 / 估价：99.00元
PSN B-2016-521-1/1

国际城市蓝皮书
国际城市发展报告（2018）
著（编）者：屠启宇　2018年2月出版 / 估价：99.00元
PSN B-2012-260-1/1

国际形势黄皮书
全球政治与安全报告（2018）
著（编）者：张宇燕　2018年1月出版 / 估价：99.00元
PSN Y-2001-016-1/1

公共外交蓝皮书
中国公共外交发展报告（2018）
著（编）者：赵启正 雷蔚真　2018年4月出版 / 估价：99.00元
PSN B-2015-457-1/1

金砖国家黄皮书
金砖国家综合创新竞争力发展报告（2018）
著（编）者：赵新力 李闽榕 黄茂兴
2018年8月出版 / 估价：128.00元
PSN B-2017-643-1/1

拉美黄皮书
拉丁美洲和加勒比发展报告（2017～2018）
著（编）者：袁东振　2018年6月出版 / 估价：99.00元
PSN Y-1999-007-1/1

澜湄合作蓝皮书
澜沧江-湄公河合作发展报告（2018）
著（编）者：刘稚　2018年9月出版 / 估价：99.00元
PSN B-2011-196-1/1

欧洲蓝皮书
欧洲发展报告（2017～2018）
著（编）者：黄平 周弘 程卫东
2018年6月出版 / 估价：99.00元
PSN B-1999-009-1/1

葡语国家蓝皮书
葡语国家发展报告（2016～2017）
著（编）者：王成安 张敏 刘金兰
2018年4月出版 / 估价：99.00元
PSN B-2015-503-1/2

葡语国家蓝皮书
中国与葡语国家关系发展报告·巴西（2016）
著（编）者：张曙光　2018年8月出版 / 估价：99.00元
PSN B-2016-563-2/2

气候变化绿皮书
应对气候变化报告（2018）
著（编）者：王伟光 郑国光　2018年11月出版 / 估价：99.00元
PSN G-2009-144-1/1

全球环境竞争力绿皮书
全球环境竞争力报告（2018）
著（编）者：李建平 李闽榕 王金南
2018年12月出版 / 估价：198.00元
PSN G-2013-363-1/1

全球信息社会蓝皮书
全球信息社会发展报告（2018）
著（编）者：丁波涛 唐涛　2018年10月出版 / 估价：99.00元
PSN B-2017-665-1/1

日本经济蓝皮书
日本经济与中日经贸关系研究报告（2018）
著（编）者：张季风　2018年6月出版 / 估价：99.00元
PSN B-2008-102-1/1

上海合作组织黄皮书
上海合作组织发展报告（2018）
著（编）者：李进峰　2018年6月出版 / 估价：99.00元
PSN Y-2009-130-1/1

世界创新竞争力黄皮书
世界创新竞争力发展报告（2017）
著（编）者：李建平 李闽榕 赵新力
2018年1月出版　168.00元
PSN Y-2013-318-1/1

世界经济黄皮书
2018年世界经济形势分析与预测
著（编）者：张宇燕　2018年1月出版 / 估价：99.00元
PSN Y-1999-006-1/1

丝绸之路蓝皮书
丝绸之路经济带发展报告（2018）
著（编）者：任宗哲 白宽犁 谷孟宾
2018年1月出版 / 估价：99.00元
PSN B-2014-410-1/1

新兴经济体蓝皮书
金砖国家发展报告（2018）
著（编）者：林跃勤 周文　2018年8月出版 / 估价：99.00元
PSN B-2011-195-1/1

亚太蓝皮书
亚太地区发展报告（2018）
著（编）者：李向阳　2018年5月出版 / 估价：99.00元
PSN B-2001-015-1/1

印度洋地区蓝皮书
印度洋地区发展报告（2018）
著（编）者：汪戎　2018年6月出版 / 估价：99.00元
PSN B-2013-334-1/1

渝新欧蓝皮书
渝新欧沿线国家发展报告（2018）
著（编）者：杨柏 黄森　2018年6月出版 / 估价：99.00元
PSN B-2017-626-1/1

中阿蓝皮书
中国-阿拉伯国家经贸发展报告（2018）
著（编）者：张廉 段庆林 王林聪 杨巧红
2018年12月出版 / 估价：99.00元
PSN B-2016-598-1/1

中东黄皮书
中东发展报告No.20（2017～2018）
著（编）者：杨光　2018年10月出版 / 估价：99.00元
PSN Y-1998-004-1/1

中亚黄皮书
中亚国家发展报告（2018）
著（编）者：孙力　2018年6月出版 / 估价：99.00元
PSN Y-2012-238-1/1

国别类

澳大利亚蓝皮书
澳大利亚发展报告（2017-2018）
著(编)者：孙有中 韩锋　2018年12月出版 / 估价：99.00元
PSN B-2016-587-1/1

巴西黄皮书
巴西发展报告（2017）
著(编)者：刘国枝　2018年5月出版 / 估价：99.00元
PSN Y-2017-614-1/1

德国蓝皮书
德国发展报告（2018）
著(编)者：郑春荣　2018年6月出版 / 估价：99.00元
PSN B-2012-278-1/1

俄罗斯黄皮书
俄罗斯发展报告（2018）
著(编)者：李永全　2018年6月出版 / 估价：99.00元
PSN Y-2006-061-1/1

韩国蓝皮书
韩国发展报告（2017）
著(编)者：牛林杰 刘宝全　2018年5月出版 / 估价：99.00元
PSN B-2010-155-1/1

加拿大蓝皮书
加拿大发展报告（2018）
著(编)者：唐小松　2018年9月出版 / 估价：99.00元
PSN B-2014-389-1/1

美国蓝皮书
美国研究报告（2018）
著(编)者：郑秉文 黄平　2018年5月出版 / 估价：99.00元
PSN B-2011-210-1/1

缅甸蓝皮书
缅甸国情报告（2017）
著(编)者：孔鹏 杨祥章　2018年1月出版 / 估价：99.00元
PSN B-2013-343-1/1

日本蓝皮书
日本研究报告（2018）
著(编)者：杨伯江　2018年6月出版 / 估价：99.00元
PSN B-2002-020-1/1

土耳其蓝皮书
土耳其发展报告（2018）
著(编)者：郭长刚 刘义　2018年9月出版 / 估价：99.00元
PSN B-2014-412-1/1

伊朗蓝皮书
伊朗发展报告（2017~2018）
著(编)者：冀开运　2018年10月 / 估价：99.00元
PSN B-2016-574-1/1

以色列蓝皮书
以色列发展报告（2018）
著(编)者：张倩红　2018年8月出版 / 估价：99.00元
PSN B-2015-483-1/1

印度蓝皮书
印度国情报告（2017）
著(编)者：吕昭义　2018年4月出版 / 估价：99.00元
PSN B-2012-241-1/1

英国蓝皮书
英国发展报告（2017~2018）
著(编)者：王展鹏　2018年12月出版 / 估价：99.00元
PSN B-2015-486-1/1

越南蓝皮书
越南国情报告（2018）
著(编)者：谢林城　2018年1月出版 / 估价：99.00元
PSN B-2006-056-1/1

泰国蓝皮书
泰国研究报告（2018）
著(编)者：庄国土 张禹东 刘文正
2018年10月出版 / 估价：99.00元
PSN B-2016-556-1/1

文化传媒类

"三农"舆情蓝皮书
中国"三农"网络舆情报告（2017~2018）
著(编)者：农业部信息中心
2018年6月出版 / 估价：99.00元
PSN B-2017-640-1/1

传媒竞争力蓝皮书
中国传媒国际竞争力研究报告（2018）
著(编)者：李本乾 刘强 王大可
2018年8月出版 / 估价：99.00元
PSN B-2013-356-1/1

传媒蓝皮书
中国传媒产业发展报告（2018）
著(编)者：崔保国　2018年5月出版 / 估价：99.00元
PSN B-2005-035-1/1

传媒投资蓝皮书
中国传媒投资发展报告（2018）
著(编)者：张向东 谭云明
2018年6月出版 / 估价：148.00元
PSN B-2015-474-1/1

非物质文化遗产蓝皮书
中国非物质文化遗产发展报告（2018）
著(编)者：陈平　2018年5月出版 / 估价：128.00元
PSN B-2015-469-1/2

非物质文化遗产蓝皮书
中国非物质文化遗产保护发展报告（2018）
著(编)者：宋俊华　2018年10月出版 / 估价：128.00元
PSN B-2016-586-2/2

广电蓝皮书
中国广播电影电视发展报告（2018）
著(编)者：国家新闻出版广电总局发展研究中心
2018年7月出版 / 估价：99.00元
PSN B-2006-072-1/1

广告主蓝皮书
中国广告主营销传播趋势报告No.9
著(编)者：黄升民 杜国清 邵华冬 等
2018年10月出版 / 估价：158.00元
PSN B-2005-041-1/1

国际传播蓝皮书
中国国际传播发展报告（2018）
著(编)者：胡正荣 李继东 姬德强
2018年12月出版 / 估价：99.00元
PSN B-2014-408-1/1

国家形象蓝皮书
中国国家形象传播报告（2017）
著(编)者：张昆　2018年3月出版 / 估价：128.00元
PSN B-2017-605-1/1

互联网治理蓝皮书
中国网络社会治理研究报告（2018）
著(编)者：罗昕 支庭荣
2018年9月出版 / 估价：118.00元
PSN B-2017-653-1/1

纪录片蓝皮书
中国纪录片发展报告（2018）
著(编)者：何苏六　2018年10月出版 / 估价：99.00元
PSN B-2011-222-1/1

科学传播蓝皮书
中国科学传播报告（2016~2017）
著(编)者：詹正茂　2018年6月出版 / 估价：99.00元
PSN B-2008-120-1/1

两岸创意经济蓝皮书
两岸创意经济研究报告（2018）
著(编)者：罗昌智 董泽平
2018年10月出版 / 估价：99.00元
PSN B-2014-437-1/1

媒介与女性蓝皮书
中国媒介与女性发展报告（2017～2018）
著(编)者：刘利群　2018年5月出版 / 估价：99.00元
PSN B-2013-345-1/1

媒体融合蓝皮书
中国媒体融合发展报告（2017）
著(编)者：梅宁华 支庭荣　2018年1月出版 / 估价：99.00元
PSN B-2015-479-1/1

全球传媒蓝皮书
全球传媒发展报告（2017～2018）
著(编)者：胡正荣 李继东　2018年6月出版 / 估价：99.00元
PSN B-2012-237-1/1

少数民族非遗蓝皮书
中国少数民族非物质文化遗产发展报告（2018）
著(编)者：肖远平（彝）柴立（满）
2018年10月出版 / 估价：118.00元
PSN B-2015-467-1/1

视听新媒体蓝皮书
中国视听新媒体发展报告（2018）
著(编)者：国家新闻出版广电总局发展研究中心
2018年7月出版 / 估价：118.00元
PSN B-2011-184-1/1

数字娱乐产业蓝皮书
中国动画产业发展报告（2018）
著(编)者：孙立军 孙平 牛兴侦
2018年10月出版 / 估价：99.00元
PSN B-2011-198-1/2

数字娱乐产业蓝皮书
中国游戏产业发展报告（2018）
著(编)者：孙立军 刘跃军
2018年10月出版 / 估价：99.00元
PSN B-2017-662-2/2

文化创新蓝皮书
中国文化创新报告（2017·No.8）
著(编)者：傅才武　2018年4月出版 / 估价：99.00元
PSN B-2009-143-1/1

文化建设蓝皮书
中国文化发展报告（2018）
著(编)者：江畅 孙伟平 戴茂堂
2018年5月出版 / 估价：99.00元
PSN B-2014-392-1/1

文化科技蓝皮书
文化科技创新发展报告（2018）
著(编)者：于平 李凤亮　2018年10月出版 / 估价：99.00元
PSN B-2013-342-1/1

文化蓝皮书
中国公共文化服务发展报告（2017~2018）
著(编)者：刘新成 张永新 张旭
2018年12月出版 / 估价：99.00元
PSN B-2007-093-2/10

文化蓝皮书
中国少数民族文化发展报告（2017～2018）
著(编)者：武翠英 张晓明 任乌晶
2018年9月出版 / 估价：99.00元
PSN B-2013-369-9/10

文化蓝皮书
中国文化产业供需协调检测报告（2018）
著(编)者：王亚南　2018年2月出版 / 估价：99.00元
PSN B-2013-323-8/10

文化蓝皮书
中国文化消费需求景气评价报告（2018）
著(编)者：王亚南　2018年2月出版／估价：99.00元
PSN B-2011-236-4/10

文化蓝皮书
中国公共文化投入增长测评报告（2018）
著(编)者：王亚南　2018年2月出版／估价：99.00元
PSN B-2014-435-10/10

文化品牌蓝皮书
中国文化品牌发展报告（2018）
著(编)者：欧阳友权　2018年5月出版／估价：99.00元
PSN B-2012-277-1/1

文化遗产蓝皮书
中国文化遗产事业发展报告（2017～2018）
著(编)者：苏杨 张颖岚 卓杰 白海峰 陈晨 陈叙图
2018年8月出版／估价：99.00元
PSN B-2008-119-1/1

文学蓝皮书
中国文情报告（2017～2018）
著(编)者：白烨　2018年5月出版／估价：99.00元
PSN B-2011-221-1/1

新媒体蓝皮书
中国新媒体发展报告No.9（2018）
著(编)者：唐绪军　2018年7月出版／估价：99.00元
PSN B-2010-169-1/1

新媒体社会责任蓝皮书
中国新媒体社会责任研究报告（2018）
著(编)者：钟瑛　2018年12月出版／估价：99.00元
PSN B-2014-423-1/1

移动互联网蓝皮书
中国移动互联网发展报告（2018）
著(编)者：余清楚　2018年6月出版／估价：99.00元
PSN B-2012-282-1/1

影视蓝皮书
中国影视产业发展报告（2018）
著(编)者：司若 陈鹏 陈锐　2018年4月出版／估价：99.00元
PSN B-2016-529-1/1

舆情蓝皮书
中国社会舆情与危机管理报告（2018）
著(编)者：谢耘耕　2018年9月出版／估价：138.00元
PSN B-2011-235-1/1

地方发展类－经济

澳门蓝皮书
澳门经济社会发展报告（2017～2018）
著(编)者：吴志良 郝雨凡　2018年7月出版／估价：99.00元
PSN B-2009-138-1/1

澳门绿皮书
澳门旅游休闲发展报告（2017～2018）
著(编)者：郝雨凡 林广志　2018年5月出版／估价：99.00元
PSN G-2017-617-1/1

北京蓝皮书
北京经济发展报告（2017～2018）
著(编)者：杨松　2018年6月出版／估价：99.00元
PSN B-2006-054-2/8

北京旅游绿皮书
北京旅游发展报告（2018）
著(编)者：北京旅游学会
2018年7月出版／估价：99.00元
PSN G-2012-301-1/1

北京体育蓝皮书
北京体育产业发展报告（2017～2018）
著(编)者：钟秉枢 陈杰 杨铁黎
2018年9月出版／估价：99.00元
PSN B-2015-475-1/1

滨海金融蓝皮书
滨海新区金融发展报告（2017）
著(编)者：王爱俭 李向前　2018年4月出版／估价：99.00元
PSN B-2014-424-1/1

城乡一体化蓝皮书
北京城乡一体化发展报告（2017～2018）
著(编)者：吴宝新 张宝秀 黄序
2018年5月出版／估价：99.00元
PSN B-2012-258-2/2

非公有制企业社会责任蓝皮书
北京非公有制企业社会责任报告（2018）
著(编)者：宋贵伦 冯培　2018年6月出版／估价：99.00元
PSN B-2017-613-1/1

福建旅游蓝皮书
福建省旅游产业发展现状研究（2017～2018）
著(编)者：陈敏华 黄远水
2018年12月出版／估价：128.00元
PSN B-2016-591-1/1

福建自贸区蓝皮书
中国(福建)自由贸易试验区发展报告（2017～2018）
著(编)者：黄茂兴　2018年4月出版／估价：118.00元
PSN B-2016-531-1/1

甘肃蓝皮书
甘肃经济发展分析与预测（2018）
著(编)者：安文华 罗哲　2018年1月出版／估价：99.00元
PSN B-2013-312-1/6

甘肃蓝皮书
甘肃商贸流通发展报告（2018）
著(编)者：张应华 王福生 王晓芳
2018年1月出版／估价：99.00元
PSN B-2016-522-6/6

甘肃蓝皮书
甘肃县域和农村发展报告（2018）
著（编）者：朱智文 包东红 王建兵
2018年1月出版 / 估价：99.00元
PSN B-2013-316-5/6

甘肃农业科技绿皮书
甘肃农业科技发展研究报告（2018）
著（编）者：魏胜文 乔德华 张东伟
2018年12月出版 / 估价：198.00元
PSN B-2016-592-1/1

巩义蓝皮书
巩义经济社会发展报告（2018）
著（编）者：丁同民 朱军　2018年4月出版 / 估价：99.00元
PSN B-2016-532-1/1

广东外经贸蓝皮书
广东对外经济贸易发展研究报告（2017~2018）
著（编）者：陈万灵　2018年6月出版 / 估价：99.00元
PSN B-2012-286-1/1

广西北部湾经济区蓝皮书
广西北部湾经济区开放开发报告（2017~2018）
著（编）者：广西壮族自治区北部湾经济区和东盟开放合作办公室
　　　　　广西社会科学院
　　　　　广西北部湾发展研究院
2018年2月出版 / 估价：99.00元
PSN B-2010-181-1/1

广州蓝皮书
广州城市国际化发展报告（2018）
著（编）者：张跃国　2018年8月出版 / 估价：99.00元
PSN B-2012-246-11/14

广州蓝皮书
中国广州城市建设与管理发展报告（2018）
著（编）者：张其学 陈小钢 王宏伟　2018年8月出版 / 估价：99.00元
PSN B-2007-087-4/14

广州蓝皮书
广州创新型城市发展报告（2018）
著（编）者：尹涛　2018年6月出版 / 估价：99.00元
PSN B-2012-247-12/14

广州蓝皮书
广州经济发展报告（2018）
著（编）者：张跃国 尹涛　2018年7月出版 / 估价：99.00元
PSN B-2005-040-1/14

广州蓝皮书
2018年中国广州经济形势分析与预测
著（编）者：魏明海 谢博能 李华
2018年6月出版 / 估价：99.00元
PSN B-2011-185-9/14

广州蓝皮书
中国广州科技创新发展报告（2018）
著（编）者：于欣伟 陈爽 邓佑满　2018年8月出版 / 估价：99.00元
PSN B-2006-065-2/14

广州蓝皮书
广州农村发展报告（2018）
著（编）者：朱名宏　2018年7月出版 / 估价：99.00元
PSN B-2010-167-8/14

广州蓝皮书
广州汽车产业发展报告（2018）
著（编）者：杨再高 冯兴亚　2018年7月出版 / 估价：99.00元
PSN B-2006-066-3/14

广州蓝皮书
广州商贸业发展报告（2018）
著（编）者：张跃国 陈杰 荀振英
2018年7月出版 / 估价：99.00元
PSN B-2012-245-10/14

贵阳蓝皮书
贵阳城市创新发展报告No.3（白云篇）
著（编）者：连玉明　2018年5月出版 / 估价：99.00元
PSN B-2015-491-3/10

贵阳蓝皮书
贵阳城市创新发展报告No.3（观山湖篇）
著（编）者：连玉明　2018年5月出版 / 估价：99.00元
PSN B-2015-497-9/10

贵阳蓝皮书
贵阳城市创新发展报告No.3（花溪篇）
著（编）者：连玉明　2018年5月出版 / 估价：99.00元
PSN B-2015-490-2/10

贵阳蓝皮书
贵阳城市创新发展报告No.3（开阳篇）
著（编）者：连玉明　2018年5月出版 / 估价：99.00元
PSN B-2015-492-4/10

贵阳蓝皮书
贵阳城市创新发展报告No.3（南明篇）
著（编）者：连玉明　2018年5月出版 / 估价：99.00元
PSN B-2015-496-8/10

贵阳蓝皮书
贵阳城市创新发展报告No.3（清镇篇）
著（编）者：连玉明　2018年5月出版 / 估价：99.00元
PSN B-2015-489-1/10

贵阳蓝皮书
贵阳城市创新发展报告No.3（乌当篇）
著（编）者：连玉明　2018年5月出版 / 估价：99.00元
PSN B-2015-495-7/10

贵阳蓝皮书
贵阳城市创新发展报告No.3（息烽篇）
著（编）者：连玉明　2018年5月出版 / 估价：99.00元
PSN B-2015-493-5/10

贵阳蓝皮书
贵阳城市创新发展报告No.3（修文篇）
著（编）者：连玉明　2018年5月出版 / 估价：99.00元
PSN B-2015-494-6/10

贵阳蓝皮书
贵阳城市创新发展报告No.3（云岩篇）
著（编）者：连玉明　2018年5月出版 / 估价：99.00元
PSN B-2015-498-10/10

贵州房地产蓝皮书
贵州房地产发展报告No.5（2018）
著（编）者：武廷方　2018年7月出版 / 估价：99.00元
PSN B-2014-426-1/1

贵州蓝皮书
贵州册亨经济社会发展报告（2018）
著(编)者：黄德林　　2018年3月出版 / 估价：99.00元
PSN B-2016-525-8/9

贵州蓝皮书
贵州地理标志产业发展报告（2018）
著(编)者：李发耀 黄其松　　2018年8月出版 / 估价：99.00元
PSN B-2017-646-10/10

贵州蓝皮书
贵安新区发展报告（2017~2018）
著(编)者：马长青 吴大华　　2018年6月出版 / 估价：99.00元
PSN B-2015-459-4/10

贵州蓝皮书
贵州国家级开放创新平台发展报告（2017~2018）
著(编)者：申晓庆 吴大华 季泓
2018年11月出版 / 估价：99.00元
PSN B-2016-518-7/10

贵州蓝皮书
贵州国有企业社会责任发展报告（2017~2018）
著(编)者：郭丽　　2018年12月出版 / 估价：99.00元
PSN B-2015-511-6/10

贵州蓝皮书
贵州民航业发展报告（2017）
著(编)者：申振东 吴大华　　2018年1月出版 / 估价：99.00元
PSN B-2015-471-5/10

贵州蓝皮书
贵州民营经济发展报告（2017）
著(编)者：杨静 吴大华　　2018年3月出版 / 估价：99.00元
PSN B-2016-530-9/9

杭州都市圈蓝皮书
杭州都市圈发展报告（2018）
著(编)者：沈翔 戚建国　　2018年5月出版 / 估价：128.00元
PSN B-2012-302-1/1

河北经济蓝皮书
河北省经济发展报告（2018）
著(编)者：马树强 金浩 张贵　　2018年4月出版 / 估价：99.00元
PSN B-2014-380-1/1

河北蓝皮书
河北经济社会发展报告（2018）
著(编)者：康振海　　2018年1月出版 / 估价：99.00元
PSN B-2014-372-1/3

河北蓝皮书
京津冀协同发展报告（2018）
著(编)者：陈璐　　2018年1月出版 / 估价：99.00元
PSN B-2017-601-2/3

河南经济蓝皮书
2018年河南经济形势分析与预测
著(编)者：王世炎　　2018年3月出版 / 估价：99.00元
PSN B-2007-086-1/1

河南蓝皮书
河南城市发展报告（2018）
著(编)者：张占仓 王建国　　2018年5月出版 / 估价：99.00元
PSN B-2009-131-3/9

河南蓝皮书
河南工业发展报告（2018）
著(编)者：张占仓　　2018年5月出版 / 估价：99.00元
PSN B-2013-317-5/9

河南蓝皮书
河南金融发展报告（2018）
著(编)者：喻新安 谷建全
2018年6月出版 / 估价：99.00元
PSN B-2014-390-7/9

河南蓝皮书
河南经济发展报告（2018）
著(编)者：张占仓 完世伟
2018年4月出版 / 估价：99.00元
PSN B-2010-157-4/9

河南蓝皮书
河南能源发展报告（2018）
著(编)者：国网河南省电力公司经济技术研究院
　　　　　河南省社会科学院
2018年3月出版 / 估价：99.00元
PSN B-2017-607-9/9

河南商务蓝皮书
河南商务发展报告（2018）
著(编)者：焦锦淼 穆荣国　　2018年5月出版 / 估价：99.00元
PSN B-2014-399-1/1

河南双创蓝皮书
河南创新创业发展报告（2018）
著(编)者：喻新安 杨雪梅　　2018年8月出版 / 估价：99.00元
PSN B-2017-641-1/1

黑龙江蓝皮书
黑龙江经济发展报告（2018）
著(编)者：朱宇　　2018年1月出版 / 估价：99.00元
PSN B-2011-190-2/2

湖南城市蓝皮书
区域城市群整合
著(编)者：童中贤 韩未名　　2018年12月出版 / 估价：99.00元
PSN B-2006-064-1/1

湖南蓝皮书
湖南城乡一体化发展报告（2018）
著(编)者：陈文胜 王文强 陆福兴
2018年8月出版 / 估价：99.00元
PSN B-2015-477-8/8

湖南蓝皮书
2018年湖南电子政务发展报告
著(编)者：梁志峰　　2018年5月出版 / 估价：128.00元
PSN B-2014-394-6/8

湖南蓝皮书
2018年湖南经济发展报告
著(编)者：卞鹰　　2018年5月出版 / 估价：128.00元
PSN B-2011-207-2/8

湖南蓝皮书
2016年湖南经济展望
著(编)者：梁志峰　　2018年5月出版 / 估价：128.00元
PSN B-2011-206-1/8

湖南蓝皮书
2018年湖南县域经济社会发展报告
著(编)者：梁志峰　　2018年5月出版 / 估价：128.00元
PSN B-2014-395-7/8

湖南县域绿皮书
湖南县域发展报告（No.5）
著(编)者：袁准 周小毛 黎仁寅
2018年3月出版 / 估价：99.00元
PSN G-2012-274-1/1

沪港蓝皮书
沪港发展报告（2018）
著(编)者：尤安山　　2018年9月出版 / 估价：99.00元
PSN B-2013-362-1/1

吉林蓝皮书
2018年吉林经济社会形势分析与预测
著(编)者：邵汉明　　2017年12月出版 / 估价：99.00元
PSN B-2013-319-1/1

吉林省城市竞争力蓝皮书
吉林省城市竞争力报告（2018~2019）
著(编)者：崔岳春 张磊　　2018年12月出版 / 估价：99.00元
PSN B-2016-513-1/1

济源蓝皮书
济源经济社会发展报告（2018）
著(编)者：喻新安　　2018年4月出版 / 估价：99.00元
PSN B-2014-387-1/1

江苏蓝皮书
2018年江苏经济发展分析与展望
著(编)者：王庆五 吴先满　　2018年7月出版 / 估价：128.00元
PSN B-2017-635-1/3

江西蓝皮书
江西经济社会发展报告（2018）
著(编)者：陈石俊 龚建文　　2018年10月出版 / 估价：128.00元
PSN B-2015-484-1/2

江西蓝皮书
江西设区市发展报告（2018）
著(编)者：姜玮 梁勇　　2018年10月出版 / 估价：99.00元
PSN B-2016-517-2/2

经济特区蓝皮书
中国经济特区发展报告（2017）
著(编)者：陶一桃　　2018年1月出版 / 估价：99.00元
PSN B-2009-139-1/1

辽宁蓝皮书
2018年辽宁经济社会形势分析与预测
著(编)者：梁启东 魏红江　　2018年6月出版 / 估价：99.00元
PSN B-2006-053-1/1

民族经济蓝皮书
中国民族地区经济发展报告（2018）
著(编)者：李曦辉　　2018年7月出版 / 估价：99.00元
PSN B-2017-630-1/1

南宁蓝皮书
南宁经济发展报告（2018）
著(编)者：胡建华　　2018年9月出版 / 估价：99.00元
PSN B-2016-569-2/3

浦东新区蓝皮书
上海浦东经济发展报告（2018）
著(编)者：沈开艳 周奇　　2018年2月出版 / 估价：99.00元
PSN B-2011-225-1/1

青海蓝皮书
2018年青海经济社会形势分析与预测
著(编)者：陈玮　　2017年12月出版 / 估价：99.00元
PSN B-2012-275-1/2

山东蓝皮书
山东经济形势分析与预测（2018）
著(编)者：李广杰　　2018年7月出版 / 估价：99.00元
PSN B-2014-404-1/5

山东蓝皮书
山东省普惠金融发展报告（2018）
著(编)者：齐鲁财富网
2018年9月出版 / 估价：99.00元
PSN B2017-676-5/5

山西蓝皮书
山西资源型经济转型发展报告（2018）
著(编)者：李志强　　2018年7月出版 / 估价：99.00元
PSN B-2011-197-1/1

陕西蓝皮书
陕西经济发展报告（2018）
著(编)者：任宗哲 白宽犁 裴成荣
2018年1月出版 / 估价：99.00元
PSN B-2009-135-1/6

陕西蓝皮书
陕西精准脱贫研究报告（2018）
著(编)者：任宗哲 白宽犁 王建康
2018年6月出版 / 估价：99.00元
PSN B-2017-623-6/6

上海蓝皮书
上海经济发展报告（2018）
著(编)者：沈开艳
2018年2月出版 / 估价：99.00元
PSN B-2006-057-1/7

上海蓝皮书
上海资源环境发展报告（2018）
著(编)者：周冯琦 汤庆合
2018年2月出版 / 估价：99.00元
PSN B-2006-060-4/7

上饶蓝皮书
上饶发展报告（2016~2017）
著(编)者：廖其志　　2018年3月出版 / 估价：128.00元
PSN B-2014-377-1/1

深圳蓝皮书
深圳经济发展报告（2018）
著(编)者：张骁儒　　2018年6月出版 / 估价：99.00元
PSN B-2008-112-3/7

四川蓝皮书
四川城镇化发展报告（2018）
著(编)者：侯水平 陈炜
2018年4月出版 / 估价：99.00元
PSN B-2015-456-7/7

四川蓝皮书
2018年四川经济形势分析与预测
著(编)者: 杨钢　2018年1月出版 / 估价: 99.00元
PSN B-2007-098-2/7

四川蓝皮书
四川企业社会责任研究报告(2017~2018)
著(编)者: 侯水平 盛毅　2018年5月出版 / 估价: 99.00元
PSN B-2014-386-4/7

四川蓝皮书
四川生态建设报告(2018)
著(编)者: 李晟之　2018年5月出版 / 估价: 99.00元
PSN B-2015-455-6/7

体育蓝皮书
上海体育产业发展报告(2017~2018)
著(编)者: 张林 黄海燕　2018年10月出版 / 估价: 99.00元
PSN B-2015-454-4/5

体育蓝皮书
长三角地区体育产业发展报告(2017~2018)
著(编)者: 张林　2018年4月出版 / 估价: 99.00元
PSN B-2015-453-3/5

天津金融蓝皮书
天津金融发展报告(2018)
著(编)者: 王爱俭 孔德昌　2018年3月出版 / 估价: 99.00元
PSN B-2014-418-1/1

图们江区域合作蓝皮书
图们江区域合作发展报告(2018)
著(编)者: 李铁　2018年6月出版 / 估价: 99.00元
PSN B-2015-464-1/1

温州蓝皮书
2018年温州经济社会形势分析与预测
著(编)者: 蒋儒标 王春光 金浩
2018年4月出版 / 估价: 99.00元
PSN B-2008-105-1/1

西咸新区蓝皮书
西咸新区发展报告(2018)
著(编)者: 李扬 王军
2018年6月出版 / 估价: 99.00元
PSN B-2016-534-1/1

修武蓝皮书
修武经济社会发展报告(2018)
著(编)者: 张占仓 袁凯声
2018年10月出版 / 估价: 99.00元
PSN B-2017-651-1/1

偃师蓝皮书
偃师经济社会发展报告(2018)
著(编)者: 张占仓 袁凯声 何武周
2018年7月出版 / 估价: 99.00元
PSN B-2017-627-1/1

扬州蓝皮书
扬州经济社会发展报告(2018)
著(编)者: 陈扬
2018年12月出版 / 估价: 108.00元
PSN B-2011-191-1/1

长垣蓝皮书
长垣经济社会发展报告(2018)
著(编)者: 张占仓 袁凯声 秦保建
2018年10月出版 / 估价: 99.00元
PSN B-2017-654-1/1

遵义蓝皮书
遵义发展报告(2018)
著(编)者: 邓彦 曾征 龚永育
2018年9月出版 / 估价: 99.00元
PSN B-2014-433-1/1

地方发展类-社会

安徽蓝皮书
安徽社会发展报告(2018)
著(编)者: 程桦　2018年4月出版 / 估价: 99.00元
PSN B-2013-325-1/1

安徽社会建设蓝皮书
安徽社会建设分析报告(2017~2018)
著(编)者: 黄家海 蔡宪
2018年11月出版 / 估价: 99.00元
PSN B-2013-322-1/1

北京蓝皮书
北京公共服务发展报告(2017~2018)
著(编)者: 施昌奎　2018年3月出版 / 估价: 99.00元
PSN B-2008-103-7/8

北京蓝皮书
北京社会发展报告(2017~2018)
著(编)者: 李伟东
2018年7月出版 / 估价: 99.00元
PSN B-2006-055-3/8

北京蓝皮书
北京社会治理发展报告(2017~2018)
著(编)者: 殷星辰　2018年7月出版 / 估价: 99.00元
PSN B-2014-391-8/8

北京律师蓝皮书
北京律师发展报告 No.3(2018)
著(编)者: 王隽　2018年12月出版 / 估价: 99.00元
PSN B-2011-217-1/1

北京人才蓝皮书
北京人才发展报告（2018）
著(编)者：敏华　2018年12月出版 / 估价：128.00元
PSN B-2011-201-1/1

北京社会心态蓝皮书
北京社会心态分析报告（2017～2018）
北京市社会心理服务促进中心
2018年10月出版 / 估价：99.00元
PSN B-2014-422-1/1

北京社会组织管理蓝皮书
北京社会组织发展与管理（2018）
著(编)者：黄江松
2018年4月出版 / 估价：99.00元
PSN B-2015-446-1/1

北京养老产业蓝皮书
北京居家养老发展报告（2018）
著(编)者：陆杰华　周明明
2018年8月出版 / 估价：99.00元
PSN B-2015-465-1/1

法治蓝皮书
四川依法治省年度报告No.4（2018）
著(编)者：李林　杨天宗　田禾
2018年3月出版 / 估价：118.00元
PSN B-2015-447-2/3

福建妇女发展蓝皮书
福建省妇女发展报告（2018）
著(编)者：刘群英　2018年11月出版 / 估价：99.00元
PSN B-2011-220-1/1

甘肃蓝皮书
甘肃社会发展分析与预测（2018）
著(编)者：安文华　包晓霞　谢增虎
2018年1月出版 / 估价：99.00元
PSN B-2013-313-2/6

广东蓝皮书
广东全面深化改革研究报告（2018）
著(编)者：周林生　涂成林
2018年12月出版 / 估价：99.00元
PSN B-2015-504-3/3

广东蓝皮书
广东社会工作发展报告（2018）
著(编)者：罗观翠　2018年6月出版 / 估价：99.00元
PSN B-2014-402-2/3

广州蓝皮书
广州青年发展报告（2018）
著(编)者：徐柳　张强
2018年8月出版 / 估价：99.00元
PSN B-2013-352-13/14

广州蓝皮书
广州社会保障发展报告（2018）
著(编)者：张跃国　2018年8月出版 / 估价：99.00元
PSN B-2014-425-14/14

广州蓝皮书
2018年中国广州社会形势分析与预测
著(编)者：张强　郭志勇　何镜清
2018年6月出版 / 估价：99.00元
PSN B-2008-110-5/14

贵州蓝皮书
贵州法治发展报告（2018）
著(编)者：吴大华　2018年5月出版 / 估价：99.00元
PSN B-2012-254-2/10

贵州蓝皮书
贵州人才发展报告（2017）
著(编)者：于杰　吴大华
2018年9月出版 / 估价：99.00元
PSN B-2014-382-3/10

贵州蓝皮书
贵州社会发展报告（2018）
著(编)者：王兴骥　2018年4月出版 / 估价：99.00元
PSN B-2010-166-1/10

杭州蓝皮书
杭州妇女发展报告（2018）
著(编)者：魏颖　2018年10月出版 / 估价：99.00元
PSN B-2014-403-1/1

河北蓝皮书
河北法治发展报告（2018）
著(编)者：康振海　2018年6月出版 / 估价：99.00元
PSN B-2017-622-3/3

河北食品药品安全蓝皮书
河北食品药品安全研究报告（2018）
著(编)者：丁锦霞　2018年10月出版 / 估价：99.00元
PSN B-2015-473-1/1

河南蓝皮书
河南法治发展报告（2018）
著(编)者：张林海　2018年7月出版 / 估价：99.00元
PSN B-2014-376-6/9

河南蓝皮书
2018年河南社会形势分析与预测
著(编)者：牛苏林　2018年5月出版 / 估价：99.00元
PSN B-2005-043-1/9

河南民办教育蓝皮书
河南民办教育发展报告（2018）
著(编)者：胡大白　2018年9月出版 / 估价：99.00元
PSN B-2017-642-1/1

黑龙江蓝皮书
黑龙江社会发展报告（2018）
著(编)者：谢宝禄　2018年1月出版 / 估价：99.00元
PSN B-2011-189-1/2

湖南蓝皮书
2018年湖南两型社会与生态文明建设报告
著(编)者：卞鹰　2018年5月出版 / 估价：128.00元
PSN B-2011-208-3/8

湖南蓝皮书
2018年湖南社会发展报告
著(编)者：卞鹰　2018年5月出版 / 估价：128.00元
PSN B-2014-393-5/8

健康城市蓝皮书
北京健康城市建设研究报告（2018）
著(编)者：王鸿春　盛继洪　2018年9月出版 / 估价：99.00元
PSN B-2015-460-1/2

江苏法治蓝皮书
江苏法治发展报告No.6（2017）
著(编)者：蔡道通 龚廷泰　2018年8月出版 / 估价：99.00元
PSN B-2012-290-1/1

江苏蓝皮书
2018年江苏社会发展分析与展望
著(编)者：王庆五 刘旺洪　2018年8月出版 / 估价：128.00元
PSN B-2017-636-2/3

南宁蓝皮书
南宁法治发展报告（2018）
著(编)者：杨维超　2018年12月出版 / 估价：99.00元
PSN B-2015-509-1/3

南宁蓝皮书
南宁社会发展报告（2018）
著(编)者：胡建华　2018年10月出版 / 估价：99.00元
PSN B-2016-570-3/3

内蒙古蓝皮书
内蒙古反腐倡廉建设报告 No.2
著(编)者：张志华　2018年6月出版 / 估价：99.00元
PSN B-2013-365-1/1

青海蓝皮书
2018年青海人才发展报告
著(编)者：于宇燕　2018年9月出版 / 估价：99.00元
PSN B-2017-650-2/2

青海生态文明建设蓝皮书
青海生态文明建设报告（2018）
著(编)者：张西明 高华　2018年12月出版 / 估价：99.00元
PSN B-2016-595-1/1

人口与健康蓝皮书
深圳人口与健康发展报告（2018）
著(编)者：陆杰华 傅崇辉　2018年11月出版 / 估价：99.00元
PSN B-2011-228-1/1

山东蓝皮书
山东社会形势分析与预测（2018）
著(编)者：李善峰　2018年6月出版 / 估价：99.00元
PSN B-2014-405-2/5

陕西蓝皮书
陕西社会发展报告（2018）
著(编)者：任宗哲 白宽犁 牛昉　2018年1月出版 / 估价：99.00元
PSN B-2009-136-2/6

上海蓝皮书
上海法治发展报告（2018）
著(编)者：叶必丰　2018年9月出版 / 估价：99.00元
PSN B-2012-296-6/7

上海蓝皮书
上海社会发展报告（2018）
著(编)者：杨雄 周海旺
2018年2月出版 / 估价：99.00元
PSN B-2006-058-2/7

社会建设蓝皮书
2018年北京社会建设分析报告
著(编)者：宋贵伦 冯虹　2018年9月出版 / 估价：99.00元
PSN B-2010-173-1/1

深圳蓝皮书
深圳法治发展报告（2018）
著(编)者：张骁儒　2018年6月出版 / 估价：99.00元
PSN B-2015-470-6/7

深圳蓝皮书
深圳劳动关系发展报告（2018）
著(编)者：汤庭芬　2018年8月出版 / 估价：99.00元
PSN B-2007-097-2/7

深圳蓝皮书
深圳社会治理与发展报告（2018）
著(编)者：张骁儒　2018年6月出版 / 估价：99.00元
PSN B-2008-113-4/7

生态安全绿皮书
甘肃国家生态安全屏障建设发展报告（2018）
著(编)者：刘举科 喜文华
2018年10月出版 / 估价：99.00元
PSN G-2017-659-1/1

顺义社会建设蓝皮书
北京市顺义区社会建设发展报告（2018）
著(编)者：王学武　2018年9月出版 / 估价：99.00元
PSN B-2017-658-1/1

四川蓝皮书
四川法治发展报告（2018）
著(编)者：郑泰安　2018年1月出版 / 估价：99.00元
PSN B-2015-441-5/7

四川蓝皮书
四川社会发展报告（2018）
著(编)者：李羚　2018年6月出版 / 估价：99.00元
PSN B-2008-127-3/7

云南社会治理蓝皮书
云南社会治理年度报告（2017）
著(编)者：晏雄 韩全芳
2018年5月出版 / 估价：99.00元
PSN B-2017-667-1/1

地方发展类-文化

北京传媒蓝皮书
北京新闻出版广电发展报告（2017～2018）
著(编)者：王志　2018年11月出版 / 估价：99.00元
PSN B-2016-588-1/1

北京蓝皮书
北京文化发展报告（2017～2018）
著(编)者：李建盛　2018年5月出版 / 估价：99.00元
PSN B-2007-082-4/8

创意城市蓝皮书
北京文化创意产业发展报告（2018）
著(编)者：郭万超 张京成　2018年12月出版 / 估价：99.00元
PSN B-2012-263-1/7

创意城市蓝皮书
天津文化创意产业发展报告（2017～2018）
著(编)者：谢思全　2018年6月出版 / 估价：99.00元
PSN B-2016-536-7/7

创意城市蓝皮书
武汉文化创意产业发展报告（2018）
著(编)者：黄永林 陈汉桥　2018年12月出版 / 估价：99.00元
PSN B-2013-354-4/7

创意上海蓝皮书
上海文化创意产业发展报告（2017～2018）
著(编)者：王慧敏 王兴全　2018年8月出版 / 估价：99.00元
PSN B-2016-561-1/1

非物质文化遗产蓝皮书
广州市非物质文化遗产保护发展报告（2018）
著(编)者：宋俊华　2018年12月出版 / 估价：99.00元
PSN B-2016-589-1/1

甘肃蓝皮书
甘肃文化发展分析与预测（2018）
著(编)者：王俊莲 周小华　2018年1月出版 / 估价：99.00元
PSN B-2013-314-3/6

甘肃蓝皮书
甘肃舆情分析与预测（2018）
著(编)者：陈双梅 张谦元　2018年1月出版 / 估价：99.00元
PSN B-2013-315-4/6

广州蓝皮书
中国广州文化发展报告（2018）
著(编)者：屈哨兵 陆志强　2018年6月出版 / 估价：99.00元
PSN B-2009-134-7/14

广州蓝皮书
广州文化创意产业发展报告（2018）
著(编)者：徐咏虹　2018年7月出版 / 估价：99.00元
PSN B-2008-111-6/14

海淀蓝皮书
海淀区文化和科技融合发展报告（2018）
著(编)者：陈名杰 孟景伟　2018年5月出版 / 估价：99.00元
PSN B-2013-329-1/1

河南蓝皮书
河南文化发展报告（2018）
著(编)者：卫绍生　2018年7月出版 / 估价：99.00元
PSN B-2008-106-2/9

湖北文化产业蓝皮书
湖北省文化产业发展报告（2018）
著(编)者：黄晓华　2018年9月出版 / 估价：99.00元
PSN B-2017-656-1/1

湖北文化蓝皮书
湖北文化发展报告（2017～2018）
著(编)者：湖北大学高等人文研究院
　　　　中华文化发展湖北省协同创新中心
2018年10月出版 / 估价：99.00元
PSN B-2016-566-1/1

江苏蓝皮书
2018年江苏文化发展分析与展望
著(编)者：王庆五 樊和平　2018年9月出版 / 估价：128.00元
PSN B-2017-637-3/3

江西文化蓝皮书
江西非物质文化遗产发展报告（2018）
著(编)者：张圣才 傅安平　2018年12月出版 / 估价：128.00元
PSN B-2015-499-1/1

洛阳蓝皮书
洛阳文化发展报告（2018）
著(编)者：刘福兴 陈启明　2018年7月出版 / 估价：99.00元
PSN B-2015-476-1/1

南京蓝皮书
南京文化发展报告（2018）
著(编)者：中共南京市委宣传部
2018年12月出版 / 估价：99.00元
PSN B-2014-439-1/1

宁波文化蓝皮书
宁波"一人一艺"全民艺术普及发展报告（2017）
著(编)者：张爱琴　2018年11月出版 / 估价：128.00元
PSN B-2017-668-1/1

山东蓝皮书
山东文化发展报告（2018）
著(编)者：涂可国　2018年5月出版 / 估价：99.00元
PSN B-2014-406-3/5

陕西蓝皮书
陕西文化发展报告（2018）
著(编)者：任宗哲 白宽犁 王长寿
2018年1月出版 / 估价：99.00元
PSN B-2009-137-3/6

上海蓝皮书
上海传媒发展报告（2018）
著(编)者：强荧 焦雨虹　2018年2月出版 / 估价：99.00元
PSN B-2012-295-5/7

上海蓝皮书
上海文学发展报告（2018）
著(编)者：陈圣来　2018年6月出版 / 估价：99.00元
PSN B-2012-297-7/7

上海蓝皮书
上海文化发展报告（2018）
著(编)者：荣跃明　2018年2月出版 / 估价：99.00元
PSN B-2006-059-3/7

深圳蓝皮书
深圳文化发展报告（2018）
著(编)者：张骁儒　2018年7月出版 / 估价：99.00元
PSN B-2016-554-7/7

四川蓝皮书
四川文化产业发展报告（2018）
著(编)者：向宝云 张立伟　2018年4月出版 / 估价：99.00元
PSN B-2006-074-1/7

郑州蓝皮书
2018年郑州文化发展报告
著(编)者：王哲　2018年9月出版 / 估价：99.00元
PSN B-2008-107-1/1

✤ 皮书起源 ✤

"皮书"起源于十七、十八世纪的英国，主要指官方或社会组织正式发表的重要文件或报告，多以"白皮书"命名。在中国，"皮书"这一概念被社会广泛接受，并被成功运作、发展成为一种全新的出版形态，则源于中国社会科学院社会科学文献出版社。

✤ 皮书定义 ✤

皮书是对中国与世界发展状况和热点问题进行年度监测，以专业的角度、专家的视野和实证研究方法，针对某一领域或区域现状与发展态势展开分析和预测，具备原创性、实证性、专业性、连续性、前沿性、时效性等特点的公开出版物，由一系列权威研究报告组成。

✤ 皮书作者 ✤

皮书系列的作者以中国社会科学院、著名高校、地方社会科学院的研究人员为主，多为国内一流研究机构的权威专家学者，他们的看法和观点代表了学界对中国与世界的现实和未来最高水平的解读与分析。

✤ 皮书荣誉 ✤

皮书系列已成为社会科学文献出版社的著名图书品牌和中国社会科学院的知名学术品牌。2016年，皮书系列正式列入"十三五"国家重点出版规划项目；2013~2018年，重点皮书列入中国社会科学院承担的国家哲学社会科学创新工程项目；2018年，59种院外皮书使用"中国社会科学院创新工程学术出版项目"标识。

中国皮书网

（网址：www.pishu.cn）

发布皮书研创资讯，传播皮书精彩内容
引领皮书出版潮流，打造皮书服务平台

栏目设置

关于皮书：何谓皮书、皮书分类、皮书大事记、皮书荣誉、
　　　　　皮书出版第一人、皮书编辑部

最新资讯：通知公告、新闻动态、媒体聚焦、网站专题、视频直播、下载专区

皮书研创：皮书规范、皮书选题、皮书出版、皮书研究、研创团队

皮书评奖评价：指标体系、皮书评价、皮书评奖

互动专区：皮书说、社科数托邦、皮书微博、留言板

所获荣誉

2008年、2011年，中国皮书网均在全
国新闻出版业网站荣誉评选中获得"最具商
业价值网站"称号；

2012年，获得"出版业网站百强"称号。

网库合一

2014年，中国皮书网与皮书数据库端
口合一，实现资源共享。

权威报告·一手数据·特色资源

皮书数据库
ANNUAL REPORT(YEARBOOK)
DATABASE

当代中国经济与社会发展高端智库平台

所获荣誉

- 2016年，入选"'十三五'国家重点电子出版物出版规划骨干工程"
- 2015年，荣获"搜索中国正能量 点赞2015""创新中国科技创新奖"
- 2013年，荣获"中国出版政府奖·网络出版物奖"提名奖
- 连续多年荣获中国数字出版博览会"数字出版·优秀品牌"奖

成为会员

通过网址www.pishu.com.cn或使用手机扫描二维码进入皮书数据库网站，进行手机号码验证或邮箱验证即可成为皮书数据库会员（建议通过手机号码快速验证注册）。

会员福利

- 使用手机号码首次注册的会员，账号自动充值100元体验金，可直接购买和查看数据库内容（仅限使用手机号码快速注册）。
- 已注册用户购书后可免费获赠100元皮书数据库充值卡。刮开充值卡涂层获取充值密码，登录并进入"会员中心"—"在线充值"—"充值卡充值"，充值成功后即可购买和查看数据库内容。

数据库服务热线：400-008-6695　　　　图书销售热线：010-59367070/7028
数据库服务QQ：2475522410　　　　　图书服务QQ：1265056568
数据库服务邮箱：database@ssap.cn　　图书服务邮箱：duzhe@ssap.cn

权威报告·一手数据·特色资源

皮书数据库
ANNUAL REPORT(YEARBOOK)
DATABASE

当代中国经济与社会发展高端智库平台

所获荣誉

- 2016年，入选"'十三五'国家重点电子出版物出版规划骨干工程"
- 2015年，荣获"搜索中国正能量 点赞2015""创新中国科技创新奖"
- 2013年，荣获"中国出版政府奖·网络出版物奖"提名奖
- 连续多年荣获中国数字出版博览会"数字出版·优秀品牌"奖

成为会员

通过网址www.pishu.com.cn访问皮书数据库网站或下载皮书数据库APP，进行手机号码验证或邮箱验证即可成为皮书数据库会员。

会员福利

- 使用手机号码首次注册的会员，账号自动充值100元体验金，可直接购买和查看数据库内容（仅限PC端）。
- 已注册用户购书后可免费获赠100元皮书数据库充值卡。刮开充值卡涂层获取充值密码，登录并进入"会员中心"—"在线充值"—"充值卡充值"，充值成功后即可购买和查看数据库内容（仅限PC端）。
- 会员福利最终解释权归社会科学文献出版社所有。

数据库服务热线：400-008-6695
数据库服务QQ：2475522410
数据库服务邮箱：database@ssap.cn
图书销售热线：010-59367070/7028
图书服务QQ：1265056568
图书服务邮箱：duzhe@ssap.cn

社会科学文献出版社 皮书系列
SOCIAL SCIENCES ACADEMIC PRESS (CHINA)

卡号：551138447435
密码：

S 基本子库
SUB DATABASE

中国社会发展数据库（下设 12 个子库）

全面整合国内外中国社会发展研究成果，汇聚独家统计数据、深度分析报告，涉及社会、人口、政治、教育、法律等 12 个领域，为了解中国社会发展动态、跟踪社会核心热点、分析社会发展趋势提供一站式资源搜索和数据分析与挖掘服务。

中国经济发展数据库（下设 12 个子库）

基于"皮书系列"中涉及中国经济发展的研究资料构建，内容涵盖宏观经济、农业经济、工业经济、产业经济等 12 个重点经济领域，为实时掌控经济运行态势、把握经济发展规律、洞察经济形势、进行经济决策提供参考和依据。

中国行业发展数据库（下设 17 个子库）

以中国国民经济行业分类为依据，覆盖金融业、旅游、医疗卫生、交通运输、能源矿产等 100 多个行业，跟踪分析国民经济相关行业市场运行状况和政策导向，汇集行业发展前沿资讯，为投资、从业及各种经济决策提供理论基础和实践指导。

中国区域发展数据库（下设 6 个子库）

对中国特定区域内的经济、社会、文化等领域现状与发展情况进行深度分析和预测，研究层级至县及县以下行政区，涉及地区、区域经济体、城市、农村等不同维度。为地方经济社会宏观态势研究、发展经验研究、案例分析提供数据服务。

中国文化传媒数据库（下设 18 个子库）

汇聚文化传媒领域专家观点、热点资讯，梳理国内外中国文化发展相关学术研究成果、一手统计数据，涵盖文化产业、新闻传播、电影娱乐、文学艺术、群众文化等 18 个重点研究领域。为文化传媒研究提供相关数据、研究报告和综合分析服务。

世界经济与国际关系数据库（下设 6 个子库）

立足"皮书系列"世界经济、国际关系相关学术资源，整合世界经济、国际政治、世界文化与科技、全球性问题、国际组织与国际法、区域研究 6 大领域研究成果，为世界经济与国际关系研究提供全方位数据分析，为决策和形势研判提供参考。

法律声明